# BEI GRIN MACHT SICH IHR WISSEN BEZAHLT

- Wir veröffentlichen Ihre Hausarbeit, Bachelor- und Masterarbeit

- Ihr eigenes eBook und Buch - weltweit in allen wichtigen Shops

- Verdienen Sie an jedem Verkauf

Jetzt bei www.GRIN.com hochladen und kostenlos publizieren

René Pflüger

# Die perfekte Vorbereitung auf die Ausbildereignungsprüfung. Teil 2

## Vorbereitung auf die theoretische Ausbildereignungsprüfung

GRIN Verlag

**Bibliografische Information der Deutschen Nationalbibliothek:**

Die Deutsche Bibliothek verzeichnet diese Publikation in der Deutschen Nationalbibliografie; detaillierte bibliografische Daten sind im Internet über http://dnb.d-nb.de/ abrufbar.

Dieses Werk sowie alle darin enthaltenen einzelnen Beiträge und Abbildungen sind urheberrechtlich geschützt. Jede Verwertung, die nicht ausdrücklich vom Urheberrechtsschutz zugelassen ist, bedarf der vorherigen Zustimmung des Verlages. Das gilt insbesondere für Vervielfältigungen, Bearbeitungen, Übersetzungen, Mikroverfilmungen, Auswertungen durch Datenbanken und für die Einspeicherung und Verarbeitung in elektronische Systeme. Alle Rechte, auch die des auszugsweisen Nachdrucks, der fotomechanischen Wiedergabe (einschließlich Mikrokopie) sowie der Auswertung durch Datenbanken oder ähnliche Einrichtungen, vorbehalten.

**Impressum:**

Copyright © 2015 GRIN Verlag GmbH
Druck und Bindung: Books on Demand GmbH, Norderstedt Germany
ISBN: 978-3-656-92817-1

**Dieses Buch bei GRIN:**

http://www.grin.com/de/e-book/294989/die-perfekte-vorbereitung-auf-die-ausbildereignungspruefung-teil-2

**GRIN - Your knowledge has value**

Der GRIN Verlag publiziert seit 1998 wissenschaftliche Arbeiten von Studenten, Hochschullehrern und anderen Akademikern als eBook und gedrucktes Buch. Die Verlagswebsite www.grin.com ist die ideale Plattform zur Veröffentlichung von Hausarbeiten, Abschlussarbeiten, wissenschaftlichen Aufsätzen, Dissertationen und Fachbüchern.

**Besuchen Sie uns im Internet:**

http://www.grin.com/

http://www.facebook.com/grincom

http://www.twitter.com/grin_com

# Vorwort

Das vorliegende Werk ist für die effiziente Vorbereitung auf die theoretische Ausbildereignungsprüfung bestimmt. Es ist nicht als Lehrbuch konzipiert, sondern soll auf mögliche Fragen vorbereiten und Schwachstellen in Ihrem Wissen aufdecken. Es ist im Rahmen meiner Tätigkeit als Dozent in der Vorbereitung auf die Ausbildereignungsprüfung für meine Schüler entstanden, um sie auf die Prüfung zum Ausbilder vorzubereiten.

Dauerhaftes Lernen ist heute eine unabdingbare Notwendigkeit, ohne die es nicht möglich ist, mit dem technischen Wandel Schritt zu halten und die Stufe der Selbstverwirklichung im Berufsleben zu erreichen. Der Erwerb und die ständige Erneuerung von Kenntnissen und Fertigkeiten sind heute selbstverständlich. Hinzu kommen noch die Schlüsselqualifikationen wie Handlungswissen, Kommunikations-, Organisations-, Problemlöse- und Informationsbeschaffungsfähigkeiten, ohne deren Beherrschung Mitarbeiter in modern Unternehmen keinen Erfolg haben werden.

Jedes Unternehmen sollte sich deshalb auch in der Verantwortung sehen, junge Menschen auszubilden und Ihnen damit eine Grundlage für ihren weiteren Werdegang zu bieten.

Bedingt durch den starken Wandel der Arbeitswelt sind auch die Anforderungen an das Ausbildungspersonal gestiegen. Eine gute berufs- und arbeitspädagogische Qualifikation ist durch die wachsenden pädagogischen Herausforderungen in der beruflichen Bildung von hoher Wichtigkeit.

Dieses Werk wurde auf der Basis der aktuellen Regelungen der Prüfungsordnung für die Durchführung von Prüfungen zum Nachweis der berufs- und arbeitspädagogischen Qualifikation nach der Ausbildereignungsverordnung erstellt. Es gliedert sich auf in eine Zusammenfassung des darauffolgenden Handlungsfeldes, um das Nachschlagen des Handlungsfeldes in der Fachliteratur zu erleichtern wenn doch mal ein weiterer Informationsbedarf besteht, auf diese folgen dann jeweils geschlossenen und offenen Fragen zu diesem Handlungsfeld. Eine Musterprüfung mit 100 Aufgabenstellungen die umfangreicher ist als die bevorstehende Prüfung, die Sie bei bestehen relativ sicher machen wird.

Dieses Werk soll Sie als Teilnehmer an einer Aufstiegsfortbildung, die die Ausbildereignungsprüfung beinhaltet oder voraussetzt eine Hilfe für die Vorbereitung auf die schriftliche Prüfung bieten.
Betrieblichen Ausbildern vermittelt es einen kompakten Überblick über die berufs- und arbeitspädagogischen Kenntnisse, die Sie im Ausbildungsalltag benötigen. Damit sind auch diese gerüstet, die Ausbildereignungsprüfung erfolgreich zu absolvieren. Aufgrund der Vielfalt des Stoffes und er Begrenztheit des Umfanges dieses Werkes konnte nicht jeder Themenbereich bis ins Detail in den Fragen behandelt werden. Dieses sollte aber in Ihrem Vorbereitungslehrgang auf die Ausbildereignungsprüfung geschehen, zu dieses Werk die ideale Begleitung bildet.

**Viel Erfolg bei Ihrer Prüfungsvorbereitung und Ausbildereignungsprüfung!**

# Inhaltsverzeichnis

**Seite**

Beispielaufgaben für die Schriftliche Prüfung geordnet nach Handlungsfelder

**Handlungsfeld 1**
- Zusammenfassung — 6
- Geschlossene Fragen — 9
- Offene Fragen — 35

**Handlungsfeld 2**
- Erläuterungen — 38
- Geschlossene Fragen — 41
- Offene Fragen — 64

**Handlungsfeld 3**
- Erläuterungen — 66
- Geschlossene Fragen — 70
- Offene Fragen — 146

**Handlungsfeld 4**
- Erläuterungen — 149
- Geschlossene Fragen — 151
- Offene Fragen — 169

**Prüfungsmuster** — **170**

Ausbilder-Eignungsverordnung — 216

### Lösungen

**Handlungsfeld 1**
- Geschlossene Fragen — 221

| | |
|---|---|
| Offene Fragen | 222 |

**Handlungsfeld 2**

| | |
|---|---|
| Geschlossene Fragen | 227 |
| Offene Fragen | 227 |

**Handlungsfeld 3**

| | |
|---|---|
| Geschlossene Fragen | 231 |
| Offene Fragen | 232 |

**Handlungsfeld 4**

| | |
|---|---|
| Geschlossene Fragen | 238 |
| Offene Fragen | 238 |

**Musterprüfung**

| | |
|---|---|
| Lösungen | 240 |
| Bewertungsschlüssel | 241 |

| | |
|---|---|
| **Quellenverzeichnis** | **242** |
| **Der Autor** | **242** |

Beispielaufgaben für die
Schriftliche Prüfung
geordnet nach Handlungsfeldern.

# Handlungsfeld 1

# Ausbildungsvoraussetzungen prüfen und Ausbildung planen 20%

I. **Die Vorteile und den Nutzen betrieblicher Ausbildung darstellen und begründen zu können**

- die Ziele und Aufgaben der Beruflichenausbildung, insbesondere die Bedeutung der beruflichen Handlundgskompetenz, für Branche und Unternehmen herausstellen,
- die Vorteile und den Nutzen betrieblicher Ausbildung für junge Menschen, Wirtschaft und Gesellschaft zu beschreiben,
- den Nutzen der Ausbildung auch unter Berücksichtigung des Kostennutzenfaktors für das Unternehmen herausstellen.

II. **Bei den Planungen und Entscheidungen hinsichtlich des unternehmerischen Ausbildungsbedarf auf der Grundlage der rechtlichen, tarifvertraglichen und unternehmerischen Rahmenbedingungen mitzuwirken**

- den Ausbildungsbedarf mit Blick auf die Unternehmensentwicklung und die unternehmerischen Rahmenbedingungen erläutern,
- den Personalbedarf zu beachten,
- die Bedeutung der Ausbildung im Rahmen der Personalentwicklung herauszustellen,
- die für die Berufsausbildung relevanten rechtlichen Regelwerke bei der Entscheidung für die Ausbildung zu beachten.

III. **Die Strukturen des Berufsausbildungssystems und seine Schnittstellen darzustellen**

- die Einbindung des Berufsbildungssystems in die Struktur des Bildungssystems zu beschreiben,
- das Duale System der Berufsausbildung bezüglich Struktur, Zuständigkeiten, Aufgabenbereiche und Kontrolle zu beschreiben,
- weitere Formen der beruflichen Erstausbildung zu überblicken,
- die Schnittstellen und Durchlässigkeiten im Bildungssystem zu erläutern.

IV. **Ausbildungsberufe für das Unternehmen auszuwählen und dies zu begründen**

- die Entstehung von Ausbildungsberufen im Dualen System zu beschreiben,
- Aufbau und Verbindlichkeiten von Ausbildungsordnungen zu beachten,
- Struktur, Funktion und Ziele von Ausbildungsordnungen zu beschreiben,
- die Ausbildungsberufe für das Unternehmen anhand Ausbildungsordnungen zu bestimmen.

**V. Die Eignung des Unternehmens für die Ausbildung in dem angestrebten Ausbildungsberuf zu prüfen sowie, ob und inwieweit Ausbildungsinhalte durch Maßnahmen außerhalb der Ausbildungsstätte, insbesondere Ausbildung im Verbund überbetriebliche und in außerbetrieblicher Ausbildung, vermittelt werden können**

- die persönliche und fachliche Eignung für das Erstellen und Ausbilden zu klären,
- die Eignung der Ausbildungsstätte für die Durchführung der Ausbildung prüfen und ggf. erforderliche Maßnahmen zur Herstellung der Eignung darzustellen,
- die Aufgaben der zuständigen Stelle zur Überwachung der Eignung erläutern,
- die Folgen bei Verstößen gegen Eignungsvoraussetzungen zu überblicken,
- die Notwendigkeit von Maßnahmen außerhalb der Ausbildungsstätte zu erkennen und geeignete Möglichkeiten zu bestimmen,
- die Möglichkeiten der zuständigen Stellen zur Unterstützung der Unternehmen in Ausbildungsangelegenheiten zu beschreiben.

**VI. Die Möglichkeiten des Einsatzes von auf die Berufsausbildung vorbereitenden Maßnahmen einzuschätzen**

- unternehmerischen Aktivitäten zur Unterstützung von Berufsorientierung zu planen,
- Zielgruppenspezifische berufvorbereitende Maßnahmen in die Ausbildungsplanung einzubeziehen,
- Bedeutung berufvorbereitende Maßnahmen für die Nachwuchsgewinnung zu beurteilen und Fördermöglichkeiten zu benennen,
- die Möglichkeiten der betrieblichen Umsetzung berufsvorbereitender Maßnahmen zu klären.

**VII. Im Unternehmen die Aufgaben der an der Ausbildung Mitwirkenden unter Berücksichtigung ihrer Funktionen und Qualifikationen abzustimmen**

- die Aufgabe und Verantwortungsbereiche der an der Ausbildung Mitwirkenden aufzeigen,
- Rolle und Funktion des Ausbilders im Spannungsfeld unterschiedlicher Erwartungen darzustellen,
- die Mitbestimmungsrechte der Arbeitnehmervertretung zu berücksichtigen,
- die Aufgaben mitwirkender Fachkräfte sind zu klären und deren Einbindung in die Ausbildung sind abzustimmen,
- die Zusammenarbeit mit externen Beteiligten ist vorzubereiten.

# Geschlossene Fragen

1. In welchem Gesetz sind die Reglungen über die Jugend- und Auszubildendenvertretung zu finden?
   (Richtige Lösungen: 1)
   - a) Bürgerliches Gesetzbuch (BGB)
   - b) Betriebsverfassungsgesetz (BetrVG)
   - c) Jugendarbeitsschutzgesetz (JArbSchG)
   - d) Grundgesetz (GG)
   - e) Berufsbildungsgesetz (BBiG)

2. Das Berufsbildungsgesetz (BBiG) regelt die berufliche Bildung in Deutschland. Welche Bildungsbereiche umfasst es?
   (Richtige Lösungen: 3)
   - a) die berufliche Ausbildung.
   - b) den berufsbegleitenden Berufsschulunterricht.
   - c) die berufliche Aufstiegs- und Anpassungsfortbildung.
   - d) die berufliche Umschulung.
   - e) die Weiterbildung an Berufsfachschulen.

3. Welche der genannten Personen sind für die Ausbildung im Ausbildungsberuf Speditionskaufmann uneingeschränkt geeignet?
   (Richtige Lösungen: 1)
   - a) Herr Müller, 55 Jahre, 32 jährige Berufserfahrung.
   - b) Herr Schmidt, Speditionskaufmann, 23 Jahre.
   - c) Dr. Rodatus, Dipl.-Betriebswirtin, 45 Jahre, Ausbildereignungsprüfung.
   - d) Frau Kreuzpointner, gelernte Speditionskauffrau, 31 Jahre, Ausbildereignungsprüfung.
   - e) Herr Scholz, Speditionskaufmann, 60 Jahre.

4. Wo gilt das Berufsbildungsgesetz (BBiG)?
   (Richtige Lösungen: 1)
   - a) In der systematischen Ausbildung in einem Unternehmen.
   - b) In der schulischen Monoausbildung in einem Beruf.

- [ ] c) Bei der Weiterbildung in der Volkshochschule (VHS).
- [ ] d) In der Ausbildung in einem öffentlich-rechtlichen Dienstverhältnis.
- [ ] e) Bei allen Berufsausbildungen und Weiterbildungen.

5. Welche Ausbildungsvorschriften sind für den Ausbilder maßgebend?
(Richtige Lösungen: 1)
   - [ ] a) Ausbildungsberufsbild.
   - [ ] b) Rahmenlehrplan für die Berufsschule.
   - [ ] c) Vorschriften der IHK.
   - [ ] d) Prüfungsordnung der Berufsschule.
   - [ ] e) Lehrplan der Realschule.

6. Was regelt das Berufsbildungsgesetz (BBiG) innerhalb der beruflichen Bildung insbesondere?
(Richtige Lösungen: 4)
   - [ ] a) das BBiG regelt die Berufsausbildung in der Wirtschaft.
   - [ ] b) das BBiG regelt die Beschäftigung von Jugendlichen.
   - [ ] c) das BBiG regelt das Prüfungswesen innerhalb der Ausbildung.
   - [ ] d) das BBiG regelt besondere Vorschriften der Ausbildung im Handwerk.
   - [ ] e) das BBiG regelt die berufliche Umschulung.

7. Welche Gesetze regelt die Berufsausbildung in Deutschland?
(Richtige Lösungen: 1)
   - [ ] a) Berufsbildungsgesetz (BBiG)
   - [ ] b) Jugendschutzgesetz (JArbSchG)
   - [ ] c) Berufsbildungsförderungsgesetz (BerBiFG)
   - [ ] d) Bundesausbildungsförderungsgesetz (BAföG)
   - [ ] e) Ausbildereignungsverordnung (AusbEignV)

8. In den deutschsprachigen Ländern wird die Ausbildung in Form des Dualen Systems durchgeführt. Wodurch zeichnet sich das Duale System in der Ausbildung aus?
   (Richtige Lösungen: 1)

   ☐ a) durch die Zusammenarbeit des Unternehmens mit allen berufsbildenden Schulen.
   ☐ b) durch die Ausbildung in einem Unternehmen.
   ☐ c) durch die Ausbildung in einer staatlichen Berufsschule.
   ☐ d) durch die Zusammenarbeit zwischen Unternehmen und Berufsschule.
   ☐ e) durch die Zusammenarbeit der Berufsschule mit den allgemeinbildenden Schulen.

9. Welche Voraussetzungen müssen vorliegen, damit jemand zum Ausbilder geeignet ist?
   (Richtige Lösungen: 1)

   ☐ a) Fachliche Eignung und der Nachweis berufs- und arbeitspädagogischer Kenntnisse.
   ☐ b) Abgeschlossenes Hochschulstudium der Pädagogik.
   ☐ c) Persönliche Eignung.
   ☐ d) Fachliche und persönliche Eignung.
   ☐ e) Fachliche Eignung.

10 Das Duale System ist gekennzeichnet durch bestimmte Begrifflichkeiten. In der folgenden Auflistung werden Begriffe genannt, die dem Unternehmen zuzuordnen sind:

   ☐ 1. Auszubildender
   ☐ 2. Ausbilder
   ☐ 3. Ausbildungsrahmenplan
   ☐ 4. Berufsbildungsgesetz (BBiG)
   ☐ 5. Berufsausbildungsvertrag
   ☐ 5. Zuständige Stelle
   ☐ 7. Arbeitgeber- und Arbeitnehmervertreter
   ☐ 8. Wirtschaft

Überlegen Sie nun, welche betrieblichen Begrifflichkeiten denen der Berufsschule gegenüberzustellen sind, indem Sie die zugehörige Ziffer in das Antwortkästchen eintragen.

a) Finanzierung durch die Länder.

b) Lehrer als stimmberechtigter Partner.

c) Keine vertragliche Verpflichtung.

d) Rahmenlehrplan

e) Berufsschüler

f) Berufsschullehrer

g) Schulgesetz

h) Schulbehörde

11 Ein Unternehmen möchte IT-System-Kaufleute ausbilden. Der dafür vorgesehene Mitarbeiter hat selbst keinen Berufsabschluss, übt aber seit 18 Jahren eine einschlägige Tätigkeit aus. Darf dieser Mitarbeiter ausbilden?
(Richtige Lösungen: 1)

- a) Ab 15 jähriger einschlägiger Tätigkeit genügt es, wenn der Ausbilder persönlich geeignet ist.
- b) Die Persönliche Eignung steht an zweiter Stelle. Es hängt vorrangig von der fachlichen Eignung ab.
- c) Das Regierungspräsidium bzw. die Bezirksregierung muss die fachliche Eignung widerruflich zuerkennen.
- d) Der Mitarbeiter darf nicht ausbilden, da keine fachliche Eignung vorliegt.
- e) Nach 14 jähriger einschlägiger Tätigkeit wird ein Berufsabschluss automatisch verliehen.

12 Welche Aufgaben hat die Berufsschule als Kooperationspartner im Dualen System?
(Richtige Lösungen: 3)

- a) Vermittlung von Fertigkeiten
- b) Erziehung zum demokratischen Staatsbürger
- c) Durchführung von Berufsorientierungsmaßnahmen
- d) Vermittlung von Fachwissen
- e) Weiterführung der Allgemeinbildung

13 Im Berufsbildungsgesetz (BBiG) findet man die Rahmenbedingungen für die betriebliche Ausbildung. Welche Bedingung ist nicht im BBiG zu finden?
(Richtige Lösungen 1)

- [ ] a) Zeitliche und sachliche Gliederung der Ausbildung.
- [ ] b) Vermittlung von Fertigkeiten und Kenntnissen.
- [ ] c) Auszubildenden dürfen nur Aufgaben übertragen werden, die dem Ausbildungszweck dienen.
- [ ] d) Charakterliche Förderung des Auszubildenden.
- [ ] e) Die Köperkräfte des Auszubildenden sind unwichtig.

14 Sie sollten die Zuständigkeit im Dualen System kennen. Insbesondere müssen Bundes- und Landesgesetze innerhalb der Ausbildung beachtet werden. Welche Gesetze sind Bundesgesetze?
(Richtige Lösungen: 3)

- [ ] a) Ausbildungsordnung
- [ ] b) Berufsschulpflicht
- [ ] c) Ausbildungsrahmenplan
- [ ] d) Zuständige Stelle
- [ ] e) Rahmenlehrplan

15 Welche der Folgenden genannten Beispiele zählt zur Anpassungsfortbildung?
(Richtige Lösungen: 1)

- [ ] a) Ein IHK-Lehrgang zum Betriebswirt.
- [ ] b) Ein Kochkurs bei der Volkshochschule.
- [ ] c) Ein Handwerkskammerlehrgang zum Handwerksmeister.
- [ ] d) Ein Zertifikatslehrgang für Schweißen.
- [ ] e) Ein Fernstudium zum Bautechniker.

16 Ausbilden bedeutet nicht nur die Vermittlung von Fertigkeiten und Kenntnissen, sondern auch das erzieherische Hinführen zur Handlungskompetenz. Aus welchen Paragrafen des Berufsbildungsgesetzes (BBiG) lässt sich dieses Ableiten?
(Richtige Lösungen: 1)

- [ ] a) §11 Berufsausbildungsverhältnis, Vertragsniederschrift

- ☐ b) §13 Pflichten des Auszubildenden, Verhalten während der Berufsausbildung
- ☐ c) §14 Pflichten des Ausbildenden, Berufsausbildung
- ☐ d) §27 Eignung der Ausbildungsstätte
- ☐ e) §29 Persönliche Eignung

17 Welche Aussagen über die Berufsschule treffen zu?
(Richtige Lösungen: 1)

- ☐ a) In der Berufsschule werden vor allem Fertigkeiten vermittelt.
- ☐ b) Der Unterricht findet immer als Blockunterricht statt.
- ☐ c) In erster Linie wird in der Berufsschule Wissen vermittelt.
- ☐ d) Anschauungsmaterial muss aus dem Unternehmen mitgebrat werden.
- ☐ e) In den Prüfungen während der Schuljahre werden meistens Arbeitsproben verlangt.

18 Um einen Berufsausbildungsvertrag abschließen zu können, müssen bestimmte rechtliche Voraussetzungen erfüllt werden. Welche Mindestvoraussetzungen muss ein Bewerber erfüllen?
(Richtige Lösungen: 1)

- ☐ a) Keine
- ☐ b) Erfüllung der Vollzeitschulpflicht
- ☐ c) Hauptschulabschluss
- ☐ d) Realschulabschluss
- ☐ e) Bestehen eines Einstellungstestes

19 Welche Voraussetzungen müssen vorliegen, damit ein Unternehmen für die Berufsausbildung geeignet ist?
(Richtige Lösungen: 1)

- ☐ a) Alle Fertigkeiten eines Ausbildungsberufes können in den Unternehmen vermittelt werden.
- ☐ b) Der Ausbilder muss persönlich geeignet sein.
- ☐ c) Es müssen mindestens 4 Fachkräfte beschäftigt sein.

☐ d) Das Unternehmen lässt nach Art und Einrichtung eine Berufsausbildung in dem entsprechenden Ausbildungsberuf zu.

☐ e) Der Ausbildende ist fachlich geeignet.

20 Welche rechtlichen Voraussetzungen muss der Ausbildende mindestens erfüllen, um Auszubildende einstellen zu können?
(Richtige Lösungen: 1)

☐ a) Bestehen der Ausbildereignungsprüfung.

☐ b) Mindestens 21 Jahre alt sein.

☐ c) Persönlich geeignet sein.

☐ d) Berufsausbildung im Ausbildungsberuf.

☐ e) Einen Ausbilder einstellen.

21 Welche Auswirkungen lassen sich aufgrund des dualen Systems erkennen?
(Richtige Lösungen: 1)

☐ a) Vermehrung der Jugendarbeitslosigkeit.

☐ b) Verminderung der Jugendarbeitslosigkeit.

☐ c) Auswirkungen lassen sich nicht genau feststellen.

☐ d) Keine Auswirkungen.

☐ e) Auswirkungen spielen keine Rolle.

22 Welche rechtlichen Voraussetzungen muss der Ausbilder erfüllen, um Auszubildende ausbilden zu können?
(Richtige Lösungen: 4)

☐ a) Berufs- und arbeitspädagogische Fähigkeiten

☐ b) Persönlich geeignet sein.

☐ c) Angemessene Berufserfahrung.

☐ d) Berufsausbildung im Ausbildungsberuf

☐ e) Die Eignung der Ausbildungsstätte muss vorhanden sein.

23 Welches Gesetz regelt die freie Wahl des Ausbildungsplatzes?
   (Richtige Lösungen: 1)

   ☐ a)   Grundgesetz (GG)

   ☐ b)   Berufsbildungsgesetz (BBiG)

   ☐ c)   Berufsbildungsförderungsgesetz (BAföG)

   ☐ d)   Arbeitsförderungsgesetz (AFG)

   ☐ e)   Jugendarbeitsschutzgesetz (JArbSchG)


24 Welche der nachfolgendenden Personen werden im Berufsausbildungsgesetz (BBiG) erwähnt?
   (Richtige Lösungen: 3)

   ☐ a)   Der Ausbildende

   ☐ b)   Der Berufsschullehrer

   ☐ c)   Der Ausbilder

   ☐ d)   Die Fachkräfte

   ☐ e)   Der Ausbildungsbeauftragte


25 Welche formellen Voraussetzungen müssen erfüllt sein, um eine Ausbildung zum Speditionskaufmann anzutreten?
   (Richtige Lösungen: 1)

   ☐ a)   Abitur

   ☐ b)   Realschulabschluss

   ☐ c)   Hauptschulabschluss

   ☐ d)   Keine

   ☐ e)   Schriftliche Aufnahmeprüfung


26 Grundlage für die Ausbildung in einem Unternehmen sind die Lernziele. Welche Unterlage beschreibt detailliert die Lernziele, die ein Auszubildender erlernen soll?
   (Richtige Lösungen: 1)

   ☐ a)   Der Rahmenlehrplan

   ☐ b)   Der Ausbildungsrahmenplan

- c) Das Ausbildungsberufsbild
- d) Der betriebliche Ausbildungsplan
- e) Die Prüfungsanforderungen

27 Welche Tätigkeiten zählen nicht zu den Schwerpunkten eines Ausbildungsberaters?
(Richtige Lösungen: 2)

- a) Er stellt fest, ob in einem Unternehmen, gemessen an der Zahl der Auszubildenden, genügend Fachkräfte vorhanden sind.
- b) Der Ausbildungsberater überprüft, ob an der Ausbildungsstätte alle erforderlichen Kenntnisse und Fertigkeiten vermittelt werden können.
- c) Der Ausbildungsberater prüft, ob sich ein Unternehmen an die Vorschriften des Betriebsverfassungsgesetzes hält.
- d) Der Ausbildungsberater überprüft, ob einzelne Ausbildungsabschnitte außerhalb des Unternehmens vermittelt werden müssen.
- e) Der Ausbildungsberaterüberprüft, ob ein Unternehmen die Vorschriften des Jugendarbeitsschutzgesetzes einhält.

28 Welche Unterlage beschreibt detaillierte die Lernziele, die der Auszubildende in der Berufsschule erlernen soll?
(Richtige Lösungen: 1)

- a) der betriebliche Ausbildungsrahmenplan
- b) die Prüfungsordnung
- c) der Rahmenlehrplan
- d) der Ausbildungsrahmenplan
- e) das Ausbildungsberufsbild

29 Welche der genannten Gründe sprechen dafür, dass die berufliche Grundausbildung breit angelegt sein soll?
(Richtige Lösungen: 2)

- a) Um die Anforderungen der Technik am Arbeitsplatz zu erfüllen, die sich durch die immer schneller laufende Entwicklungen ergeben, ist eine breite berufliche Ausbildung notwendig.
- b) Durch eine breit angelegte berufliche Ausbildung wird berufliche Mobilität erst möglich.

- c) Durch die breit angelegte berufliche Ausbildung kann bei über der Hälfte der Auszubildenden die Ausbildungszeit um ein halbes Jahr verkürzt werden
- d) Durch eine breite berufliche Ausbildung ist eine Abschlussprüfung nicht mehr erforderlich.
- e) Eine breit angelegte berufliche Ausbildung ermöglicht es, auch in anderen Berufe zu wechseln.

30 Welche Stelle erlässt die Ausbildungsordnungen?
(Richtige Lösungen: 1)

- a) Die Kammer
- b) Das Bundesinstitut für Berufsbildung
- c) Das Bundesministerium für Wirtschaft und Technologie oder das sonst zuständige Fachministerium.
- d) Der Berufsbildungsausschuss
- e) Die Kultusministerkonferenz

31 Welche Aufgabe haben die Berufsberater vom Gesetz her zu erfüllen?
(Richtige Lösungen: 2)

- a) Berufsberater überprüfen, ob ein Unternehmen geeignete Ausbilder für die Ausbildung beschäftigt.
- b) Berufsberater beobachten hauptsächlich die Entwicklung des Arbeitsmarktes, erkundigen sich über den Nachwuchsbedarf der Unternehmen und verwenden diese Kenntnisse als Grundlage bei ihrer Beratung.
- c) Berufsberater vermitteln Berufsanwärter in antragstellende Ausbildungsunternehmen.
- d) Berufsberater unterstützen die Berufsausbildung durch Gewährung finanzieller Mittel.
- e) Berufsberater beraten erwachsene Personen, die vor einem Berufswechsel stehen.

32 Aus den rechtlichen Vorgaben ergeben sich Ziele für das ausbildende Unternehmen. Was sind die Ziele in der betrieblichen Ausbildung?
(Richtige Lösungen: 3)

- a) Vermitteln von Allgemeinwissen

- [ ] b) Hinführen zur Handlungsfähigkeit
- [ ] c) Fördern von Schlüsselqualifikationen
- [ ] d) Erziehung zu Befehl und Gehorsam
- [ ] e) Vermitteln von Fertigkeiten und Kenntnissen

33 Wozu dienen überbetriebliche Ausbildungsmaßnahmen?
(Richtige Lösungen: 1)

- [ ] a) Da sie in der Berufsschule stattfinden, dienen sie der Vermittlung von Kenntnissen.
- [ ] b) Unternehmen, die über eine eigene Lehrwerkstatt verfügen, können in jedem Fall auf überbetriebliche Ausbildungsmaßnahmen verzichten.
- [ ] c) Überbetriebliche Ausbildungsmaßnahmen sind stets auf modernste Technik ausgerichtet.
- [ ] d) Unternehmen, die einzelne geforderte Ausbildungsinhalte selbst nicht vermitteln können, schicken ihre Auszubildenden in überbetriebliche Ausbildungsmaßnahmen.
- [ ] e) Überbetriebliche Ausbildungsmaßnahmen dienen der Kontrolle des Lernfortschritts der Auszubildenden.

34 Aus den rechtlichen Vorgaben ergeben sich Pflichten für den Auszubildenden und den ausbildenden. In der folgenden Auflistung werden Pflichten des Ausbildenden aufgeführt:

1. Systematische Vermittlung von Fertigkeiten und Kenntnissen
2. Benennung weisungsberechtigter Personen
3. Aufsichtspflicht
4. Kontrolle des Ausbildungsnachweis
5. Bereitstellung von Ausbildungsmitteln
6. Urlaubsgewährung
7. Schutz vor körperlicher Gefährdung
8. Erstellungspflicht von Zeugnissen
9. Anmeldung und Freistellung zu den Prüfungen.

Ordnen Sie die Pflichten des Auszubildenden den Pflichten des Ausbildenden zu, indem Sie die zugehörige Ziffer den Antworten zuordnen.

a) sich ärztlich untersuchen lassen

b) Erholungspflicht

c) den Weisungen der Weisungsberechtigten folgen

d) Einhaltung der Betriebsordnung

e) Lernpflicht

f) Ausbildungsnachweisführung

g) Prüfungsteilnahme

h) Pflegliche Behandlung von Arbeitsmitteln

i) Verschwiegenheit und Treuepflicht

35 Welchen Beitrag leisten Berufsschulen in der Berufsausbildung?
(Richtige Lösungen: 1)

☐ a) Berufsschule und Unternehmen vermitteln grundsätzlich unterschiedliche Kenntnisse, da die Unterweisungsmöglichkeiten im Unternehmen ganz andere sind als in der Berufsschule.

☐ b) Berufsschulen vermitteln neben Allgemeinwissen auch Kenntnisse und Fertigkeiten für den Beruf.

☐ c) Berufsschulen vermitteln nur Allgemeinwissen.

☐ d) In der Berufsschule wird nur theoretisches Wissen vermittelt.

☐ e) Berufsschulen können zur Berufsausbildung nur wenig beitragen, da sie den Kultusministerien unterstehen.

36 Welche Aufgabe unterliegt einem Ausbildungsberater der zuständigen Stelle?
(Richtige Lösung: 3)

☐ a) Beratung von Ausbildungsplatzsuchenden

☐ b) Überwachung der Eignung des Ausbildungspersonals

☐ c) Beratung von Auszubildenden

☐ d) Kontrolle der Ausbildungsnachweise

☐ e) Beratung des Ausbildenden

37 Welche Möglichkeiten stehen für ein Unternehmen zur Verfügung, wenn nicht alle in der Ausbildungsverordnung aufgeführten Bereiche für eine Ausbildung selber vermittelt werden können?
(Richtige Lösungen: 1)

- [ ] a) Die Ausbildenden müssen sich die fehlenden Ausbildungsinhalte nach Abschluss der Ausbildung in einer Fortbildungsmaßnahme selbst aneignen.
- [ ] b) Das Unternehmen arbeitet mit Ausbildungsmaßnahmen außerhalb der Ausbildungsstätte.
- [ ] c) Die Berufsschule ist für die Defizite in den Ausbildungsinhalten zuständig.
- [ ] d) Bei der Abschlussprüfung wird nur geprüft, was im Unternehmen vermittelt wurde.
- [ ] e) Das Unternehmen darf nicht ausbilden.

38 Die Arbeitswelt ist einem stetigen Wandel und Anpassungsprozess. Damit sind auch Veränderungen innerhalb der Ausbildung verbunden, die von den ausbildenden Fachkräften und Ausbildern mitgestaltet werden müssen. Kreuzen Sie die richtigen Aussagen an.
(Richtige Lösungen: 3)

- [ ] a) Neben der Fachkompetenz hat die Sozialkompetenz auch eine hohe Bedeutung.
- [ ] b) Die Vorbildfunktion des Ausbilders ist besonders wichtig.
- [ ] c) Der Schwerpunkt in der Ausbildung konzentriert sich auf die Vermittlung von Fertigkeiten und Kenntnissen.
- [ ] d) Die Handlundgskompetenz wird in der Ausbildungsordnung beschrieben, als selbstständiges „Planen, Durchführen und Kontrollieren".
- [ ] e) Die erzieherische Aufgabe des Ausbilders ist zweitrangig.

39 Was ist unter überbetrieblicher Ausbildung zu verstehen?
(Richtige Lösungen: 1)

- [ ] a) Die Unterweisung außerhalb des Unternehmensgebäudes.
- [ ] b) Teile der Ausbildungsinhalte werden bei einem anderen Unternehmen vermittelt.
- [ ] c) Die Ausbildung in der Berufsschule.
- [ ] d) Die Vermittlung von Kenntnissen, die über betriebliche Angelegenheiten hinausgehen.
- [ ] e) Die Vermittlung von Kenntnissen bei einem Betriebsausflug.

40 Welches Interesse des Staates besteht, dass Ausbildungsplätze angeboten werden.
(Richtige Lösungen: 2)

- ☐ a) Jugendarbeitslosigkeit verhindern
- ☐ b) Nicht selber Ausbilden zu müssen
- ☐ c) Überfüllte Hochschulen entlasten
- ☐ d) Bildungsniveau anheben
- ☐ e) Weniger Berufsschüler zu haben

41 Welche Aufgaben haben die Unternehmen in der Berufsausbildung?
(Richtige Lösungen: 2)

- ☐ a) Ein Unternehmen übernimmt keine erzieherischen Aufgaben, da die Ausbilder keine Pädagogen sind.
- ☐ b) Die Kultusministerien legen die Aufgaben der Unternehmen fest.
- ☐ c) Die Unternehmen müssen die Spezialkenntnisse vermitteln, die jeweils für sie typisch sind.
- ☐ d) Unternehmen bilden nur so viele Auszubildende aus, wie sie später weiterbeschäftigen wollen.
- ☐ e) Die Unternehmen vermitteln Kenntnisse und Fertigkeiten. Sie wirken erzieherisch. Der Auszubildende kann Berufserfahrung sammeln.

42 Welche Interesse besteht seitens der Wirtschaft das der Nachwuchs ausgebildet wird.
(Richtige Lösungen: 2)

- ☐ a) Langfristig Wettbewerbsvorteile aufbauen
- ☐ b) zum Gemeinwohl beitragen
- ☐ c) billige Arbeitskräfte
- ☐ d) schlecht Ausgebildete Jugendliche
- ☐ e) Identifikation der Mitarbeiter erhöhen

43 Wie kann der Ausbilder den Rahmenplan der Berufsschule für den Ausbildungsrahmenplan verwenden?
(Richtige Lösungen: 2)

- ☐ a) Berufsschullehrer und Ausbilder ändern ständig ihre Pläne, um eine Übereinstimmung zu erreichen.

☐ b) Der Ausbilder nimmt im Unternehmen den gesamten Stoff durch, der sich aus dem schulischen Rahmenlehrplan ergibt.

☐ c) Die Berufsschullehrer übernehmen den Ausbildungsrahmenplan weitgehend als Rahmenlehrplan.

☐ d) Der Ausbilder stimmt den Ausbildungsrahmenplan mit dem Rahmenlehrplan der Berufsschule so weit wie möglich ab.

☐ e) Der Ausbildungsrahmenplan und der Rahmenlehrplan der Berufsschule sind voneinander unabhängig.

44 Welches Interesse besteht seitens der Jugendlichen?
(Richtige Lösungen: 2)

☐ a) von zu Hause ausziehen.

☐ b) Geld zu verdienen.

☐ c) eventuell Grundlage für ein späteres Studium schaffen.

☐ d) berufliche Einordnung und Identität finden.

☐ e) lernen, einen geregelten Arbeitstag zu überstehen.

45 Wer ist an der Ausbildung direkt beteiligt?
(Richtige Lösungen: 4)

☐ a) Auszubildender

☐ b) Ausbildender

☐ c) Gewerkschaft

☐ d) Berufsschullehrer

☐ e) Ausbilder

46 Ein Ausbilder erfüllt in einem Unternehmen mehrere Funktionen und Rollen. Welche der Funktions- oder Rollenbeschreibungen charakterisiert die Rolle des Erziehers?
(Richtige Lösungen: 1)

☐ a) setzt sich für die Auszubildenden ein.

☐ b) erfüllt die ihm übertragene Fürsorgepflicht.

☐ c) ist weisungsberechtigter Partner.

☐ d) fördert persönliche und soziale Fähigkeiten.

☐ e) vermittelt Fertigkeiten und Kenntnisse.

47 Woraus können die Kriterien für die in einer Berufsausbildung anzustrebenden Leistungen entnommen werden?
(Richtige Lösungen: 1)

- a) die Vorstellungen und Ziele des Auszubildenden sind maßgebend.
- b) es ist Aufgabe des Ausbilders, die Kriterien festzulegen.
- c) die Fähigkeiten des Ausbilders sind entscheidend.
- d) die Kriterien sind dem Berufsbild zu entnehmen.
- e) entscheidend ist die Vorbildung des Auszubildenden.

48 Ein Ausbilder erfüllt in einem Unternehmen mehrere Funktionen und Rollen. Welche der aufgeführten Funktions- oder Rollenbeschreibungen charakterisiert die Rolle des vorgesetzten?
(Richtige Lösungen: 1)

- a) ist selbst Weisungsempfänger
- b) setzt sich für die Auszubildenden ein
- c) ermittelt den quantitativen Nachwuchsbedarf
- d) erfüllt die ihm übertragene Fürsorgepflicht
- e) ist Weisungsberechtigt

49 In welchem Plan findet man die Inhalte der innerbetrieblichen Ausbildung?
(Richtige Lösungen: 1)

- a) Stundenplan
- b) Schichtplan
- c) Rahmenlehrplan
- d) Urlaubsplan
- e) Ausbildungsrahmenplan

50 Innerhalb oder außerhalb des Unternehmens sind noch weitere Personen oder Personenkreise an der Ausbildung beteiligt:

1. Fachkräfte
2. Betriebsrat
3. Jugend- und Auszubildendenvertretung

4. Ausbildungsberater der zuständigen Stelle

5. Berufsberater

6. Prüfungsausschuss

Ordnen Sie die folgenden typischen Aufgaben- oder Tätigkeitsmerkmale den oben stehenden Personen oder Personenkreisen zu, indem sie die zugehörige Ziffer den Antworten zuordnen.

a) berät Ausbildungsplatzsuchende.
b) hat Mitbestimmungsrechte bei der Durchführung der Ausbildung.
c) vermittelt am Arbeitsplatz Fertigkeiten und Kenntnisse.
d) vertritt die Belange der Auszubildenden.
e) berät Ausbilder bei Fragen zur Planung der Ausbildung.
f) führt Berufseignungstests durch.
g) führt die Zwischenprüfung durch.
h) erstellt das Prüfungsprotokoll.
i) überwacht die Einhaltung der zugunsten von Jugendlichen und Auszubildenden geltenden Normen.
j) überprüft die ausbildenden Unternehmen.
k) ist Ansprechpartner der JAV.
l) ist weisungsberechtigter Partner des Auszubildenden.

51 Welche zwei Gesichtspunkte müssen im Ausbildungsplan festgehalten werden?
(Richtige Lösungen: 1)

☐ a) Sachliche und zeitliche Gliederung
☐ b) Berufsbild und Weiterbildungsmöglichkeiten
☐ c) Ausbilder und Auszubildender
☐ d) Ausbilder und Ausbildender
☐ e) Berufsschultage und betriebliche Arbeitszeiten

52 Das Berufsbildungsgesetz schreibt für jeden anerkannten Ausbildungsberuf eine entsprechende Ausbildungsordnung vor. Welchen Stellenwert hat die Ausbildungsordnung?
(Richtige Lösungen: 1)

☐ a) Neben der korrekten Berufsbezeichnung enthält die Ausbildungsordnung nur unverbindliche Empfehlungen.

☐ b) Die Ausbildungsordnung beschreibt die wesentlichen Inhalte des Berufsschulstoffs, insbesondere die der allgemeinbildenden Fächer.

☐ c) Neben dem Berufsbildungsgesetz ist die Ausbildungsordnung eine der wichtigsten rechtlichen Grundlagen für die betriebliche Ausbildung.

☐ d) Keine, wenn ich die Ausbildung besser durchführen kann, ohne sie.

53 Von wem wird die Ausbildungsordnung erlassen?
(Richtige Lösungen: 1)

☐ a) Durch den Bundesminister für Wirtschaft und Arbeit.

☐ b) Durch den Bundesminister für Bildung und Forschung.

☐ c) Durch die Kammern.

☐ d) Durch die Berufsvertretungen.

☐ e) Durch den Bundesminister für Wirtschaft und Arbeit im Einklang mit dem Bundesminister für Bildung und Forschung.

54 Trotz der Kulturhoheit der Länder im schulischen Bereich haben wir in Deutschland ein einheitliches dreigliedriges Schulwesen. Ein Ausbilder sollte sich innerhalb des Schulwesens auskennen, da er Ausbildungsplatzbewerber auswählt, eventuell schulische Vorleistungen anrechnen und während der Ausbildung auf unterschiedliches Lernverhalten eingehen muss.

Im Folgenden sind verschiedene mögliche Schulabschlüsse aufgelistet:

1. Hauptschulabschluss
2. Realschulabschluss
3. Allgemeine Fachhochschulreife
4. Allgemeine Hochschulreife
5. Schulischer Teil der Fachhochschulreife
6. Berufsschulabschluss
7. BGJ-Abschluss
8. Bachelor

Ordnen Sie nun den folgenden allgemein- und berufsbildenden Schulen den Schulabschluss zu, der für diese Schulform typisch ist, indem sie die zugehörige Ziffer den Antworten zuordnen.

a) Fachoberschule (FOS).
b) Realschule.
c) Gymnasium (Klasse 12 oder nach G8-Modell Klasse 11).
d) Bestehen des Abiturs.
e) Berufsschule.
f) Hauptschule
g) Fachhochschule/Hochschule
h) Berufsgrundbildungsjahr

55 Im Berufsbildungsgesetz (BBiG) werden fünf Mindestbestandteile von Ausbildungsordnungen vorgeschrieben. Was ist nicht Bestandteil der Ausbildungsordnung?
(Richtige Lösungen: 2)

- [ ] a) Urlaubsanspruch von Auszubildenden.
- [ ] b) Prüfungsanforderungen.
- [ ] c) Ausbildungsdauer.
- [ ] d) Gewerkschaftsmitgliedschaft.
- [ ] e) Ausbildungsrahmenplan.

56 Das Berufsbildungsgesetz (BBiG) schreibt für jeden anerkannten Ausbildungsberuf eine entsprechende Ausbildungsordnung vor. Was sind die Mindestinhalte einer Ausbildungsordnung?
(Richtige Lösungen: 4)

- [ ] a) Aussagen über die Höhe der Ausbildungsvergütung.
- [ ] b) Zahl und Lage der Zwischenprüfungen innerhalb der Ausbildung.
- [ ] c) Verkürzungsmöglichkeiten aufgrund von allgemeinbildenden Schulabschlüssen.
- [ ] d) Anleitung zur sachlichen und zeitlichen Gliederung der Ausbildung.
- [ ] e) Prüfungsfächer.
- [ ] f) Aussagen über die zu vermittelnden Inhalte in der Berufsschule.
- [ ] g) Dauer der Ausbildung.
- [ ] h) Aussagen über die geforderten Schulabschlüsse von Auszubildenden.

57 Welche Regelungen findet man nicht im Jugendarbeitsschutzgesetz?
(Richtige Lösungen: 1)

- ☐ a) Regelungen über erlaubte Freizeitaktivitäten von Jugendlichen.
- ☐ b) Regelungen über die Arbeitszeit von Jugendlichen.
- ☐ c) Regelungen über gefährliche Arbeiten.
- ☐ d) Regelungen über die Nachtruhe.
- ☐ e) Regelungen über gesundheitliche Betreuungen.

58 Ein Mindestinhalt der Ausbildungsordnung schreibt detailliert die Kenntnisse und Fertigkeiten vor, die mindestens zu vermitteln sind. Wie nennt man diese speziellen Inhalte der Ausbildungsordnung?
(Richtige Lösungen: 1)

- ☐ a) Ausbildungsberufsbild
- ☐ b) Ausbildungsleitbild
- ☐ c) Ausbildungsrahmenplan
- ☐ d) Ausbildungsinhaltsangaben

59 Welche Mitbestimmungsrechte hat der Betriebsrat nicht?
(Richtige Lösungen: 2)

- ☐ a) In allen Fragen der Berufsbildung.
- ☐ b) Wann der Berufsschulunterricht stattfindet.
- ☐ c) Bei der Gestaltung von Arbeitsplätzen, -abläufen und –umgebung.
- ☐ d) Bei der Entscheidung über Produkterweiterungen.
- ☐ e) Bei der Gestaltung von betrieblichen Arbeitszeiten.

60 Ein Mindestinhalt der Ausbildungsverordnung befasst sich mit der regulären Dauer der Ausbildung. Welche Aussage trifft das Berufsbildungsgesetz hinsichtlich der Ausbildungsdauer?
(Richtige Lösungen: 1)

- ☐ a) Die Ausbildungsdauer beträgt immer drei Jahre.
- ☐ b) Die Ausbildungsdauer soll nicht weniger als ein Jahr und darf nicht mehr als drei Jahre betragen.
- ☐ c) Die Ausbildungsdauer soll nicht weniger als zwei Jahre und nicht mehr als drei Jahre betragen.

61 Welche Kriterien werden bei der Eignung einer Ausbildungsstätte nicht geprüft?
(Richtige Lösungen: 2)

- a) Ob eine Weihnachtsfeier stattfindet.
- b) Die angemessene Anzahl an Ausbildungsplätzen im Verhältnis zur Zahl der Auszubildenden.
- c) Ob der Auszubildende nach der Ausbildung übernommen werden kann.
- d) Die Anzahl der Ausbilder
- e) Die Einrichtung der Ausbildungsstätte.

62 Was stellt das Ausbildungsberufsbild dar?
(Richtige Lösungen: 1)

- a) Eine Inhaltsangabe der Berufsausbildung, d.h. eine grobe Auflistung der Kenntnisse, Fertigkeiten und Fähigkeiten, die Gegenstand der Berufsausbildung sind.
- b) Eine Auswahl an Kenntnissen und Fertigkeiten, aus denen Ausbildungsunternehmen die für sie nützlichen auswählen und entsprechend vermitteln kann..
- c) Eine präzise Auflistung der Kenntnisse und Fertigkeiten, die im Unternehmen und die Berufsschule zu vermitteln sind.
- d) Das Image, das ein bestimmter Ausbildungsberuf in der Gesellschaft hat.

63 Welche Arten der Verbundsausbildung kennen Sie?
(Richtige Lösungen: 4)

- a) Auftragsausbildung
- b) Konsortium
- c) Leitbetrieb mit Partnerbetrieben
- d) Erfahrungsaustausch zwischen den Auszubildenden mehrerer Unternehmen.
- e) Ausbildungsverein

64 Wozu dient der Ausbildungsrahmenplan?
(Richtige Lösungen: 1)

- a) Als Anleitung zur sachlichen und zeitlichen Gliederung dient dieser den Ausbildern zur Erstellung des betrieblichen Ausbildungsplans.

- [ ] b) Er gilt nur für die überbetriebliche Ausbildung und gibt dem dortigen Ausbilder Hinweise auf die zu vermittelnden Kenntnisse und Fertigkeiten.
- [ ] c) Er gibt dem Auszubildenden Handlungsanleitung zur Führung des Ausbildungsnachweises.

65 Wann ist ein Ausbilder persönlich nicht geeignet?
(Richtige Lösungen: 3)
- [ ] a) Wenn er mehrfach die Ausbildungspflichten missachtet hat.
- [ ] b) Wenn er auf einer Feier eine zu viel trinkt.
- [ ] c) Wenn er Ausbildungsverträge zum Abbau der Bürokratie nur mündlich abschließt.
- [ ] d) Wenn er Auszubildende sexuell belästigte und anschließend zu einer Freiheitsstrafe verurteilt wurde.
- [ ] e) Wenn er vergisst, in Unterweisungen einzelne Inhalte zu erläutern.

66 Wer erlässt die Ausbildungsordnung?
(Richtige Lösungen: 1)
- [ ] a) Die zuständige Stelle.
- [ ] b) Der zuständige Fachminister im Einvernehmen mit dem Bundesminister für Bildung und Forschung.
- [ ] c) Die Kultusministerkonferenz.
- [ ] d) Der jeweilige Kultusminister eines Bundeslandes.

67 Welche Rechte hat der Betriebsrat bei der Durchführung unternehmerischen Bildungsmaßnahmen?
(Richtige Lösungen: 4)
- [ ] a) Mitbestimmungsrecht bei der Bestellung eines Ausbilders.
- [ ] b) Mitbestimmungsrecht bei der Abberufung eines Ausbilders.
- [ ] c) Führung und Überwachung der Ausbildungsnachweise.
- [ ] d) Auswahl der Ausbildungsmethoden für die Unterweisungen.
- [ ] e) Erstellung eines betrieblichen Ausbildungsplans.

68 Es gibt verschiedene Formen der Ausbildungsordnungen. Welche sind das?
(Richtige Lösungen: 2)

- [ ] a) Dualisierte Berufe
- [ ] b) Monoberufe mit Spezialisierung
- [ ] c) Ausbildungsordnungen mit separater Sockelqualifikation
- [ ] d) Stufenausbildung

69 Wodurch ist die Stufenausbildung gekennzeichnet?
(Richtige Lösungen: 1)

- [ ] a) Nach einer breiten Grundausbildung findet keine differenzierte Fachausbildung statt; die Ausbildung mündet in einen einheitlichen Berufsabschluss.
- [ ] b) Die Grundausbildung findet grundsätzlich nur in Berufsschule und überbetrieblichen Ausbildungsstätten statt.
- [ ] c) Die Stufenausbildung gliedert sich in berufliche Grundbildung, allgemeine berufliche Fachbildung und besondere berufliche Fachbildung. Es kann durch die jeweilige Ausbildungsordnung bestimmt werden, dass nach den einzelnen Stufen Prüfungen abgelegt werden müssen.

70 Wann gilt eine Ausbildungsstätte nach dem Berufsbildungsgesetz als grundsätzlich geeignet?
(Richtige Lösungen: 2)

- [ ] a) Es muss für alle Auszubildenden entsprechende Pausen- oder Ruheräume vorhanden sein.
- [ ] b) Es müssen Arbeitsmittel vorhanden sein, die eine ordnungsgemäße Ausbildung gewährleisten.
- [ ] c) Es müssen pro Auszubildenden mindestens ein Ausbilder und eine Fachkraft zur Verfügung stehen.
- [ ] d) Es muss im Allgemeinen gewährleistet sein, dass die durch die Ausbildungsordnung vorgeschriebenen Kenntnisse und Fertigkeiten im Ausbildungsunternehmen vermittelt werden können.
- [ ] e) Es muss im Ausbildungsunternehmen eine Ausbildungsordnung für die entsprechenden Ausbildungsberufe vorhanden sein. Betriebliche Ausbildungspläne sind nicht zwingend für die Eignung der Ausbildungsunternehmen vorgeschrieben.

71 Ein Unternehmen kann einige der vorgeschriebenen Kenntnisse und Fertigkeiten nicht vermitteln. Kann trotz dieser Eignungsmängel Ausbildung betrieben werden?
(Richtige Lösungen: 2)

- ☐ a) Nein, das sieht das Berufsbildungsgesetz nicht vor. Es müssen alle vorgeschriebenen Inhalte in der Ausbildungsstätte vermittelt werden.
- ☐ b) Ja, wenn diese Eignungsmängel durch außerbetrieblicher Ausbildung kompensiert werden können.
- ☐ c) Ja, da in der Abschlussprüfung nur die im Unternehmen vermittelten Kenntnisse und Fertigkeiten geprüft werden.
- ☐ d) Ja, wenn der Auszubildende gewährleisten kann, sich die nicht vermittelten Kenntnisse und Fertigkeiten in seiner Freizeit und auf eigene Kosten selbst anzueignen.
- ☐ e) Ja, wen die Eignungsmängel in überbetrieblicher Ausbildung ausgeglichen werden können.

72 Welche Institution ist für die Überwachung der Eignung der Ausbildungsstätte zuständig?
(Richtige Lösungen: 1)

- ☐ a) Die nach Landesrecht zuständige Behörde.
- ☐ b) Das zuständige Fachministerium.
- ☐ c) Die zuständige Stelle.
- ☐ d) Die zuständige Agentur für Arbeit.

73 Wer ist von der Unternehmensseite für die Eignung der Ausbildungsstätte verantwortlich?
(Richtige Lösungen: 1)

- ☐ a) Der Auszubildende
- ☐ b) Der Ausbilder
- ☐ c) Der Ausbildende
- ☐ d) Der Vorsitzende des gesetzlich vorgeschriebenen Ausschusses für Ausbildungsfragen im Unternehmen.
- ☐ e) Alle Mitglieder des gesetzlich vorgeschriebenen Ausschusses für Ausbildungsfragen im Unternehmen.

74 Der Ausbildungsberater stellt bei der Überprüfung eines Ausbildungsunternehmens Mängel fest. Welche Konsequenzen kann das zunächst mit sich führen?
(Richtige Lösungen: 1)

- [ ] a) Der Name des Unternehmens wird im Bundesanzeiger veröffentlicht.
- [ ] b) Die zuständige Stelle versucht sofort, für die Auszubildenden Ersatzausbildungsplätze in anderen Unternehmen zu finden.
- [ ] c) Das Unternehmen wird verwarnt; weitere Konsequenzen gibt es nicht.
- [ ] d) Dem Unternehmen wird sofort die Ausbildungsbefugnis entzogen.
- [ ] e) Der Ausbildungsberater räumt dem Unternehmen eine Frist zum Beheben der Mängel ein.

75 Welche der nachstehend aufgeführten Lernorte gelten für gewerblich-technische Auszubildende als innerbetrieblich?
(Richtige Lösungen: 2)

- [ ] a) Lernecke
- [ ] b) Berufsschule
- [ ] c) Ausbildungswerkstatt
- [ ] d) Kantine
- [ ] e) Mitarbeiterparkplatz

76 Welche Rechte hat die Jugend- und Auszubildendenvertretung?
(Richtige Lösungen: 3)

- [ ] a) Sie hilft dem Auszubildenden, seine Urlaubswünsche durchzusetzen.
- [ ] b) Sie vertritt die Interessen der Jugendlichen und Auszubildenden gegenüber dem Betriebsrat.
- [ ] c) Sie kann Maßnahmen, die dem Jugendlichen und Auszubildenden dienen, beim Betriebsrat beantragen.
- [ ] d) Sie darf darüber wachen, dass Gesetze, Verordnungen usw. eingehalten werden.
- [ ] e) Sie sorgt für Methodenvielfalt bei den Unterweisungen.

# Offene Fragen

1. Welche Ziele verfolgt ein Unternehmen, wenn es ausbildet?
2. Welche Merkmale kennzeichnen eine qualifizierte Arbeitskraft in einem Unternehmen unserer Zeit?
3. Beschreiben Sie die Vorteile einer Berufsausbildung für einen Auszubildenden.
4. Nennen sie Kosten, die einem Unternehmen bei der Ausbildung entstehen.
5. Wie kann die produktive Mitarbeit der Auszubildenden beurteilt werden?
6. Welchen Zweck verfolgt ein Ausbildungsverbund?
7. Beschreiben Sie vier Merkmale des dualen Systems.
8. Welches Ziel verfolgt das Allgemeine Gleichbehandlungsgesetz (AGG)?
9. Welche Trends konnten in den letzten Jahren in der Veränderung der Berufs- und Qualifikationsstruktur festgestellt werden?
10. Sie werden von der Unternehmensleitung gebeten, neben Ihrer normalen Tätigkeit die Ausbildungsleitung zu übernehmen. Welche Wünsche werden Sie der Unternehmensleitung gegenüber für die Übernahme dieser Aufgabe äußern?
11. Ein Ausbilder muss nach dem Berufsbildungsgesetz persönlich und fachlich geeignet sein. Welche Eigenschaften sollte er noch mitbringen?
12. Was ist darunter zu verstehen, wenn von Bildung als sozialer Chance die Rede ist?
13. Wo findet im Sinne des Berufsbildungsgesetzes Berufsausbildung statt?
14. Welche Ziele verfolgt die Berufsausbildung?
15. Wie und wo wird geregelt, wer als Ausbilder tätig sein darf?
16. Unterscheiden Sie die Begriffe „Ausbildender", „Ausbilder" und „Ausbildungsbeauftragter", indem Sie ihre Funktionen, Verantwortlichkeiten und Qualifikationen innerhalb der Ausbildung beschreiben.
17. Welches sind die wichtigsten Aufgaben der Personalentwicklung bezüglich der Ausbildung?

18. Welche Möglichkeiten stehen einem Unternehmen zur Verfügung, seinen Bedarf an Führungskräften zu decken?

19. Erläutern Sie, was man unter einem Anforderungsprofil versteht und warum es empfehlenswert ist solche zu erstellen.

20. Für wen sind Ausbildungsordnungen und für wen Rahmenlehrpläne gültig?

21. Von wem werden die Ausbildungsordnungen erstellt?

22. Welche Inhalte findet man in einem Rahmenlehrplan?

23. Was sollte bei der Besprechung zwischen Ausbilder und Lehrer im Vordergrund stehen?

24. Erläutern Sie den Begriff „Beruf".

25. Welche Gefahren ergeben sich daraus, dass es Ausbildungsberufe mit größerem Zulauf und solche von geringerem Interesse gibt?

26. Welcher Teil der Ausbildungsordnung dient dem Ausbilder als Grundlage der betrieblichen Ausbildungsplanung?

27. Begründen Sie die Notwendigkeit von Arbeitsplatzbeschreibungen bzw. Ausbildungsplatzbeschreibungen für die Planung der Berufsausbildung.

28. In bestimmten Fällen kann das Einstellen und Ausbilden von Auszubildenden untersagt werden. Wo und wie ist das geregelt?

29. Welche innerbetrieblichen Quellen können genutzt werden, um den Fachkräftebedarf zu ermitteln?

30. Welches Gesetz regelt den Mindesturlaub von jugendlichen Auszubildenden? Stellen Sie die Staffelung nach Lebensalter dar.

# Handlungsfeld 2

## Ausbildung vorbetreiten und bei der Einstellung von Auszubildenden mitwirken 20%

I. **Auf der Grundlage einer Ausbildungsordnung einen betrieblichen Ausbildungsplan erstellen, der sich insbesondere an berufstypischen Arbeits- und Geschäftsprozessen orientiert**

- Bedeutung, Ziel und Inhalt eines betrieblichen Ausbildungsplans für eine geordnete Ausbildung zu erläutern,
- die Struktur der Ausbildung bei der Ausbildungsplanung zu beachten,
- den Bezug zwischen der sachlichen und zeitlichen Gliederung im Ausbildungsrahmenplan und den Arbeits- und Geschäftsprozessen des Unternehmens herzustellen,
- mit ausbildenden Fachkräften die Durchführbarkeit der Ausbildung zu prüfen,
- die Umsetzung von Ausbildungsplänen zu überwachen und die Pläne ggf. anzupassen.

II. **Die Möglichkeiten der Mitwirkung & Mitbestimmung der betrieblichen Interessenvertretung in der Berufsausbildung zu berücksichtigen**

- die Möglichkeiten der betrieblichen Interessenvertretung in der Berufsausbildung beschreiben,
- die Mitwirkungsmöglichkeiten der Jugend- und Auszubildendenvertretung im Bereich der Berufsausbildung darstellen,
- die betriebliche Interessenvertretung über die beabsichtigte Durchführung der Berufsbildung informieren,
- die Rechte der betrieblichen Interessenvertretung bei der Auswahl und Einstellung von Auszubildenden sowie bei der Durchführung und Beendigung der Ausbildung zu beachten.

III. **Den Kooperationsbedarf zu ermitteln und sich inhaltlich sowie organisatorisch mit den Kooperationspartnern, insbesondere der Berufsschule, abzustimmen,**

- die Möglichkeiten der Zusammenarbeit mit den an der Ausbildung beteiligten Partnern klären,
- Kooperationsnetzwerke zu bilden und zu nutzen,
- die Lernortkooperation zwischen Unternehmen und Berufsschule sicherstellen,
- die Kooperation mit außer- und überbetrieblichen Partnern bedarfsgerecht herzustellen.

**IV. Kriterien und Verfahren zur Auswahl von Auszubildenden auch unter Berücksichtigung ihrer Verschiedenartigkeit anzuwenden,**

- die Möglichkeiten zur Anwendung von Ausbildungsinteressenten darzustellen und zu bewerten,
- die Anforderungen des Ausbildungsberufs sowie des Unternehmens und Eignungsvoraussetzungen als Auswahlkriterien herausstellen,
- geeignete Verfahren zur Auswahl von Bewerbern unter Berücksichtigung verschiedener Bewerbergruppen anzuwenden,
- die rechtlichen Regelungen im Kontext des Auswahlverfahrens zu beachten,
- Ausbildungsbewerbern die mit der Berufsausbildung verbundenen Berufslaufbahnperspektiven aufzuzeigen.

**V. Den Berufsausbildungsvertrag vorzubereiten und die Eintragung des Vertrages bei der zuständigen Stelle zu veranlassen,**

- wesentliche Inhalte eines Ausbildungsvertrags darstellen,
- die aus dem Vertrag sich ergebenden Rechte und Pflichten des Auszubildenden und der Auszubildenden darzustellen,
- die Voraussetzungen für die Eintragung des Ausbildungsvertrages in das Ausbildungsverzeichnis erläutern,
- Auszubildende bei der Berufsschule anzumelden.

**VI. Die Möglichkeiten zu prüfen, ob Teile der Berufsausbildung im Ausland durchgeführt werden können,**

- die Vorteile und mögliche Risiken von Ausbildungsabschnitten im Ausland für Auszubildende und dem Unternehmen ausloten,
- die Rechtsgrundlagen für die Entscheidungsfindung in anderen Ländern bei der Planung der Ausbildung im Ausland einzubeziehen,
- die Beratungs- und Unterstützungsmöglichkeiten für die Durchführung der Ausbildung im Ausland darzustellen,
- die Dokumentation der Ausbildung im Ausland nachzuvollziehen.

# Geschlossene Fragen

1. In welcher der hier aufgeführten Bereiche kann der Ausbilder weitgehend mitbestimmen?
   (Richtige Lösungen: 1)
   - ☐ a) Schulabschluss des Auszubildenden.
   - ☐ b) Rahmenplan.
   - ☐ c) Berufsbild.
   - ☐ d) Betrieblicher Ausbildungsplan.
   - ☐ e) Abschlussprüfung.

2. Zur Erstellung des betrieblichen Ausbildungsplans soll sich der Ausbilder bestimmter Hilfen bedienen. Welche sind das?
   (Richtige Lösungen: 1)
   - ☐ a) Berufsbildungsgesetz (BBiG).
   - ☐ b) Jugendarbeitsschutzgesetz (JArbSchG)
   - ☐ c) Ausbildungsrahmenplan.
   - ☐ d) Rahmenlehrplan der Berufsschule.
   - ☐ e) Prüfungsordnung der zuständigen Stelle.

3. Welche der folgenden Aufzählungen gibt die sinnvolle Reihenfolge wieder in der der betriebliche Ausbildungsplan erstellt werden sollte?
   (Richtige Lösungen: 1)
   - ☐ a) 1. Ausbilder festlegen.
         2. Abteilungen auswählen.
         3. Lernort bestimmen.
         4. Berufsbild zuordnen.
         5. Ausbildungsplan erstellen.

   - ☐ b) 1. Ausbilder festlegen.
         2. Lernorte bestimmen.
         3. Berufsbild zuordnen.
         4. Abteilungen auswählen.
         5. Ausbildungsplan erstellen.

- [ ] c) 
  1. Lernort bestimmen.
  2. Ausbilder festlegen.
  3. Abteilungen auswählen.
  4. Berufsbild zuordnen.
  5. Ausbildungsplan erstellen.

- [ ] d) 
  1. Abteilungen auswählen.
  2. Berufsbild zuordnen.
  3. Lernorte bestimmen.
  4. Ausbilder festlegen.
  5. Ausbildungsplan erstellen.

- [ ] e) 
  1. Lernorte bestimmen.
  2. Abteilungen auswählen.
  3. Ausbilder festlegen.
  4. Berufsbild zuordnen.
  5. Ausbildungsplan erstellen.

4. Dem Ausbildungsrahmenplan wird der Rahmenlehrplan der Berufsschule gegenübergestellt. Welche Funktion hat der Rahmenlehrplan?
(Richtige Lösungen: 1)

- [ ] a) Der Rahmenlehrplan legt die Stoffverteilung zwischen Berufsschule und Ausbildungsunternehmen fest.
- [ ] b) Der Rahmenlehrplan gibt die Inhalte des in der Berufsschule zu vermittelnden Stoffes vor.
- [ ] c) Der Rahmenlehrplan schreibt die Inhalte der überbetrieblichen Ausbildung vor.
- [ ] d) Der Rahmenlehrplan soll den Ausbildungsrahmenplan überwachen.

5. Welche Inhalte müssen in einem Gesamtversetzungsplan zu finden sein?
(Richtige Lösungen: 1)

- [ ] a) Die Namen und durchlaufenen Abteilungen aller Auszubildenden der vergangenen 4 Jahre.

- [ ] b) Angaben über die Dauer der Ausbildung in den einzelnen Abteilungen, die jeder Auszubildende durchläuft.
- [ ] c) Der Notendurchschnitt, mit dem die Auszubildenden in der Berufsschule versetzt werden.
- [ ] d) Alle Fächer, die in der Berufsschule zur Versetzung wichtig sind.
- [ ] e) die bisher durchlaufenen Stellen der Angestellten eines Unternehmens.

6. Ausbildungsunternehmen und Berufsschule sind Partner im Dualen System. Welche Aufgabe hat die Berufsschule?
(Richtige Lösungen: 3)

- [ ] a) Überwiegend Vermittlung von Fachpraxis.
- [ ] b) Fortsetzung der Vermittlung von Allgemeinbildung.
- [ ] c) Erziehung der Berufsschüler zu mündigen Staatsbürgern.
- [ ] d) Der Berufsschulunterricht soll ermöglichen, den Auszubildenden Abwechslung vom betrieblichen Ausbildungsalltag zu verschaffen und ist als schonraum für Auszubildende anzusehen.
- [ ] e) Überwiegend Vermittlung von Fachtheorie.

7. Welche grundsätzlichen Einblicke sollen den Auszubildenden an jedem Ausbildungsplatz vermittelt werden?
(Richtige Lösungen: 1)

- [ ] a) Hobbys und Urlaube der Kollegen.
- [ ] b) Alle Kunden und Lieferanten.
- [ ] c) Die Stellenbeschreibungen aller Beschäftigten.
- [ ] d) Die einzelnen Vorgänge und der Gesamtzusammenhang.
- [ ] e) Alle Verbote im Unternehmen.

Warum soll der Ausbilder bei der betrieblichen Ausbildungsplanung auch die Inhalte des Rahmenlehrplans berücksichtigen?
(Richtige Lösungen: 1)

- [ ] a) Er braucht den Rahmenlehrplan nicht zu berücksichtigen, da dieser mit dem Ausbildungsrahmenplan nicht in Beziehung steht.

- [ ] b) Er braucht den Rahmenlehrplan nicht zu berücksichtigen, da sich die Berufschullehrer am Ausbildungsrahmenplan orientieren müssen.

- [ ] c) Er soll sich auch für die Ausbildung am Rahmenlehrplan orientieren, um eine weitestgehend Parallelität bei der Vermittlung von Praxis und Theorie gewährleisten zu können.

- [ ] d) Er soll den Rahmenlehrplan berücksichtigen, da dies durch Rechtsverordnungen vorgeschrieben ist.

9. Wie kann man eine Verbundausbildung erklären?
   (Richtige Lösungen: 1)

   - [ ] a) Ein Unternehmen weist bei der Ausbildung Mängel bezüglich der Eignung auf, die durch eine zeitweise Ausbildung in einem anderen Unternehmen ausgeglichen werden.

   - [ ] b) Die Ausbildung in den theoretischen Kenntnissen erfolgt in einer überbetrieblichen Ausbildungsstätte.

   - [ ] c) Unternehmen und Berufsschule bilden parallel aus.

   - [ ] d) Eine Ausbildung muss mit einem Praktikum verbunden sein.

   - [ ] e) Auszubildende, bei denen Leistungsmängel auftreten, erhalten ausbildungsbegleitende Hilfen über die Kammer.

10. Wie müssen Verkürzungen aufgrund von Vorbildung bei der Ausbildungsplanung berücksichtigt werden?
    (Richtige Lösungen: 2)

    - [ ] a) Bei vorangegangenem erfolgreichem Besuch des Berufsgrundbildungsjahres (BGJ) und einer anschließenden Dualen-Ausbildung im gleichen Berufsfeld kann das BGJ als 1. Ausbildungsjahr angerechnet werden. Der Auszubildende beginnt im 2. Ausbildungsjahr

    - [ ] b) Verkürzungen aufgrund von Vorbildung sind gemäß den rechtlichen Bestimmungen nicht vorgesehen.

    - [ ] c) Bei Auszubildenden mit Allgemeiner Hochschulreife muss dieser Abschluss als 1. Ausbildungsjahr angerechnet werden. Der Auszubildende beginnt im 2. Ausbildungsjahr.

    - [ ] d) Bei Auszubildenden mit Allgemeiner Hochschulreife kann dieser Abschluss auf die Dauer der Ausbildung angerechnet werden. Es müssen alle vorgeschriebenen Inhalte laut Ausbildungsrahmenplan vermittelt werden, allerdings in verkürzter Zeit.

11. Aus welchen Gründen ist es ungünstig, wenn Ausbildungspläne starr sind und genau eingehalten werden sollen?
    (Richtige Lösungen: 1)

    ☐ a) Das Berufsbildungsgesetz wird reformiert.
    ☐ b) Die Kammer ändert die Prüfungsordnung.
    ☐ c) Es wird ein neues Produkt ins Sortiment aufgenommen.
    ☐ d) Das Berufsbild wird dem neusten technischen Stand angepasst.
    ☐ e) Die Auszubildenden sind manchmal krank.

12. Bei der Ausbildungsplanung soll nach bestimmten didaktischen Prinzipien vorgegangen werden. Welche sind das?
    (Richtige Lösungen: 2)

    ☐ a) Vom Leichten zu Schweren.
    ☐ b) Vom Abstrakten zum Konkreten.
    ☐ c) Vom Einfachen zum Zusammengesetzten.
    ☐ d) Vom Manuellen zum Kognitiven.
    ☐ e) Vom Speziellen zum Allgemeinen.

13. Sie sollen in folgenden Fällen entscheiden, wo eine Verkürzung der Ausbildungsdauer in der Regel um maximal sechs Monate möglich ist.
    (Richtige Lösungen: 1)

    Eine Verkürzung um maximal sechs Monate ist möglich,

    ☐ a) bei erfolgreichem Abschluss einer zweijährigen Berufsfachschule, wenn gleichzeitig die Erlaubnis der Eltern eingeholt wird.
    ☐ b) bei Hochschulreife.
    ☐ c) wenn der Ausbildende und die Ausbilder damit einverstanden sind.
    ☐ d) bei erfolgreichem Besuch eines Berufsgrundbildungsjahres in einem anderen Schwerpunkt des gleichen Berufsfeldes.
    ☐ e) bei erfolgreichem Besuch einer einjährigen Berufsfachschule im entsprechenden Berufsfeld.

14. Was ist bei der Erstellung eines betrieblichen Ausbildungsplans zu beachten?
    (Richtige Lösungen: 2)

    ☐ a) Die Reihenfolge der zu vermittelnden Inhalte ist beliebig. Der Ausbildungsrahmenplan ist außer Acht zu lassen.

    ☐ b) Berufsschulzeiten sind bei der zeitlichen Planung nicht zu berücksichtigen.

    ☐ c) Ausbildungsabschnitte, die außerbetrieblich vermittelt werden, müssen nicht im betrieblichen Ausbildungsplan aufgenommen werden.

    ☐ d) Zu vermittelnde Kenntnisse und Fertigkeiten werden entsprechenden Lernorten zugeordnet.

    ☐ e) Die Dauer der jeweiligen Ausbildungsabschnitte wird im betrieblichen Ausbildungsplan festgelegt.

15. Welchen der im Folgenden genannten Punkte findet man nicht in einem Ausbildungsvertrag?
    (Richtige Lösungen: 1)

    ☐ a) Probezeit

    ☐ b) Dauer der Berufsschulzeit

    ☐ c) Höhe der Vergütung

    ☐ d) Beginn der Ausbildung

    ☐ e) Urlaub

16. Welche Funktion hat ein Versetzungsplan?
    (Richtige Lösungen: 1)

    ☐ a) Dieser Plan kommt nur in der Berufsschule vor. Er gibt Auskunft über die Versetzung von Schülern.

    ☐ b) Dieser Plan gibt Auskunft über die Versetzungen in den allgemeinbildenden Schulen.

    ☐ c) Dieser Plan dient dazu, die Auszubildenden personell zu entzerren, d.h., er gibt Auskunft darüber, in welcher Zeit sich welcher Auszubildende an welchem Lernort befindet.

    ☐ d) Dieser Plan, gibt Auskunft, wann welcher Auszubildende in welchem Lehrjahr er sich befindet.

17. Muss bei Beginn der Ausbildung eines Jugendlichen eine ärztliche Bescheinigung über eine Erstuntersuchung vorliegen?
(Richtige Lösungen: 1)

- [ ] a) Sollte der Jugendliche in einem Sportverein Mitglied sein, ist eine ärztliche Untersuchung nicht notwendig.
- [ ] b) Eine ärztliche Bescheinigung über eine Erstuntersuchung muss spätestens drei Monate vor der Abschlussprüfung vorliegen.
- [ ] c) Ein Unternehmen darf mit der Ausbildung eines Jugendlichen erst dann beginnen, wenn er eine Bescheinigung über eine ärztliche Untersuchung in Händen hält, die innerhalb der letzten 14 Monate vor Beschäftigungsbeginn stattgefunden hat.
- [ ] d) Eine ärztliche Bescheinigung ist nicht notwendig, wenn es dem Jugendlichen anzusehen ist, dass er beruflichen Herausforderungen gewachsen ist.
- [ ] e) Eine ärztliche Bescheinigung über eine Erstuntersuchung ist bei Jugendlichen nur in bestimmten Branchen notwendig, in denen manchmal auch körperliche Arbeit gefordert wird.

18. Fähigkeiten/Vorbildung sollte ein Ausbildungsplatzbewerber für den Ausbildungsberuf Hotelkaufmann unbedingt mitbringen?
(Richtige Lösungen: 2)

- [ ] a) Köperkraft
- [ ] b) Allgemeine Hochschulreife
- [ ] c) Aufgeschlossenheit
- [ ] d) Verhandlungsgeschick
- [ ] e) Schriftliches Ausdrucksvermögen

19. Unternehmen gewährt seinen Auszubildenden 31 Werktage Urlaub. Ist diese Vereinbarung zulässig?
(Richtige Lösungen: 1)

- [ ] a) Da Urlaubsansprüche von 18 bis 35 Werktage frei vereinbar sind, ist die oben genannte Regelung zulässig.
- [ ] b) Urlaubsansprüche orientieren sich an der Unternehmenszugehörigkeit. Erst ab fünf Jahren Unternehmenszugehörigkeit besteht ein Urlaubsanspruch von 30 Werktagen.

☐ c) Der Arbeitgeber muss sich nach dem Jugendarbeitsschutzgesetz richten, in dem maximal 30 Werktage als Urlaubsanspruch festgelegt sind.

☐ d) Tarifpartner können Urlaubsansprüche verbindlich vereinbaren, solange die Mindestansprüche der einschlägigen Gesetze nicht unterschritten werden.

☐ e) Jugendliche sollten nicht mehr als 25 Tage Urlaub haben, da sie sich anschließend nur sehr schwer wieder in den Lernprozess einfügen können.

20. In welchen der nachfolgend aufgeführten Schulfächer sollten einem Bewerber für den Ausbildungsberuf Technischer Zeichner überzeugende Leistungen bescheinigt worden sein?
(Richtige Antworten: 2)

☐ a) Musik

☐ b) Mathematik

☐ c) Kunst

☐ d) Geschichte

☐ e) Physik

21. Welche Rechte/Pflichten hat der Ausbildende im Rahmen des Berufsausbildungsverhältnisses gegenüber dem Auszubildenden?
(Richtige Lösungen: 1)

☐ a) Er darf den Auszubildenden auch ausbildungsfremde Tätigkeiten ausüben lassen, wenn im benachbarten Unternehmen ein Mitarbeiter wegen Krankheit ausfällt.

☐ b) Er muss erzieherisch wirken und den Auszubildenden charakterlich fördern.

☐ c) Er muss dem Auszubildenden nur die geforderten Fertigkeiten vermitteln.

☐ d) Bei Sonderaufträgen darf der Auszubildende Akkord arbeiten und Überstunden machen.

☐ e) Während der Ausbildung stehen den Auszubildenden zusätzlich zu den Berufsschultagen keine Urlaubstage zu.

22. Welche Voraussetzungen muss ein Ausbildungsplatzbewerber aus rechtlicher Sicht erfüllen, um eine Berufsausbildung aufnehmen zu können?
(Richtige Lösungen: 1)

- a) Keine
- b) Fachhochschulreife
- c) Hauptschulabschluss
- d) Realschulabschluss
- e) Erfüllung der Vollzeitschulpflicht

23. Was muss ein Arbeitgeber tun, wenn ein jugendlicher Auszubildender auch ein Jahr nach Beginn der Ausbildung immer noch keine Bescheinigung über die ärztliche Nachuntersuchung vorgelegt hat?
(Richtige Lösungen: 1)

- a) In Unternehmen mit geringer körperlicher Beanspruchung ist nach Ablauf der ein Jahresfrist die Vorlegung der Bescheinigung nicht mehr notwendig.
- b) Der Arbeitgeber kündigt dem Auszubildenden fristlos.
- c) Der Arbeitgeber darf den Auszubildenden nicht mehr weiterbeschäftigen, wenn die Bescheinigung 14 Monate nach Ausbildungsbeginn immer noch nicht vorliegt.
- d) Der Auszubildende wird so lange beurlaubt, bis er die Bescheinigung vorlegt.
- e) Die Bescheinigung muss spätestens innerhalb der Probezeit vorgelegt werden, sonst muss der Arbeitgeber unter Einhaltung der Kündigungsfrist kündigen.

24. Teamfähigkeit wird heute von den Ausbildungsunternehmen von vielen Ausbildungsplatzbewerbern erwartet. Woran kann der Ausbilder erkennen, ob diese Qualifikation im Ansatz vorhanden ist?
(Richtige Lösungen: 2)

- a) Hobby: Fernsehen
- b) Aktives Engagement in der kirchlichen Jugendarbeit
- c) Keine Hobbys
- d) Hobby: Internet-Spiele
- e) Aktives Mitglied in einer Feldhockeymannschaft

25. Die Eltern einer Auszubildenden, die im November 18 Jahre alt wird, haben für die ganze Familie einen mehrwöchigen Urlaub gebucht (20 Arbeitstage). Der Urlaub beginnt am 24. September. Kann die Auszubildende diesen Urlaub an diesem Termin in dieser Länge antreten?
(Richtige Lösungen: 1)

- [ ] a) Die Auszubildende hat nach dem Bundesurlaubsgesetz nur einen Urlaubsanspruch von 20 Werktagen.
- [ ] b) Auszubildende und Angestellte können ihren Urlaubstermin nicht frei wählen und es stehen ihnen auch nicht mehr als zwei zusammenhängende Wochen zu.
- [ ] c) Die Auszubildende hat ein Recht auf die Festlegung dieser Urlaubszeit und gleichzeitig auf die 20 Arbeitstage.
- [ ] d) Die Auszubildende kann den Urlaubstermin festlegen, es stehen ihr aber nur 20 Werktage zu.
- [ ] e) Der Auszubildenden stehen zwar 20 Arbeitstage zu, sie kann aber den Urlaubstermin nicht selbst bestimmen.

26. Welche sinnvollen Instrumente zur Bewerbergewinnung sollten von Ausbildungsunternehmen genutzt werden?
(Richtige Lösungen: 3)

- [ ] a) Vorstellung des Unternehmens in Berufsschulklassen
- [ ] b) Berufsinformationszentrum der Agentur für Arbeit
- [ ] c) Internet
- [ ] d) Stellenanzeige im Ausland
- [ ] e) Aushang am Schwarzen Brett im Unternehmen

27. Welche Fragen dürfen im Einstellungsgespräch nicht gestellt werden?
(Richtige Lösungen: 1)

- [ ] a) Schulabschlüsse
- [ ] b) Bei wie vielen Unternehmen sich der Bewerber bereits vorgestellt hat.
- [ ] c) Geplante Kinderzahl
- [ ] d) In welchen Bereichen sich der Bewerber schwächer einschätzt.
- [ ] e) Besondere Interessen

28. Welche Unterlagen sind bei der Einreichung von schriftlichen Bewerbungen unverzichtbar?
(Richtige Lösungen: 2)

- [ ] a) Zeugniskopien
- [ ] b) Empfehlungsschreiben des Lehrers
- [ ] c) Arbeitsprobe
- [ ] d) Urkunde der Bundesjugendspiele
- [ ] e) Lebenslauf

29. Ein Tarif wurde für allgemein verbindlich erklärt. Ein Unternehmen, das nicht Tarifverbunden ist, zahlt seinen Auszubildenden eine unter dem Tarif liegende Ausbildungsvergütung. Wie ist die Sachlage zu beurteilen?
(Richtige Lösungen: 1)

- [ ] a) Da das Unternehmen nichttarifgebunden ist, muss er sich mit den Eltern der Auszubildenden über die Ausbildungsvergütung einigen.
- [ ] b) Da das Unternehmen nicht tarifgebunden ist, kann es mit den Auszubildenden vereinbaren, was es möchte.
- [ ] c) Die Ausbildungsvergütung orientiert sich nach der Probezeit an der Leistung des Auszubildenden.
- [ ] d) Allgemein verbindliche Tarife gelten auch für nicht tarifgebundene Unternehmen dieser Branche.
- [ ] e) Unternehmen haben bei der Festlegung von Ausbildungsvergütungen freie Hand, da diese in Tarifen sowieso nicht erfasst werden.

30. Welche Entscheidungshilfen tragen gemeinhin zur Einstellung von Ausbildungsplatzbewerbern bei?
(Richtige Lösungen: 1)

- [ ] a) Der Bewerbung beigefügtes Referenzschreiben der Eltern
- [ ] b) Bewerbungsgespräch
- [ ] c) Einkommensverhältnisse der Eltern
- [ ] d) Grundschulzeugnisse
- [ ] e) Keine

31. Wonach richtet sich die Höhe der Ausbildungsvergütung?
    (Richtige Lösungen: 1)

    ☐ a) Allgemein verbindlich erklärte Tarife gelten nicht für Unternehmen deren Arbeitnehmer nicht bei der Gewerkschaft sind.

    ☐ b) Sie darf sich in dem Bereich von plus/minus 20 Prozent des jeweils gültigen Tarifes bewegen.

    ☐ c) Den Auszubildenden ist eine angemessene Ausbildungsvergütung zu zahlen, die im Verlauf der Ausbildung ansteigt.

    ☐ d) Die Ausbildungsvergütung ist abhängig vom Alter und von der Leistung des Auszubildenden.

    ☐ e) Arbeitgeber, die keinen Arbeitgeberverband angehören, dürfen die Vorgabe durch den Tarif um bis zu 40 Prozent unterschreiten.

32. In welcher Form sollte ein Bewerbungsgespräch mit Ausbildungsbewerbern geführt werden?
    (Richtige Lösungen: 1)

    ☐ a) Es sollte möglichst zwangloser Atmosphäre geführt werden.

    ☐ b) Es sollte wie ein mündliches Prüfungsgespräch geführt werden.

    ☐ c) Es sollte außerhalb des Unternehmens, z.B. in einem Restaurant, geführt werden.

    ☐ d) Es sollte gar nicht geführt werden, denn es könnte der Erste-Eindruck-Fehler entstehen.

    ☐ e) Es sollte wie eine politische Debatte geführt werden.

33. Welche Eigenschaften können in einem Einstellungsgespräch praktisch nicht beurteilt werden?
    (Richtige Lösungen: 2)

    ☐ a) Die Fähigkeit, bei einem Gespräch mitzudenken.

    ☐ b) Bestimmte Verhaltensweisen.

    ☐ c) Das feinmotorische Geschick.

    ☐ d) Das Arbeitsverhalten.

    ☐ e) Die Fähigkeit, genau zuzuhören.

34. Rechtliche Grundlage eines Ausbildungsverhältnisses ist der Berufsausbildungsvertrag. Welche Vertragspartner kann es in einem Berufsausbildungsvertrag geben?
(Richtige Lösungen: 3)

- a) Die Eltern
- b) Der Ausbildende, der selbst ausbildet
- c) Der Ausbilder
- d) Der Auszubildende
- e) Der Ausbildende, der nicht selbst ausbildet

35. Eine Abiturientin beginnt eine Ausbildung als Einzelhandelskauffrau. Ihr Vorgesetzter verlangt von der 20-jährigen Auszubildenden, dass sie nach dem Unterricht in der Berufsschule in das Unternehmen kommt. Wie ist die Sachlage zu beurteilen?
(Richtige Lösungen: 1)

- a) Jugendliche müssen am Berufsschultag anschließend nicht mehr in das Unternehmen.
- b) Es hängt vom jeweiligen Kultusminister ab, ob Auszubildende nach der Berufsschule vom Unternehmen freigestellt werden oder nicht.
- c) Es spielt keine Rolle, ob eine Auszubildende volljährig ist oder nicht. Aufgrund des Besuches der Berufsschule ist die Auszubildende am Nachmittag vom Unternehmen freizustellen.
- d) Da die Auszubildende volljährig ist, besteht ein Freistellungsanspruch nach dem Schulbesuch nicht.
- e) Es gilt generell in allen Bundesländern, dass ein Auszubildender unabhängig vom Alter am Berufsschultag nicht mehr in das Unternehmen muss.

36. Der Beginn und die Dauer der Ausbildung sind zwingend vorgeschriebene Inhalte eines Ausbildungsvertrages. Welche Aussagen hinsichtlich der Dauer sind richtig?
(Richtige Lösungen: 1)

- a) Es müssen der konkrete Anfangs- und Beendigungstermin angegeben werden.
- b) Es muss nur der konkrete Anfangstermin eingetragen werden, da nicht abzusehen ist, ob die Ausbildung möglicherweise verlängert werden muss.
- c) Ein konkreter Endtermin der Ausbildung kann nicht angegeben werden, da noch nicht feststeht, an welchem Tag die Abschlussprüfung abgeschlossen sein wird. Dieser wird von der zuständigen Stelle nachgetragen.

37. Ein Auszubildender erhält eine Ausbildungsvergütung von 520,00 € pro Monat. Muss der Arbeitgeber die Sozialversicherungsbeiträge allein bezahlen?
(Richtige Lösungen: 1)

- a) Der Arbeitgeber muss die Sozialversicherungsbeiträge nicht allein bezahlen, da Ausbildender und Auszubildende generell je zur Hälfte die Sozialversicherungsbeiträge bezahlen.
- b) Die Bezahlung der Sozialversicherungsverträge richtet sich nach dem jeweiligen Tarif.
- c) Der Arbeitgeber übernimmt nur bei einer monatlichen Bruttovergütung von max. 325 € (Stand 2014) die Sozialversicherungsbeiträge allein.
- d) Wer die Sozialversicherungsbeiträge bezahlt, ist davon abhängig, wie viel die Eltern des Auszubildenden verdienen.
- e) Auszubildende müssen nie Sozialversicherungsbeiträge bezahlen.

38. Welche Verkürzung kann bei Bewerbern mit Realschulabschluss berücksichtigt werden?
(Richtige Lösungen: 1)

- a) Es muss um maximal neun Monate verkürzt werden.
- b) Es ist jegliche Verkürzung ausgeschlossen.
- c) Es kann um maximal sechs Monate verkürzt werden.
- d) Es kann um maximal zwölf Monate verkürzt werden.

39. Der Chef eines Unternehmens, das zum ersten Mal Auszubildende hat, legt fest, dass die jugendlichen Auszubilden an vier Tagen der Woche 9 Stunden und dafür freitags nur 6 Stunden arbeiten. Wie ist diese Arbeitszeiteinteilung zu beurteilen?
(Richtige Lösungen: 1)

- a) Arbeitspläne müssen in Tarifen geregelt werden.
- b) Die Arbeitszeitordnung erlaubt eine Verkürzung der Arbeitszeit am Freitag.
- c) Die Auszubildenden müssen sich an diesen Plan nur halten, wenn Kunden wichtige Aufträge erteilt haben.
- d) Die wöchentliche Arbeitszeit von 40 Stunden darf nicht überschritten werden. Die oben dargestellte Regelung ist also nicht zulässig.
- e) Auszubildende dürfen jederzeit länger arbeiten, wenn sie den dafür vorgesehenen Überstundenzuschlag erhalten.

40. Welche rechtlichen Quellen können bei der Bestimmung der Dauer der täglichen Ausbildungszeit berücksichtigt werden?
(Richtige Lösungen: 2)

- ☐ a) Tarifvertrag.
- ☐ b) Arbeitszeitgesetz.
- ☐ c) EU-Arbeitszeitkonvention.
- ☐ d) Empfehlungen des Ausbildungszeitausschisses der zuständigen Stelle.
- ☐ e) Bundesausbildungszeitgesetz.

41. Auf welche Weise wird ein Ausbildungsvertrag rechtlich einwandfrei abgeschlossen?
(Richtige Lösungen: 1)

- ☐ a) Durch mündliche Vereinbarung wird der Ausbildungsvertag rechtlich einwandfrei abgeschlossen.
- ☐ b) Der Ausbildungsvertrag muss bei der Berufsschule registriert und unterschrieben werden.
- ☐ c) Der Ausbildungsvertrag ist von einem Notar zu beglaubigen.
- ☐ d) Der Ausbildungsvertrag wird mündlich geschlossen, wobei der wesentliche Inhalt unverzüglich, spätestens vor Beginn der Ausbildung, schriftlich niedergelegt werden muss.
- ☐ e) Der Ausbildungsvertag wird mündlich geschlossen. Die Vertragsinhalte müssen ein Jahr vor der Abschlussprüfung bei der Kammer niedergelegt werden.

42. Die Dauer der regelmäßigen täglichen Ausbildungszeit wird ebenfalls im Ausbildungsvertrag festgelegt. Welche Aussagen sind zutreffend?
(Richtige Lösungen: 1)

- ☐ a) Ein jugendlicher Auszubildender darf gemäß den gesetzlichen Bestimmungen maximal 44 Stunden pro Woche an sechs Werktagen beschäftigt werden.
- ☐ b) Ein volljähriger Auszubildender kann gemäß den gesetzlichen Bestimmungen 48 Stunden pro Woche an sechs Werktagen beschäftigt werden, wobei die Berufsschulzeiten als Ausbildungszeiten zu berücksichtigen sind.
- ☐ c) Auszubildende dürfen gemäß den gesetzlichen Bestimmungen maximal 40 Stunden pro Woche beschäftigt werden.

- [ ] d) Jugendliche Auszubildende dürfen nur 36 Stunden pro Woche einschließlich der Berufsschule beschäftigt werden.
- [ ] e) Mehrarbeit ist für Auszubildende verboten.

43. Welche Pflichten hat der Auszubildende im Rahmen des Ausbildungsverhältnisses gegenüber dem Ausbildungsunternehmen?
(Richtige Lösungen: 1)
    - [ ] a) Die Ausbildungsnachweise sind halbjährlich auszufüllen und den jeweiligen Erziehungsberechtigten zur Unterschrift vorzulegen.
    - [ ] b) Die Auszubildenden müssen bei Überstunden den Anweisungen der anderen Auszubildenden Folge leisten.
    - [ ] c) Jeder Auszubildende muss Unternehmens- und Geschäftsgeheimnisse für sich behalten
    - [ ] d) Jeder Auszubildende muss ohne Ausnahme die Berufsschule besuchen.
    - [ ] e) Die Auszubildenden müssen an betrieblichen Unterweisungen nur teilnahmen, wenn ihnen die Inhalte noch nicht erklärt wurden.

44. Ein volljähriger Auszubildender mit einer regelmäßigen täglichen bzw. wöchentlichen Ausbildungszeit von 8 bzw. 40 Stunden vom Ausbildenden, nach einem Berufsschultag von sechs Unterrichtsstunden nicht mehr im Ausbildungsunternehmen erscheinen zu müssen. Wie ist diese Auffassung rechtlich zu bewerten?
(Richtige Lösungen: 1)
    - [ ] a) Ein Freistellungsanspruch besteht nicht, da das Arbeitsgesetz eine regelmäßige Arbeitszeit von acht Stunden pro Tag vorsieht.
    - [ ] b) Auszubildende sind generell von der Ausbildung am Berufsschultag freizustellen.
    - [ ] c) Die Berufsschule kann verfügen, dass Auszubildende nach Berufsschultagen mit mehr als fünf Unterrichtsstunden von der Ausbildung freizustellen sind.

45. Eine Bewerberin soll zur Industriekauffrau ausgebildet werden. Welche Kriterien spielen keine Rolle?
(Richtige Lösungen: 2)
    - [ ] a) Engagement
    - [ ] b) Gutes Deutsch

- c) Handwerkliche Hobbys
- d) Interesse an EDV
- e) Schulabschluss mit Abitur

46. Welche Aussagen hinsichtlich der Dauer des Urlaubs, der im Berufsausbildungsvertrag festgelegt ist, sind zutreffend?
    (Richtige Lösungen: 2)
    - a) Für Auszubildende gelten immer die Bestimmungen des Bundesurlaubsgesetzes, d.h., es müssen ihnen mindestens 24 Werktage pro Jahr gewährt werden.
    - b) Für jugendliche Auszubildende gibt es gesonderte gesetzliche Regelungen. Diese bemessen sich nach dem Alter der Jugendlichen.
    - c) Für Auszubildende, in deren Ausbildungsstätte ein Tarifvertrag zur Anwendung kommt, gelten die tariflichen Bestimmungen, sofern sie für die Auszubildenden günstiger sind als die gesetzlichen vorgeschriebenen.
    - d) Die Anzahl der Urlaubstage liegt im beliebigen Interesse des Ausbildenden. Dabei können gesetzliche Vorgaben auch unterschritten werden.

47. Welche der folgenden Aussagen über die Ausbildungsvergütung trifft zu?
    (Richtige Lösungen: 1)
    - a) Die Vergütung ist für alle Auszubildenden in der Branchen gleich.
    - b) Die Vergütung wird im Ausbildungsrahmenplan geregelt.
    - c) Die Vergütung während der Ausbildung bleibt unverändert.
    - d) Die Vergütung wird von Ausbildungsjahr zu Ausbildungsjahr angehoben.
    - e) Nicht tarifgebundene Unternehmen zahlen den Auszubildenden keine Vergütung.

48. Welche Pflichten hat der Ausbildende?
    (Richtige Lösungen: 3)
    - a) Ausbildungspflicht
    - b) Die Pflicht, die Fahrkosten von und zur Berufsschule zu übernehmen.

- c) Die Pflicht zur Freistellung zu Prüfungen und den Auszubildenden dazu anzuhalten, daran teilzunehmen.
- d) Die Pflicht, dem Auszubildenden Urlaub zu gewähren.
- e) Die Pflicht, die Kosten für die Fachbücher in der Berufsschule zu übernehmen.

49. Nach welchen Inhalten sollten Sie meistens die letzte Entscheidung über die Auswahl eines Auszubildenden treffen?
    (Richtige Lösungen: 1)

    - a) Ein vom Unternehmen erstellter und vom Bewerber auszufüllender Fragebogen.
    - b) Empfehlungen des letzten Klassenlehrers.
    - c) Das letzte Schulzeugnis
    - d) Lebenslauf
    - e) Bewerbungsgespräch

50. Welche der unten angeführten Angaben gehören nicht in eine Stellenausschreibung?
    (Richtige Lösungen: 1)

    - a) Angaben über den Ausbildungsberuf
    - b) Beginn der Ausbildung
    - c) Beschreibung der Unternehmens
    - d) Höhe der Ausbildungsvergütung.
    - e) Erwünschte Bewerbungsunterlagen.

51. Welche der nachstehenden Vereinbarungen sind nichtig?
    (Richtige Lösungen: 2)

    - a) Name des Berufs, zu dem Ausgebildet werden soll.
    - b) Sachliche und zeitliche Gliederung der Ausbildung.
    - c) Hinweis auf anzuwendende Tarifverträge, Betriebsvereinbarungen etc.
    - d) Ausschluss oder Beschränkung von Schadenersatzansprüchen.
    - e) Verpflichtung des Auszubildenden, über die Zeit des Ausbildungsverhältnisses hinaus für das Unternehmen zu arbeiten.

52. Welche Information kann dem Bewerber vor der Ausbildung nicht geboten werden?
   (Richtige Lösungen: 1)

   ☐ a) Tägliche Arbeitszeit

   ☐ b) Ausbildungsorte im Unternehmen

   ☐ c) Urlaubstage im ersten Ausbildungsjahr

   ☐ d) Vergütung im ersten Ausbildungsjahr

   ☐ e) Verdienst nach erfolgreichem Ausbildungsabschluss

53. Das Ausbildungsverhältnis muss bei der zuständigen Stelle in das entsprechende Verzeichnis eingetragen werden. Wer muss dieses beantragen?
   (Richtige Lösungen: 1)

   ☐ a) Der Auszubildende

   ☐ b) Der Ausbildungsberater

   ☐ c) Der Betriebsrat des Ausbildungsunternehmens

   ☐ d) Der Ausbildende

   ☐ e) Niemand, denn die Beantragung erfolgt automatisch durch die zuständige Stelle.

54. Viele Unternehmen wenden bei der Auswahl ihrer Auszubildenden Intelligenztests an. Welche Fähigkeiten können dadurch nicht festgestellt werden?
   (Richtige Lösungen: 1)

   ☐ a) Lösen von Textaufgaben

   ☐ b) Kenntnisse der Orthographie

   ☐ c) Räumliches Vorstellungsvermögen

   ☐ d) Abstraktionsvermögen

   ☐ e) Motivation

55. Welche Informationen finden Sie im Ausbildungsrahmenplan?
   (Richtige Lösungen: 1)

   ☐ a) Der Ausbildungsrahmenplan listet die Richtziele auf.

   ☐ b) Es ist eine zwingend einzuhaltende zeitliche Gliederung zu finden.

- c) Der Ausbildungsrahmenplan unterbreitet lediglich Vorschläge, welche Kenntnisse und Fertigkeiten Sie den Auszubildenden vermitteln können.

- d) Der Ausbildungsrahmenplan enthält die zu vermittelnden Richt- und Grobziele sowie Informationen, in welcher Tiefe die Lerninhalte zu vermitteln sind.

- e) Der Ausbildungsrahmenplan stellt die von Ihnen zu vermittelnden Feinlernziele dar.

56. Welche Kriterien für die sachliche Gliederung eines individuellen Ausbildungsplans müssen Sie beachten?
(Richtige Lösungen: 3)

- a) Die Probezeit muss ihren Zweck erfüllen.
- b) Die Gliederung muss auf die Anforderungen der Prüfungen ausgerichtet sein.
- c) Die sachliche Gliederung muss für alle Auszubildenden gleich sein.
- d) Inhalte, die Sie nicht vermitteln können, dürfen Sie weglassen.
- e) Die sachliche Gliederung muss alle Kenntnisse und Fertigkeiten enthalten.

57. Welche Rechte hat der Betriebsrat bei der Einstellung eines Auszubildenden?
(Richtige Lösungen: 1)

- a) Gar keine. Bei einer Einstellung hat der Betriebsrat nicht mitzureden.
- b) Der Betriebsrat muss nur informiert werden.
- c) Betriebsrat muss vor der beabsichtigten Einstellung angehört werden. Wenn er nicht einverstanden ist, darf aber trotzdem eingestellt werden.
- d) Der Betriebsrat muss vor der beabsichtigen Einstellung angehört werden. Wenn er nicht einverstanden ist, darf der Arbeitgeber die Einstellung nicht vornehmen.
- e) Der Betriebsrat hat keine Rechte. Die Jugend- und Auszubildendenvertretung muss der Einstellung zustimmen.

58. Wann kann in einem Unternehmen eine Jugend- und Auszubildendenvertretung gewählt werden?
(Richtige Lösungen: 1)

- [ ] a) Sobald das Unternehmen einen Auszubildenden hat, kann eine Jugend- und Auszubildendenvertretung gewählt werden.
- [ ] b) In einem Unternehmen müssen mindestens fünf Arbeitnehmer, die das 1. Lebensjahr noch nicht vollendet haben, und fünf Auszubildende, die das 25. Lebensjahr noch nicht vollendet haben, beschäftigt sein.
- [ ] c) Die Jugend- und Auszubildendenvertretung kann auch ohne Jugendliche oder Auszubildende vorsorglich gewählt werden.
- [ ] d) Ab drei Jugendlichen oder Auszubildenden kann eine Jugend- und Auszubildendenvertretung gewählt werden.
- [ ] e) In einem Unternehmen müssen mindestens fünf Arbeitnehmer, die das 18. Lebensjahr noch nicht vollendet haben, oder fünf Auszubildende, die das 25. Lebensjahr noch nicht vollendet haben, beschäftigt sein.

59. Wie lange dauert die Probezeit bei einem Auszubildenden?
(Richtige Lösungen: 1)

- [ ] a) Auf die Probezeit kann verzichtet werden.
- [ ] b) Die Probezeit muss mindestens einen Monat und darf höchstens sechs Monate dauern.
- [ ] c) Die Probezeit darf maximal drei Monate dauern.
- [ ] d) Die Probezeit muss mindestens einen Monat und darf höchstens vier Monate dauern.
- [ ] e) Für die Probezeit gibt es keine Mindestdauer. die darf aber vier Monate nicht überschreiten.

60. Was ist dem Berufsausbildungsvertrag bei jugendlichen Auszubildenden beim Antrag auf Eintragung in das Verzeichnis der Berufsausbildungsverhältnisse bei der zuständigen Stelle beizufügen?
(Richtige Lösungen: 1)

- [ ] a) Die Bankverbindung des Auszubildenden.
- [ ] b) Die Ausbildungswillenserklärung des Ausbildenden.
- [ ] c) Die Absichtserklärung des Auszubildenden, seiner Lernpflicht immer nachkommen zu wollen.

- d) Die Erklärung der gesetzlichen Vertreter, den Ausbildenden bei seinen Ausbildungsbemühungen zu unterstützen.
- e) Die letzten drei Zeugnisse der allgemeinbildenden Schulen.

61. Welche Vereinbarungen in einem Ausbildungsvertrag sind nichtig?
(Richtige Lösungen: 3)
    - a) Der Auszubildende muss für die Berufsausbildung eine Entschädigung bezahlen.
    - b) Ausbildungsmaßnahmen außerhalb der Ausbildungsstätte.
    - c) Vertragsstrafen.
    - d) Beginn und Dauer der Berufsausbildung.
    - e) Der Auszubildende muss nach der Berufsausbildung noch ein Jahre im Unternehmen arbeiten.

62. Der Ausbildende hat den Auszubildenden bei den Sozialversicherungsträgern anzumelden. Welche der im Folgenden genannten sind das?
(Richtige Lösungen: 2)
    - a) Gesetzliche Ausbildungsversicherung
    - b) Öffentliche Berufsbildungsversicherung
    - c) Gesetzliche Krankenversicherung
    - d) Private Krankenversicherung
    - e) Gesetzliche Arbeitslosenversicherung

63. Dürfen Teile der Berufsausbildung in einer Auslandsniederlassung verbracht werden?
(Richtige Lösungen: 1)
    - a) Ja, das ist gesetzlich im Jugendarbeitsschutzgesetz geregelt.
    - b) Nein, das verbietet das Jugendarbeitsschutzgesetz ausdrücklich.
    - c) Das Berufsbildungsgesetz erlaubt, dass Teile der Berufsausbildung im Ausland durchgeführt werden können. Ihre Gesamtdauer soll die Hälfte der in der Ausbildungsordnung festgelegten Ausbildungsdauer nicht überschreiten.
    - d) Das Berufsbildungsgesetz schreibt vor, dass die Berufsausbildung nur in Deutschland durchgeführt werden darf.
    - e) Das Berufsbildungsgesetz erlaubt, dass Teile der Berufsausbildung im Ausland durchgeführt werden können. Ihre Gesamtdauer soll ein Viertel der in der Ausbildungsordnung festgelegten Ausbildungsdauer nicht überschreiten.

# Offene Fragen

1. Erklären Sie die verschiedenen Formen der Verbundsausbildung zu denen sich manche Unternehmen zusammenschließen.

2. Welche verschiedenen Lernorte können in eine Ausbildung einbezogen werden?

3. Ausbilder haben Organisationsaufgaben zu erfüllen. Nennen Sie mögliche Stellen, zwischen denen im Rahmen der Ausbildung etwas zu koordinieren sein könnte. Welche Möglichkeiten die Organisation sich an?

4. Welche Kriterien sind bei der Erstellung des betrieblichen Ausbildungsplans zu beachten?

5. Welche Funktion haben innerhalb der Ausbildung Einsatz- bzw. Versetzungspläne?

6. Welche Rechte hat der Betriebsrat, bei der Auswahl und der Einstellung von Auszubildenden mitzuwirken?

7. Der Auszubildende und der Betriebsrat können sich nicht einig werden über die Auswahlkriterien für die zukünftigen Auszubildenden. Welche Möglichkeiten haben die Parteien?

8. Beschreiben Sie die Vorteile, wenn in einem Unternehmen Anforderungsprofile bestehen?

9. Welche Möglichkeiten stehen einem Unternehmen offen, Bewerber für Ausbildungsstellen auf sich aufmerksam zu machen?

10. Welche Kriterien muss ein Eignungstest erfüllen, damit er aussagekräftig ist?

11. Worauf ist bei einem Vorstellungsgespräch zu achten und auf welche Eigenschaften kann eventuell geschlossen werden?

12. Warum ist es wichtig, einen neuen Auszubildenden gut in ein Unternehmen einzuführen?

13. Welche Themen sollten bei neuen Auszubildenden angesprochen werden?

14. Welche Kriterien sind bei Auswahlverfahren für Auszubildende zu beachten?

15. Welche Bedeutung messen Sie bei der Personalauswahl von Auszubildenden den Schulzeugnissen bei?

# Handlungsfeld 3

# Ausbildung durchführen 45%

I. **Lernförderliche Bedingungen und eine motivierende Lernkultur zu schaffen, Rückmeldung zu geben und zu empfangen**

- die individuellen Voraussetzungen der Auszubildenden für die Gestaltung von Lernprozessen zu berücksichtigen,
- für äußere lernförderliche Rahmenbedingungen zu sorgen,
- die Entwicklung einer Lernkultur des selbstgesteuerten Lernens zu unterstützen sowie die Rolle des Ausbilders als Lernprozessbegleiter zu reflektieren,
- das Lernen durch Beachtung grundlegender didaktischer Prinzipien zu fördern,
- die Lernprozesse durch Zielvereinbarungen, Stärkung der Motivation und Transfersicherung zu unterstützen,
- das Lernen durch Vermittlung von Lern- und Arbeitstechniken zu fördern,
- die Lernergebnisse zu ermitteln und dem Auszubildenden seine Kompetenzentwicklung durch geeignetes Feedback deutlich zu machen,
- Rückmeldungen der Auszubildenden zu empfangen,
- das eigene Führungsverhalten im Rahmen der Ausbildung zu reflektieren.

II. **Die Probezeit zu organisieren, zu gestalten und zu bewerten**

- die inhaltliche und organisatorische Gestaltung der Probezeit festzulegen; die rechtliche Grundlage zu beachten,
- die Lern- und Arbeitsaufgaben für die Probezeit auszuwählen, die Anhaltspunkte zur Eignung und Neigung des Auszubildenden für die Ausbildung geben können,
- die Einführung des Auszubildenden in das Unternehmen planen,
- die Entwicklung der Auszubildenden während der Probezeit zu bewerten und mit den Auszubildenden rückzukoppeln,
- die Durchführung und das Ergebnis der Probezeit bewerten.

III. **Aus dem betrieblichen Ausbildungsplan und den berufstypischen Arbeits- und Geschäftsprozessen betriebliche Lern- und Arbeitsaufgaben zu entwickeln und zu gestalten**

- die Bedeutung des Lernens in Arbeits- und Geschäftsprozessen herausstellen,
- den Ausbildungsplan sowie Arbeits- und Geschäftsprozesse zu analysieren,
- Lernziele zu formulieren und hieraus geeignete Lern- und Arbeitsaufgaben abzuleiten,
- den Auszubildenden unter Berücksichtigung individueller Voraussetzungen in Arbeitsaufgaben einzubinden,
- didaktische und methodische Prinzipien bei der Gestaltung der Lern- und Arbeitsaufgaben zu beachten.

IV. **Ausbildungsmethoden und –medien zielgruppengerecht auszuwählen und situationsspezifisch einzusetzen**

- Ausbildungsmethoden und deren Einsatzmöglichkeiten darzustellen,
- Kriterien für die Auswahl von Methoden zu beschreiben und die Methodenauswahl zu begründen,
- die methodische Gestaltung von Ausbildungsinhalten zu planen, umzusetzen und zu bewerten,
- die Größe und die Zusammensetzung der Lerngruppen anforderungsgerecht festzulegen,
- die Funktion von Ausbildungsmedien und – mitteln zu beschreiben und diese methodengerecht auszuwählen und einzusetzen,
- den Einsatz von E-Learning für die Ausbildung beurteilen.

V. **Auszubildende bei Lernschwierigkeiten durch individuelle Gestaltung der Ausbildung und Lernberatung zu unterstützen, bei Bedarf ausbildungsunterstützende Hilfen einsetzen und die Möglichkeit zur Verlängerung der Ausbildungszeit zu prüfen**

- typische Lernschwierigkeiten in der Ausbildung zu erkennen und mögliche Ursachen festzustellen,
- Lernvoraussetzungen zu überprüfen,
- bei Lernschwierigkeiten Beratung anzubieten und individuelle Hilfestellungen zu geben,
- den Bedarf von ausbildungsbegleitenden Hilfen zu erkennen und Maßnahmen zu organisieren,
- die Möglichkeit zur Verlängerung der Ausbildungszeit zu prüfen.

VI. **Auszubildenden zusätzliche Ausbildungsangebote, insbesondere in Form von Zusatzqualifikationen, zu machen und die Möglichkeit der Verkürzung der Ausbildungsdauer und die der vorzeitigen Zulassung zur Abschlussprüfung prüfen**

- besondere Voraussetzungen und Begabungen bei Auszubildenden zu erkennen und sie durch Angebote z.B. von Zusatzqualifikationen zu fördern,
- Möglichkeiten der Verkürzung der Ausbildungsdauer sowie der vorzeitigen Zulassung zur Abschlussprüfung für diese Auszubildenden zu klären sowie den restlichen Ausbildungszeitraum zu gestalten.

VII. **Die soziale und persönliche Entwicklung von Auszubildenden zu fördern, Probleme und Konflikte rechtzeitig zu erkennen sowie auf eine Lösung hinzuwirken**

- die soziale Instanz Unternehmen im Rahmen der Sozialisationsinstanzen einzuordnen,

- die Entwicklungsaufgaben Jugendlicher in der Ausbildung zu beschreiben, entwicklungstypisches Verhalten von Auszubildenden sowie maßgebliche Umwelteinflüsse bei der Gestaltung der Ausbildung berücksichtigen,
- die Kommunikationsprozesse während der Ausbildung zu gestalten, die Kommunikationsfähigkeit der Auszubildenden fördern,
- auffälliges Verhalten und typische Konfliktsituationen in der Ausbildung rechtzeitig zu erkennen, zu analysieren und Strategien zum konstruktiven Umgang mit Konflikten anzuwenden,
- interkulturell bedingte Ursachen für Konflikte erkennen und konstruktiv damit umgehen,
- häufige Ursachen für Ausbildungsabbrüche zu reflektieren und Maßnahmen zu ihrer Vermeidung zu ergreifen,
- Schlichtungsmöglichkeiten während der Ausbildung zu nutzen.

## VIII. Leistungen festzustellen und zu bewerten, Leistungsbeurteilungen Dritter und Prüfungsergebnisse auszuwerten, Beurteilungsgespräche zu führen, Rückschlüsse über den weiteren Ausbildungsverlauf ziehen

- Formen der Erfolgskontrolle zur Feststellung und Bewertung von Leistungen in der Ausbildung auszuwählen und Erfolgskontrollen durchzuführen,
- Lernprozesse im Zusammenhang von Lern- und Arbeitsaufgaben zu kontrollieren und Rückschlüsse daraus ziehen,
- das Verhalten der Auszubildenden regelmäßig kriterienorientiert zu beurteilen und dazu Beurteilungsgespräche führen,
- die Ergebnisse außerbetrieblicher Erfolgskontrollen auszuwerten,
- Ausbildungsnachweise zur Kontrolle und Förderung sowie zum Abgleich mit dem Ausbildungsplan zu nutzen.

## IX. Interkulturelle Kompetenzen fördern

- anderen Kulturkreisen offen zu begegnen und kulturelle bedingte Unterschiede positiv aufzugreifen (interkulturelles Lernen),
- Auszubildende mit Migrationshintergrund bedarfsorientiert fördern.

# Geschlossene Fragen

1. Ein Unternehmen im Hotelgewerbe möchte einen 17-jährigen Auszubildenden jeweils sonntags bis 21:30 Uhr ausbilden. Welche Bestimmungen findet man hierzu im Jugendarbeitsschutzgesetz?
   (Richtige Lösungen: 1)

   ☐ a) Das Jugendarbeitsschutzgesetz regelt, dass ein Jugendlicher am Sonntag nur dann arbeiten darf, wenn ihm die Stunden zusätzlich mit Sonntagszuschlag vergütet werden.

   ☐ b) Da es sich um ein Gastgewerbe handelt, sieht das Jugendarbeitsschutzgesetz für den Sonntag eine Ausnahmeregelung vor, jedoch muss die Beschäftigung um 19:00 Uhr beendet sein.

   ☐ c) Im Jugendarbeitsschutzgesetz ist ausdrücklich festgehalten, dass die Auszubildenden ein Recht auf Sonntags- und Nachtruhe haben.

   ☐ d) Solange der jugendliche Auszubildende seine 40 Stunden pro Arbeitswoche noch nicht erreicht hat, darf er selbstverständlich auch sonntags beschäftigt werden.

   ☐ e) Im Jugendarbeitsschutzgesetz findet man die Regelung, dass im Hotel- und Gastgewerbe die sonntägliche Beschäftigung zulässig ist und auch der Einsatz bis 22:00 Uhr, wobei die Anzahl der höchstzulässigen Wochenstunden nicht überschritten werden darf und zwei Sonntage im Monat beschäftigungsfrei bleiben müssen.

2. Die Gestaltung des ersten Ausbildungstages bedarf einiger Überlegungen, um die Auszubildenden positiv auf die Berufsausbildung im Unternehmen einzustimmen. Welche der folgenden Maßnahmen können dazu führen, dieses Ziel zu erreichen?
   (Richtige Lösungen: 3)

   ☐ a) Erläuterung des betrieblichen Ausbildungsplans.

   ☐ b) Besprechung organisatorischer Inhalte (Arbeitszeit, Pausen, Berufsschulbesuch).

   ☐ c) Mitarbeit in den Abteilungen, in denen zurzeit Personalnot herrscht.

   ☐ d) Bekanntgabe der Konsequenzen bei Fehlverhalten in der Berufsschule.

   ☐ e) Unternehmensbegehung mit Hinweis auf die ausbildungsrelevanten Abteilungen.

3. Welche Kriterien sollten bei der Beurteilung am Ende der Probezeit nicht berücksichtigt werden?
(Richtige Lösungen: 2)

- ☐ a) Kontakt des Ausbilders zu den Eltern
- ☐ b) Entwicklungs- und Lernfähigkeit
- ☐ c) Engagement
- ☐ d) Einstellungsgespräch
- ☐ e) Verhalten gegenüber Ausbildern und Kollegen

4. Welche Bedeutung hat die Probezeit im Ausbildungsverhältnis?
(Richtige Lösungen: 1)

- ☐ a) Dem Auszubildenden sollen ausschließlich solche Aufgaben übertragen werden, die von den Fachkräften aus terminlichen Gründen nicht zu bewältigen sind.
- ☐ b) Dem Auszubildenden sollen während der Probezeit immer dieselben Aufgaben übertragen werden, um seine Konzentrationsfähigkeit zu fördern.
- ☐ c) Dem Auszubildenden sollen während der Probezeit keine Aufgaben übertragen werden. Er sollte sich vielmehr Aufgaben, die ihm Freude bereiten, selbst aussuchen.
- ☐ d) Dem Auszubildenden sollen berufstypische Aufgaben übertragen werden, die erkennen lassen, ob ausreichend Eignung und Neigung beim Auszubildenden vorliegen.
- ☐ e) Der Probezeit ist seitens des Ausbildenden gar keine Bedeutung beizumessen, da diese in jedem Fall verlängert werden kann.

Sie werden von einem Hauptschüler gefragt, welche Möglichkeiten für ihn bestehen, die Ausbildungsdauer abzukürzen.
(Richtige Lösungen: 1)

- ☐ a) Eine Abkürzung um ein Jahr ist möglich.
- ☐ b) Zur Abkürzung der Ausbildungsdauer muss die Genehmigung der Eltern eingeholt werden.
- ☐ c) Es gibt für einen Hauptschüler keine Möglichkeit, die Ausbildungsdauer abzukürzen.

- d) Die Abkürzung ist um sechs Monate möglich.
- e) Eine vorzeitige Zulassung zur Abschlussprüfung ist möglich, wenn dies die betrieblichen und schulischen Leistungen rechtfertigen.

6. Welche Aussagen zur Gestaltung der Probezeit sind zutreffend?
   (Richtige Lösungen: 2)
   - a) Der Auszubildende sollte nur monotone Arbeiten ausführen, damit er sich an den Arbeitsalltag gewöhnt.
   - b) In der Probezeit muss kein besonderes Augenmerk auf den Auszubildenden gerichtet werden.
   - c) Gerade in der Probezeit sollte der Auszubildende überwiegend sich selbst überlassen sein, um seine Selbstständigkeit zu fördern.
   - d) Dem Auszubildenden sollten unterschiedliche berufstypische Aufgaben gestellt werden.
   - e) Der Auszubildende ist regelmäßig zu beobachten. Zum Ende der Probezeit ist eine Beurteilung anzufertigen.

7. Auf welche Weise ist das Ausbildungsverhältnis innerhalb der Probezeit kündbar?
   (Richtige Lösungen: 1)
   - a) Das Ausbildungsverhältnis ist innerhalb der Probezeit jederzeit kündbar ohne Einhaltung einer Kündigungsfrist und ohne Angabe von Gründen.
   - b) Das Ausbildungsverhältnis ist innerhalb der Probezeit jederzeit ohne Angaben von Gründen kündbar unter Einhaltung einer 14-tägigen Frist.
   - c) Das Ausbildungsverhältnis ist jederzeit kündbar unter Einhaltung einer vierwöchigen Kündigungsfrist ohne Angaben von Gründen.
   - d) Das Ausbildungsverhältnis ist jederzeit ohne Einhaltung einer Kündigungsfrist kündbar. Es müssen jedoch die Gründe angegeben werden.
   - e) Das Ausbildungsverhältnis kann nur vom Auszubildenden gekündigt werden.

8. Lernen ist ein zentraler Begriff in der Pädagogik. Welche der nachfolgenden Aussagen zum Lernen treffen zu?
(Richtige Lösungen: 4)

   ☐ a) Lernen geschieht durch Auseinandersetzung mit der Umwelt.
   ☐ b) Lernen bedeutet eine langfristige Verhaltensänderung.
   ☐ c) Lernen bedeutet auch das Aneignen von Fertigkeiten.
   ☐ d) Einstellungen können nicht erlernt werden, sondern sind anlagebedingt vorgegeben.
   ☐ e) Lernen ist ein fortlaufender Prozess.

9. Welche Aufschlüsse kann man in der Probezeit über den Auszubildenden erhalten?
(Richtige Lösungen: 2)

   ☐ a) Während der Probezeit kann die Belastbarkeit des Auszubildenden getestet werden, indem ihm gleichförmige Arbeiten übertragen werden.
   ☐ b) Der Ausbilder kann am Ende der Probezeit beurteilen, ob das Schulzeugnis richtig ausgestellt wurde.
   ☐ c) Eine Beurteilung ist nicht möglich, da die Probezeit dafür zu kurz ist.
   ☐ d) Die Arbeitsweise und das Arbeitsverhalten des Auszubildenden können während der Probezeit beobachtet und eingeschätzt werden.
   ☐ e) Der Ausbilder kann am Ende der Probezeit beurteilen, ob der Auszubildende den typischen Berufsanforderungen voraussichtlich gewachsen sein wird.

10. Ein Lernprozess verläuft in Stufen. Ein bekanntes Modell dafür ist das von Heinrich Roth. Bringen Sie die nachstehenden Antworten in die richtige Reihenfolge, indem Sie die Ziffern 1 bis 6 in die Kästchen eintragen.

   ☐ a) Stufe des Behaltens und Einübens.
   ☐ b) Stufe der Schwierigkeit.
   ☐ c) Stufe der Übertragung des Gelernten auf ähnliche Lerngegenstände.
   ☐ d) Stufe der Motivation.

☐ e) Stufe des erstmaligen Tuns und Ausführens.

☐ f) Stufe der Lösung.

11. Welche der im Folgenden genannten Aussagen über ein systematisch durch geführtes Beurteilungsverfahren des Ausbildungsunternehmen treffen zu?
(Richtige Lösungen: 2)

☐ a) Der persönliche Eindruck des Ausbilders vom Auszubildenden wird regelmäßig festgehalten.

☐ b) In regelmäßig durchgeführten Beurteilungen werden Fehler und Fehlverhalten von Auszubildenden festgehalten, um später auf dieser Grundlage ein Zeugnis formulieren zu können.

☐ c) Durch systematisch durchgeführte Beurteilungsverfahren können subjektive Beurteilungsfehler weitgehend ausgeschlossen werden.

☐ d) Das Verhältnis zwischen Ausbildern und Auszubildenden wird möglichst objektiv und sachlich gestaltet.

☐ e) Die objektiven Maßstäbe des Beurteilungsverfahrens ergänzen die subjektive Beurteilung des Ausbilders.

12. Die Gliederung des Lernstoffes ist eine wichtige Aufgabe des Ausbilders, die zur Motivation und zum Lernerfolg beitragen kann. Welche Aussagen hierzu sind richtig?
(Richtige Lösungen: 2)

☐ a) Der Ausbilder stellt zunächst das bekannte des Lerninhaltes dar und fügt dann Neues hinzu.

☐ b) Der Ausbilder konzentriert sich in seiner Unterweisung nicht nur auf die wesentlichen Kernpunkte, sondern stellt Nebenaspekte des Lerninhalts genauso bedeutsam heraus.

☐ c) Der Ausbilder erklärt zuerst den gesamten Arbeitsgang und erläutert dann die Teilschritte.

13. Welches Kriterium bei Beurteilungen gehört nicht zum Leistungsverhalten?
(Richtige Lösungen: 1)

☐ a) Arbeitsleistung

☐ b) Arbeitsgüte

☐ c) Belastbarkeit

☐ d) Arbeitstempo

☐ e) Vertrauenswürdigkeit

14. Alle Lernmodelle gehen davon aus, dass Lernen ohne Motivation nicht möglich ist. Welche der aufgeführten Maßnahmen dienen nicht dazu, die Lernmotivation bei Auszubildenden zu fördern?
(Richtige Lösungen: 1)

- [ ] a) Der Ausbilder nimmt mögliche Hemmungen vor der entsprechenden Aufgabe, indem er Erfolgszuversicht ausspricht.
- [ ] b) Bei der Planung von Aufgaben versucht der Ausbilder über- oder Unterforderung der Auszubildenden auszuschließen.
- [ ] c) Das nennen des Lernziels durch den Ausbilder ist nicht notwendig, da die meisten Auszubildenden dieses nicht verstehen würden.
- [ ] d) Der Ausbilder stellt praxisorientierte Aufgaben, um den Auszubildenden zu verdeutlichen, wie wichtig das erlernte für die spätere berufliche Tätigkeit ist.

15. Muss der Ausbilder seine Auszubildenden anders beurteilen als normale Mitarbeiter?
(Richtige Lösungen: 1)

- [ ] a) Die Beurteilung von Auszubildenden unterscheidet sich von der Beurteilung von Mitarbeitern, da Jugendliche mit mehr Nachsicht beurteilt werden müssen.
- [ ] b) Die Beurteilung von Mitarbeitern und Auszubildenden ist gleich, da sie die gleichen Gesichtspunkte enthält.
- [ ] c) Auszubildende sind ebenso zu beurteilen wie Mitarbeiter, da die Anforderungen gleich sind.
- [ ] d) Die Beurteilung von Auszubildenden unterscheidet sich von der Beurteilung von Mitarbeitern, da das Ausbildungsverhalten ein wesentlicher Bestandteil der Beurteilung von Auszubildenden ist.
- [ ] e) Die Beurteilung von Auszubildenden ist anders, weil Jugendliche grundsätzlich anders als Erwachsene beurteilt werden.

16. Das festigen des erlernten Stoffes ist ebenfalls Bestandteil des o.g. Lernmodells. Welches Aussagen zum Üben ist zu treffend?
(Richtige Lösungen: 2)

- [ ] a) Sollte der Auszubildende eine erlernte Tätigkeit bereits beim einmaligen Nachmachen fehlerfrei ausgeführt haben, so kann das üben entfallen.

☐ b) Die Übungsaufgabe sollte variiert werden, um Monotonie zu vermeiden.

☐ c) Auf eine Kontrolle des Übungsfortschritts durch den Ausbilder wird verzichtet, um das Lerninteresse des Auszubildenden nicht herabzusetzen.

☐ d) Der Übungserfolg sollte vom Ausbilder entsprechend gelobt werden.

17. Auch für einen Ausbilder ist es gut, wenn er eine Rückmeldung über seine Arbeit erhält. Welche der folgenden Aussagen trifft zu?
(Richtige Lösungen: 1)

☐ a) Der Ausbilder ist vom Urteil des Berufschullehrers abhängig.

☐ b) Der Ausbilder wird entlassen, wenn sich die Auszubildenden über ihn beschweren.

☐ c) Der Ausbilder sollte seine Auszubildenden über sich ausfragen.

☐ d) Ein Ausbilder sollte nie länger als fünf Jahre in der Ausbildung tätig sein, da er sonst seinen Praxisbezug verliert.

☐ e) Der Ausbilder sollte die Rückmeldungen, die er erhält, analysieren und versuchen, auch negative Punkte ernst zu nehmen.

18. Zum Lernmodell gehört auch der Transfer des gelernten. Was ist darunter zu verstehen?
(Richtige Lösungen: 1)

☐ a) Ähnliche Problemstellungen, die auf andere Art und Weise zu lösen sind.

☐ b) Eine Festigung des Gelernten durch häufiges Wiederholen.

☐ c) Gleiche Aufgabe, die auf andere Art und Weise zu lösen ist.

☐ d) Eine Übertragung des Gelernten auf vergleichbare Situationen.

19. Der Ausbilder muss seine Auszubildenden beurteilen. Welches Ziel soll damit nicht erreicht werden?
(Richtige Lösungen: 1)

☐ a) Eine Beurteilung dient auch der angemessenen Entlohnung, wenn ein Auszubildender ins Angestelltenverhältnis übernommen wird.

☐ b) Der Auszubildende erhält eine Rückmeldung über seine Leistungen.

☐ c) Durch strenge Beurteilungen sollen die Auszubildenden zu bessern Leistungen angespornt werden. Die Beurteilungen werden den Eltern zugeschickt.

☐ d) Aufgrund der Beurteilung kann über Weiterbildungsmaßnahmen entschieden werden.

☐ e) Aus den Beurteilungen können Informationen herausgelesen werden, die dazu dienen, den Auszubildenden später an der richtigen Stelle einzusetzen.

20. Die Vorbildwirkung ist zentral Gegenstand des Lernens am Modell. Welche Aussagen sind zutreffend?
(Richtige Lösungen: 2)

☐ a) Die Auszubildenden übernehmen unbewusst Verhaltensweisen, die ihnen erstrebenswert und Erfolg versprechend für das eigene Handeln erscheinen.

☐ b) Es werden nur positive Vorbilder als Modelle angenommen.

☐ c) Ausbilder und Fachkräfte sind sich nicht immer ihrer Vorbildfunktion bewusst.

☐ d) Im Bereich der Arbeitssicherheit ist die Vorbildwirkung nicht hoch, denn die Arbeitsschutzvorschriften haben für die Auszubildenden einen hören Stellenwert.

☐ e) Vorbildwirkung hat einen hohen emotionalen Anteil, der keinerlei Einfluss auf Auszubildende hat.

1. Auf welche Weise versucht der Ausbilder mit der Vier-Stufen-Methode, den größten Erfolg bei seinen Auszubildenden zu erzielen?
(Richtige Lösungen: 1)

☐ a) Da die Vier-Stufen vom Ausbilder immer möglichst selbst ausgeführt werden sollen, kann praktisch nichts schief gehen.

☐ b) Bei den Auszubildenden ist der Lernerfolg immer dann am größten, wenn sie das, was sie sich aneignen sollen, sehen, hören, verstehen und ausführen können.

☐ c) Bei der Vier-Stufen-Methode wird besonders das manuelle Geschick geübt.

☐ d) Die Vier-Stufen-Methode baut darauf auf, dass sich die Auszubildenden möglichst viel Theorie aneignen.

☐ e) Die Vier-Stufen-Methode setzt voraus, dass sich der Auszubildende über Vier-Lernphasen die Lösungen selbst erarbeite.

22. Welche Fragen sollte sich der Ausbilder im Hinblick auf das Lernen am Modell stellen?
(Richtige Lösungen: 1)

☐ a) Soll ich den Auszubildenden zeigen, wie sie sich zu verhalten haben und sie ausdrücklich darauf hinweisen?

☐ b) Soll ich mich den von den Auszubildenden erwarteten Verhaltensweisen anpassen?

☐ c) Soll ich mein eigenes Verhalten dahin gehend überprüfen, ob es den Ansprüchen, die ich an die Auszubildenden stelle, immer gerecht wird?

☐ d) Soll ich die Auszubildenden nur mündlich auf die erwünschten Verhaltensweisen hinweisen?

☐ e) Soll ich den Auszubildenden technische Modelle zum besseren Verständnis zur Verfügung stellen?

23. Bei der Beschreibung des Arbeitsverhaltens muss auf die Formulierung geachtet werden. Welche der folgenden Formulierungen darf nicht verwendet werden?
(Richtige Lösungen: 1)

☐ a) Der Auszubildende arbeitet fehlerlos.

☐ b) Die angewandte Sorgfalt bei der Arbeit ist vorbildlich.

☐ c) Der Auszubildende arbeitet sehr sorgfältig.

☐ d) Der Auszubildende hat eine ihm übertragene Aufgabe vergessen.

☐ e) Die mündliche Ausdrucksfähigkeit des Auszubildenden kann als sehr gut bezeichnet werden.

24. Eine erfolgreiche Ausbildung hängt in entscheidendem Maß vom Wirken des Ausbilders und seinen Einstellungen ab. Welche Aussagen des Ausbilders können dazu beitragen, eine Ausbildung positiv zu gestalten?
(Richtige Lösungen: 1)

- a) „Was meine Auszubildenden in ihrer Freizeit machen, interessiert mich nicht. Das gehört schließlich nicht zur Ausbildung dazu."
- b) „Lehrjahre sind keine Herrenjahre. Meine Auszubildenden haben sich strikt meiner Person unterzuordnen."
- c) „Die Auszubildenden sollen möglichst reibungslos die Ausbildung durchlaufen, am besten ohne mich als Ausbilder zu behelligen."
- d) „Ich verstehe mich als Partner und Anwalt der Auszubildenden. Sie sollen auch mit Problemen aus ihrem Privatleben zu mir kommen können."
- e) „Mein Wort ist Gesetz. Darüber wird nicht diskutiert. Das würde meine Autorität in Frage stellen."

25. Was sollte im Verlauf eines Beurteilungsgesprächs nicht protokolliert werden?
(Richtige Lösungen: 1)

- a) Die Erwähnung guter Leistungen
- b) Einzelne Fehler der Auszubildenden werden hervorgehoben.
- c) Vereinbarung von Verbesserungen
- d) Sachliche Kritik
- e) Zielvereinbarung

26. Häufig werden die Begriffe „persönliche Autorität" und „autoritäres Verhalten" im gleichen Zusammenhang verwendet. Welche Aussagen hierzu sind zutreffend?
(Richtige Lösungen: 2)

- a) Der Ausbilder, der einen autoritären Führungsstil anwendet, genießt immer die Hochachtung der Auszubildenden.
- b) Autoritäres Verhalten und Autorität sind von der Wortbedeutung her gleich.
- c) Der Ausbilder, der überwiegend einen autoritären Führungsstil anwendet, kann zur Einschüchterung und somit zur Demotivation der Auszubildenden beitragen.

☐ d) Persönliche Autorität erwirbt sich der Ausbilder durch Einstellungen wie Partner der Auszubildenden sein wollen, eigene Schwächen zugeben zu können und ein offenes Ohr für die Belange der Auszubildenden zu haben.

☐ e) Persönliche Autorität erhält der Ausbilder durch die übertragene Funktion, Sie braucht nicht erworben zu werden.

27. Die freie Form der Bewertung hat auch Vorteile aufzuweisen. Welcher Vorteil wird im Folgenden genannt?
(Richtige Lösungen: 1)

☐ a) Durch die freie Form lassen sich Bewertungen von Auszubildenden leichter vergleichen.

☐ b) Durch die freie Form der Bewertung werden Beurteilungsfehler vermieden.

☐ c) Durch die freie Form der Bewertung kann der Ausbilder der individuellen Eigenart seiner Auszubildenden eher gerecht werden.

☐ d) Die freie Form der Bewertung ist objektiv.

☐ e) Durch die freie Form der Bewertung vergisst der Ausbilder kein Beurteilungskriterium.

28. Lob ist ein wichtiges Erziehungsmittel in der Ausbildung. Welche Aussagen hierzu sind zutreffend?
(Richtige Lösungen: 1)

☐ a) Lob sollte überhaupt nicht erteilt werden, da es schnell zur Selbstüberschätzung der Auszubildenden führen kann.

☐ b) Lob in der Ausbildung ist relativ wirkungslos, da die Auszubildenden sich heute Anerkennung im Freizeitbereich erwerben.

☐ c) Lob sollte bei jeder Gelegenheit erteilt werden, um die Motivation der Auszubildenden zu erhalten.

☐ d) Lob sollte bei über dem Durchschnitt liegenden Leistungen des einzelnen Auszubildenden erteilt werden, um ihn in seiner individuellen Leistung anzuspornen.

29. Was möchte ein Ausbilder durch ein Beurteilungsgespräch erreichen?
    (Richtige Lösungen: 1)

    ☐ a) Der Ausbilder soll sich aufgrund des Beurteilungsgesprächs an die Auszubildenden anpassen.

    ☐ b) Er will erreichen, dass der Auszubildende möglichst genau so bleibt, wie er ist.

    ☐ c) Durch das Beurteilungsgespräch soll der Auszubildende seine Beurteilung verbessern können.

    ☐ d) Der Auszubildende soll über sich Bescheid wissen und sich besser einschätzen lernen.

    ☐ e) Das Beurteilungsgespräch hat den Zweck, den Auszubildenden zu besseren Leistungen zu zwingen.

30. Wann sollte ein Lob ausgesprochen werden?
    (Richtige Lösungen: 1)

    ☐ a) Nach Möglichkeit unmittelbar nach der erbrachten Leistung, da der Effekt dann am nachhaltigsten ist.

    ☐ b) Der Zeitpunkt des Lobs ist nicht ausschlaggebend. Wichtig ist, dass überhaupt Lob für entsprechend erbrachte Leistungen erteilt wird.

    ☐ c) Nach Möglichkeit erst nach einem größerem Zeitraum, um den Auszubildenden dann die Gelegenheit zum Nachdenken über die erbrachte Leistung zu geben.

31. Es gibt einige typische Beurteilungsfehler, die immer wieder gemacht werden. Welche der folgenden Beschreibungen ist kein typischer Beurteilungsfehler?
    (Richtige Lösungen: 1)

    ☐ a) Der Ausbilder orientiert sich bei der Beurteilung der einzelnen Auszubildenden am Leistungsniveau der gesamt Gruppe.

    ☐ b) Der Ausbilder vergisst ein einmaliges Fehlverhalten.

    ☐ c) Halo-Effekt

    ☐ d) Andorra-Phänomen

    ☐ e) Selektive Wahrnehmung des Ausbilders

32. Tadel muss mitunter als Erziehungsmittel in der Ausbildung eingesetzt werden. Welche Aussagen sind hierbei zutreffend?
(Richtige Lösungen: 2)

- [ ] a) Der Tadel für einen einzelnen Auszubildenden sollte vor allen Auszubildenden ausgesprochen werden, um allen die Konsequenzen bei Fehlverhalten vor Augen zu führen.
- [ ] b) Der Tadel sollte nur unter vier Augen angeführt werden, um das Selbstwertgefühl des Auszubildenden, nicht zu sehr zu beschädigen.
- [ ] c) Der Tadel darf in einer emotional aufgeheizten Situation die Gesamtpersönlichkeit des Auszubildenden, nicht nur das konkrete Fehlverhalten treffen.
- [ ] d) Der Tadel kann Beleidigungen und Kränkungen enthalten, um dem Auszubildenden die Wirkung seines Fehlverhaltens auf den Ausbilder zu zeigen.
- [ ] e) Der Tadel darf nur auf das konkrete Fehlverhalten bezogen sein und sollte sachlich, das heißt, nicht im Affekt ausgesprochen sein.

33. Welcher Nachteil kann bei der Vier-Stufen-Methode gefunden werden?
(Richtige Lösungen: 1)

- [ ] a) Die Vier-Stufen-Methode orientiert sich sehr stark an der Praxis, da sie oft am Ausbildungs- bzw. Arbeitsplatz durchgeführt wird.
- [ ] b) Die Stufen sind leicht nachzuvollziehen.
- [ ] c) Die Vier-Stufen-Methode ist sehr anschaulich, da der Ausbilder zuerst alles vormacht.
- [ ] d) Da der Auszubildende alles vom Ausbilder vorgemacht bekommt, braucht er selbst keine große Kreativität zu entwickeln.
- [ ] e) Die Vier-Stufen-Methode verläuft in kleinen Lernschritten, die auch schwächere Auszubildende leicht nachvollziehen können.

34. Die Strafe ist ein weiteres Erziehungsmittel im Ausbildungsbereich. Welche Aussagen sind hier zutreffend?
(Richtige Lösungen: 1)

- ☐ a) Strafmaßnahmen im Ausbildungsbereich sind gemäß BBIG generell verboten.

- ☐ b) Hat der Tadel nicht gewirkt und sich das Fehlverhalten fortgesetzt, so ist die Strafe entsprechend der angekündigten Androhung konsequent umzusetzen.

- ☐ c) Der Entzug von Vergünstigungen wird heute von Auszubildenden nicht mehr als Strafe angesehen.

- ☐ d) Strafen haben im Allgemeinen keinen Erziehungseffekt bei Auszubildenden, denn Sanktionen haben weder im Elternhaus noch in der allgemeinbildenden Schule eine Verhaltensänderung bewirkt.

- ☐ e) Bei massivem Fehlverhalten eines einzelnen Auszubildenden sollten alle Auszubildenden bestraft werden, um einen Erziehungseffekt durch die Gruppen zu bewirken.

35. Die Vier-Stufen-Methode enthält die Stufe Nachmachen. Was sollte darin nicht geschehen?
(Richtige Lösungen: 1)

- ☐ a) Der Auszubildende erklärt in der Phase Nachmachen seine Vorgehensweise.

- ☐ b) Die Auszubildenden führen die Tätigkeit zuerst langsam und sorgfältig aus, dann steigern sie die Geschwindigkeit.

- ☐ c) Der Ausbilder kritisiert alle Fehler sofort sehr streng.

- ☐ d) Der Ausbilder greift bei Fehlern korrigierend ein.

- ☐ e) Der Ausbilder lobt die Auszubildenden für ihre geleistete Arbeit.

36. Lernziele sollen in allen pädagogischen Prozessen definiert werden. Welche Absicht steckt hinter dieser Anforderung?
(Richtige Lösungen: 2)

- ☐ a) Lernziele dienen dazu, überprüfen zu können, ob der beabsichtigte Lernerfolg eingetreten ist.

- ☐ b) Lernziele dienen dazu, zu Beginn einer Ausbildungseinheit feststellen zu können, ob der zu vermittelnde Lernstoff den

Auszubildenden bereits bekannt und von ihnen verinnerlicht worden ist.

☐ c) Ohne präzise Lernzielbestimmung könnte der Lernprozess richtungslos und damit für Ausbilder und Auszubildenden unklar bleiben, ob der gewünschte Lernerfolg eingetreten ist.

☐ d) Lernziele sollen zwar bestimmt werden, haben aber für die Ausbildung im Unternehmen, im Gegensatz zur schulischen Ausbildung, eine erheblich geringere Bedeutung.

37. Wie sollte ein Kritikgespräch nicht verlaufen?
(Richtige Lösungen: 1)

☐ a) Der Beurteilte muss die Möglichkeit haben, zu allen Punkten Stellung zu nehmen.

☐ b) Es ist wichtig, am Anfang eine vertrauensvolle Atmosphäre zu schaffen.

☐ c) Es ist wichtig, dass das zu Kritisierende Punkt für Punkt genau besprochen wird.

☐ d) Es ist wichtig, dass ein Kritikgespräch negativ endet.

☐ e) Es ist wichtig, positive Leistungen anzuerkennen.

38. Lernziele werden in Richt- /Grob-/Feinlernziele eingeteilt. Worin unterscheiden den sich die Lernzielkategorien?
(Richtige Lösungen: 3)

☐ a) Das Richtlernziel ist sehr allgemein gehalten und gibt bloß die Richtung an.

☐ b) Das Feinlernziel drückt nicht das überprüfbare, gewünschte Endverhalten aus.

☐ c) Das Groblernziel hat einen mittleren Grad an Eindeutigkeit, beschreibt aber nicht das überprüfbare, gewünschte Endverhalten.

☐ d) Das Groblernziel steht über dem Richtlernziel und gibt bloß die grobe Richtung an.

☐ e) Das Feinlernziel ist so präzise definiert, dass das gewünschte Endverhalten überprüfbar ist.

39. Welches der folgenden Beurteilungsmerkmale darf ein Ausbilder nicht in die Beurteilung seiner Auszubildenden aufnehmen?
(Richtige Lösungen: 1)

    ☐ a) Der Auszubildende zeigt ein selbstsicheres Auftreten.

    ☐ b) Der Auszubildende hat Geschwister im Unternehmen, die unangenehm auffallen.

    ☐ c) Der Auszubildende hat ein gepflegtes Äußeres.

    ☐ d) Der körperliche Entwicklungsstand muss in die Beurteilung mit einfließen.

    ☐ e) Der Auszubildende verhält sich freundlich gegenüber Mitarbeitern und Vorgesetzen.

40. Welche der nachfolgend aufgeführten Lernzielkategorien finden Sie im Ausbildungsrahmenplan?
(Richtige Lösungen: 2)

    ☐ a) Leitlernziel

    ☐ b) Richtlernziel

    ☐ c) Groblernziel

    ☐ d) Feinlernziel

    ☐ e) Keine

41. Ein Ausbilder bereitet die Beschreibung von Lernzielen vor. Was möchte er damit ausdrücken?
(Richtige Lösungen: 1)

    ☐ a) Die Auszubildenden werden darin je nach Altersgruppe beschrieben.

    ☐ b) Die Beschreibung der Lernziele enthält die einzelnen Abteilungen eines Unternehmens.

    ☐ c) Durch die perfekte Formulierung des Lernziels sollen die Auszubildenden beeindruckt werden und den Ausbilder als Vorbild ansehen.

    ☐ d) Durch die Beschreibung des Lernziels werden die Lösungsschritte der jeweiligen Probleme festgehalten.

    ☐ e) Der Ausbilder möchte durch die Beschreibung der Lernziele das gewünschte Endverhalten der Auszubildenden beschreiben.

42. Beim Lernen werden drei Lernbereiche unterschieden. Welche der nachfolgend aufgeführten Lernziele lassen sich dem kognitiven Lernbereich zuordnen?
(Richtige Lösungen: 2)

    ☐ a) Die Inhalte des Ausbildungsvertrages erklären können.

    ☐ b) Die Aufgaben des Betriebsrats beschreiben können.

    ☐ c) Eine Tomatensuppe kochen können.

    ☐ d) Im Team arbeiten können.

    ☐ e) Kundenorientiert arbeiten können.

43. Bei welchen Gelegenheiten wird der Ausbilder die Vier-Stufen-Methode sinnvoller Weise anwenden?
(Richtige Lösungen: 1)

    ☐ a) Es handelt sich um Tätigkeiten und Verhaltensmuster, bei denen ein eindeutiger Lösungsweg und ein genau definiertes Ziel zu erreichen sind

    ☐ b) Die Vier-Stufen-Methode ist besonders dann geeignet, wenn mehrere Ergebnisse bzw. Lösungswege möglich sind.

    ☐ c) Der Ausbilder wird die Vier-Stufen-Methode für Themen wählen, bei denen jeder Auszubildende seinen eigenen Lösungsweg präsentieren kann.

    ☐ d) Durch die Vier-Stufen-Methode wird die Zusammenarbeit der Auszubildenden gefördert.

    ☐ e) Die Vier-Stufen-Methode kann besonders gut bei Auszubildenden angewendet werden, die sehr viel Phantasie haben und kreativ sind.

44. Welche der nachfolgend aufgeführten Lernziele sind dem psychomotorischen Lernbereich zuordnen?
(Richtige Lösungen: 1)

    ☐ a) Übertragene Aufgaben gewissenhaft und sorgfältig ausführen können.

    ☐ b) Die Pflichten als Auszubildender nennen können.

    ☐ c) Übertragene Aufgaben selbstständig planen können.

    ☐ d) Die einschlägigen Arbeitssicherheitsvorschriften für einen Arbeitsbereich beschreiben können.

    ☐ e) Eine Zwiebel in Würfel scheiden zu können.

45. Welches der im Folgenden genannten ist das genaueste graduelle Lernziel?
    (Richtige Lösungen: 1)

    ☐ a) Richtziel

    ☐ b) Groblernziel

    ☐ c) Fertigkeiten und Kenntnisse

    ☐ d) Leitlernziel

    ☐ e) Feinlernziel

46. Welche der nachfolgend aufgeführten Lernziele sind dem affektiven Lernbereich zuzuordnen?
    (Richtige Lösungen: 2)

    ☐ a) Zwischen Aktiva und Passiva im Rechnungswessen unterscheiden können.

    ☐ b) Hilfsbereit sein können.

    ☐ c) Einfühlungsvermögen bei einer Gruppendiskussion zeigen können.

    ☐ d) Den Toner im Drucker wechseln können.

    ☐ e) Die Bedeutung des Berufsschulunterrichtes im Dualen System erklären können

47. Welches der im Folgenden genannten Lernziele kann als soziales Lernziel bezeichnet werden?
    (Richtige Lösungen: 1)

    ☐ a) Kommunikationsfähigkeit

    ☐ b) In einer Gruppe die Führung zu übernehmen.

    ☐ c) Bei allen Mitarbeitern eines Unternehmens gut angesehen sein.

    ☐ d) Spenden an Hilfsbedürftige verteilen.

    ☐ e) Das Erreichen der Selbstverwirklichung.

48. Welche der folgenden Beschreibungen umreißt den Begriff „aktives lernen"?
   (Richtige Lösungen: 1)

   Als „aktives lernen" bezeichnet man...

   ☐ a) ...autodidaktisches Lernen.

   ☐ b) ...Lernprozesse, die durch Ausbilder aktiv gestaltet werden.

   ☐ c) ...Situationen, in denen der Auszubildende selbstständig Eigeninitiative zeigt oder erwartet wird, dass er diese entwickelt.

   ☐ d) ...Ausbildungsmethoden, die vom Ausbilder bestimmt werden.

   ☐ e) ...die Lernmöglichkeiten, die das Unternehmen zur Verfügung stellt.

49. Wie sollte ein Ausbilder bei Gesprächen mit den Auszubildenden verhalten?
   (Richtige Lösungen: 1)

   ☐ a) Er soll sie nicht ausreden lassen, wenn die Auszubildenden etwas Falsches vortragen.

   ☐ b) Er soll sie dazu bringen, die anderen zu kritisieren.

   ☐ c) Er soll sie verunsichern, damit sie besser aufpassen.

   ☐ d) Er soll sie durch Provokation anspornen, besser zu werden.

   ☐ e) Er soll die Auszubildenden sachlich kritisieren und nicht die Person tadeln.

50. Welches Persönlichkeitsmerkmal oder welche Fähigkeit ist die wichtigste Voraussetzung zum aktiven und selbstständigen Lernen?
   (Richtige Lösungen: 1)

   ☐ a) Leistungsbereitschaft

   ☐ b) Kreativität

   ☐ c) Teamfähigkeit

   ☐ d) Ordnung halten

   ☐ e) Ausdauer

51. Welcher der folgenden Vorgänge hat in einem Beurteilungsprozess nichts zu suchen?
    (Richtige Lösungen: 1)

    ☐ a) Durch strenge Beurteilungen sollen die Mitarbeiter zu größerer Arbeitsleistung angeregt werden.

    ☐ b) Der zu Beurteilende ist regelmäßig zu beobachten.

    ☐ c) Die Beurteilung orientiert sich am Berufsbild.

    ☐ d) Um Mitarbeiter gerecht beurteilen zu können, bietet es sich an, einen Kriterienkatalog zu erstellen.

    ☐ e) Eine Beurteilung ist schriftlich niederzulegen.

52. Wie können sie die Bereitschaft zum aktiven Lernen beim Auszubildenden fördern?
    (Richtige Lösungen: 2)

    ☐ a) Realistische Ziele setzen

    ☐ b) Die Konsequenzen für die Abschlussprüfung darstellen

    ☐ c) Teilerfolge ermöglichen

    ☐ d) Positive Erfolge negativ beurteilen

53. Welches der im Folgenden genannten Kriterien darf nicht in eine Beurteilung einfließen?
    (Richtige Lösungen: 1)

    ☐ a) Noten des Schulzeugnisses

    ☐ b) Kreativität

    ☐ c) Fachwissen

    ☐ d) Konzentrationsfähigkeit

    ☐ e) Verhalten gegenüber Mitarbeitern

54. Um in Erfahrung zu bringen, ob Sie beim Auszubildenden Verhaltensänderungen durch Ausbilden (Vermitteln von Fertigkeiten und Kenntnissen) oder durch Ihr erzieherisches Wirken erreichen können, sollten sie die Kompetenzbereiche unterscheiden können. Welche der aufgeführten Arbeitsaufgaben ordnen Sie der Methodenkompetenz zu?
    (Richtige Lösungen: 2)

    Der Auszubildende soll...

    ☐ a) ...selbstständig Entscheidungen treffen.

    ☐ b) ...eine Banküberweisung ausfüllen.

- [ ] c) ...mit anderen zusammenarbeiten.
- [ ] d) ...Verantwortung für andere übernehmen.
- [ ] e) ...selbstständig eine Arbeitsaufgabe planen.

55. Wie müssen Lernziele formuliert und gestaltet sein?
    (Richtige Lösungen: 1)
    - [ ] a) Lernziele sind so hoch anzusetzen, dass sie nur für den guten Durchschnitt zu erreichen sind.
    - [ ] b) Lernziele müssen so hoch angesetzt sein, dass sie nur von den besten zu erreichen sind.
    - [ ] c) Lernziele müssen verständlich formuliert und für jeden Auszubildenden erreichbar sein.
    - [ ] d) Lernziele müssen genau definiert sein.
    - [ ] e) Lernziele sind für den Ausbilder bestimmt, so dass nur er sie verstehen muss.

56. Um herauszufinden, ob Sie beim Auszubildenden Verhaltensänderungen durch Ausbilden oder durch Ihr erzieherisches Wirken erreichen können, sollten Sie die Kompetenzbereiche unterscheiden können. Welche der aufgeführten Arbeitsaufgaben ordnen sie der Sozialkompetenz zu?
    (Richtige Lösungen: 2)
    Der Auszubildende soll...
    - [ ] a) ...selbstständig Entscheidungen treffen.
    - [ ] b) ...eine Banküberweisung ausfüllen.
    - [ ] c) ...mit anderen zusammenarbeiten.
    - [ ] d) ...Verantwortung für andere übernehmen.
    - [ ] e) ...selbstständig eine Arbeitsaufgabe planen.

57. Welche der folgenden Aussagen bezüglich der Beurteilung ist falsch?
    (Richtige Lösungen: 1)
    - [ ] a) Die Auszubildenden werden darüber informiert, welche Lernziele sie erreichen müssen.
    - [ ] b) Es findet ein Beurteilungsgespräch statt.

- [ ] c) Auszubildende werden grundsätzlich beurteilt, damit es keine Konflikte mit dem Ausbilder gibt.
- [ ] d) Die Beurteilung muss aufgrund regelmäßiger Beobachtung erfolgen.
- [ ] e) Die Beurteilung durch mehrere Ausbilder ist möglich.

Die Fragen 58 bis 60 beziehen sich auf die Auswahl von geeigneten Arbeitsplätzen „vor Ort" (dezentrale Ausbildung) für die Ausbildung. Bei dieser Auswahl müssen Sie überprüfen, ob bestimmte Voraussetzungen an diese Arbeitsplätze auch erfüllt werden, damit eine qualifizierte Ausbildung gewährleistet ist.

58. Welche Fragen stellen Sie sich in diesem Zusammenhang, die die Fachkräfte vor Ort betreffen?
(Richtige Lösungen: 3)

- [ ] a) Haben die Fachkräfte eine ausreichende fachliche Qualifikation, um die Inhalte auch vermitteln zu können?
- [ ] b) Ist Fachliteratur ausreichend vorhanden?
- [ ] c) Sind die Arbeitsaufgaben interessant und vielfältig?
- [ ] d) Besteht Bereitschaft, mit der Ausbildungsabteilung zu kooperieren?
- [ ] e) Sind die Fachkräfte „persönlich" geeignet?

59. Welche Fragen stellen Sie sich in diesem Zusammenhang, die die Arbeitsaufgaben dort betreffen?
(Richtige Lösungen: 3)

- [ ] a) Liegen bereits Ausbildungserfahrungen der Fachkräfte vor?
- [ ] b) Wie hoch sind die Anforderungen an die Auszubildenden?
- [ ] c) Welche Vorkenntnisse müssen die Auszubildenden mitbringen?
- [ ] d) Ist eine Aufsicht vorhanden?
- [ ] e) Lässt die Arbeitsorganisation ein selbstständiges Arbeiten zu?

60. Welche Fragen stellen Sie sich in diesem Zusammenhang, die die Lernmöglichkeiten an diesen Arbeitsplätzen betreffen?
(Richtige Lösungen: 2)

- [ ] a) Ist eine Unfallbelehrung notwendig?

- [ ] b) Können die zugeordneten Ausbildungsziele erreicht werden?
- [ ] c) Ist eine Betreuung gewährleistet?
- [ ] d) Kann hier die Sozialkompetenz gefördert werden?
- [ ] e) Sind Umkleide- und Sozialräume vorhanden?

61. Ein Ausbilder verwendet für die Beurteilung seiner Auszubildenden Beobachtungsbögen. Welche der folgenden Aussagen trifft zu?
(Richtige Lösungen: 1)

- [ ] a) Konkrete Einzelbeobachtungen dürfen nicht auf dem Beobachtungsbogen notiert werden.
- [ ] b) Der Ausbilder muss jede Beobachtung gewichten und dann entscheiden, ob er sie in den Beobachtungsbogen aufnimmt.
- [ ] c) Der Ausbilder muss darauf achten, nur allgemeine Aussagen zu formulieren.
- [ ] d) Der Ausbilder soll möglichst viele Einzelbeobachtungen festhalten, die so weit wie möglich objektiv sein sollen und die er später nach ihrer Bedeutung gewichtet.
- [ ] e) Der Ausbilder muss das Verhalten der Auszubildenden interpretieren und daraus ein Generalurteil abgeben.

62. Um eine größtmögliche Effizienz zu erreichen und um Fehlentwicklungen zu vermeiden, sollten die Fachabteilungen mit der Ausbildungsabteilung kooperieren. Welche Möglichkeiten der Zusammenarbeit sind sinnvoll und notwendig?
(Richtige Lösungen: 3)

- [ ] a) Ernennung von Ausbildungsbeauftragten in den Fachabteilungen durch die Ausbildungsabteilung.
- [ ] b) Regelmäßige Treffen zum Erfahrungsaustausch.
- [ ] c) Gemeinsamer Betriebsausflug.
- [ ] d) Gemeinsame Erstellung eines Beurteilungssystems.
- [ ] e) Die Ausbildungsabteilung gibt die Ziele vor.

63. Welche der im Folgenden genannten Beschreibungen ist ein Vorteil der gebunden Form der Bewertung?
    (Richtige Lösungen: 1)

    - [ ] a) Der Beurteilende kann seine eigene Meinung damit ausdrücken.
    - [ ] b) Der Beurteilende kann besondere Fähigkeiten seiner Auszubildenden berücksichtigen.
    - [ ] c) Die gebundene Form der Bewertung ist leichter vergleichbar.
    - [ ] d) Die Bewertungskriterien können leicht ausgetauscht werden.
    - [ ] e) Der Beurteilende kann die Fähigkeiten seiner Auszubildenden hervorheben.

64. In den Fachabteilungen werden die Auszubildenden von den Fachkräften praktisch angeleitet. Dazu stehen ihnen mehrere Methoden zur Verfügung. Welche Methode ist für die Ausbildung vor Ort sinnvoll?
    (Richtige Lösungen: 4)

    - [ ] a) Vier-Stufen-Methode
    - [ ] b) Anleitung bei bedarf
    - [ ] c) Praktische Anleitung über Arbeitsblätter
    - [ ] d) Vortrag
    - [ ] e) Einarbeitungsmethode

65. Worauf muss der Ausbilder bei der Unterweisung vor allem achten?
    (Richtige Lösungen: 1)

    - [ ] a) Das Lernen soll Schritt für Schritt erfolgen. Der Auszubildende soll nach jedem Lernschritt erfahren, dass er den Stoff verstanden hat, und die Kernpunkte sind festzuhalten.
    - [ ] b) Der Ausbilder muss die Unterweisung so vorbereiten, dass keine Fragen der Auszubildenden notwendig sind.
    - [ ] c) Er muss darauf achten, dass er die vorgesehene Zeit nicht überschreitet, da den Auszubildenden sonst langweilig wird.
    - [ ] d) Die Auszubildenden sind über Fragen stets zur Aufmerksamkeit anzuhalten.
    - [ ] e) Die Unterweisungsmittel müssen für alle Auszubildenden gleichzeitig zur Verfügung stehen

66. Bei der Entscheidung, welche Methode vor Ort sinnvoller eingesetzt werden kann, sind bestimmte Kriterien zu berücksichtigen. Von welchen Kriterien ist es abhängig, welche Methode anzuwenden ist?
(Richtige Lösungen: 3)

- [ ] a) Art der Arbeitsaufgabe.
- [ ] b) Zur Verfügung stehende Zeit.
- [ ] c) Ausbildungsstand des Auszubildenden.
- [ ] d) Selbstständiges Lernvermögen des Auszubildenden.
- [ ] e) Einsatzbereitschaft der Fachkräfte.

67. Welche der hier gemachten Aussagen treffen auf das Lerngespräch (fragend- entwickelnde Methode) zu?
(Richtige Lösungen: 3)

- [ ] a) Das Lehrgespräch ist eine Ausbilderzentrierte Methode, da fast nur der Ausbilder etwas zu tun hat.
- [ ] b) Das Lehrgespräch ist bei komplexen Problemen im kognitiven Bereich besonders geeignet.
- [ ] c) Bei dem Lehrgespräch steht der Ausbilder im Hintergrund. Die Auszubildenden müssen Eigeninitiative ergreifen.
- [ ] d) Die Aktivitäten sind zwischen Ausbilder und Auszubildenden verteilt.
- [ ] e) Das Lehrgespräch ist bei komplexen Problemen nicht anwendbar.

68. Je nach Ausbildungsstand und Arbeitsaufgabe sollen Sie die richtige Methode vor Ort anwenden können.
Setzen Sie in das jeweilige Antwortkästchen

eine 1, wenn die beschriebenen Aufgaben mit der „Vier-Stufen-Methode"
eine 2, wenn die beschriebenen Aufgaben durch „Anleitung bei Bedarf",
eine 3, wenn die beschriebenen Aufgaben durch „Praktische Anleitung über Arbeitsblätter", oder
eine 4, wenn die beschriebenen Aufgaben durch die „Einarbeitungsmethode"
vermittelt werden kann.

Der Auszubildende soll...

- [ ] a) ...selbstständig ein neues Gerät in Betrieb nehmen.

- [ ] b) ...das nachmachen, was die Fachkraft vormacht.
- [ ] c) ...bei Schwierigkeiten bei der Fachkraft nachfragen.
- [ ] d) ...komplexere Aufgaben an einem neuen Arbeitsplatz übernehmen.
- [ ] e) ...soll verschiedene Schneidetechniken für Gemüse lernen.

69. Unter welcher Voraussetzung kann die Fallmethode in der Ausbildung erfolgreich eingesetzt werden?
(Richtige Lösungen: 1)

    - [ ] a) Bei der Anwendung der Fallmethode müssen die Auszubildenden einschlägige fachliche Vorkenntnisse besitzen.
    - [ ] b) Die Auszubildenden müssen den „Fall" bereits in der Berufsschule bearbeitet haben.
    - [ ] c) Die Auszubildenden müssen vorher in der Berufsschule darüber unterrichtet worden sein, um was es sich bei der Fallmethode handelt.
    - [ ] d) Die Fallmethode muss vor Ihrem Einsatz in kleinen Schritten mehrmals geübt worden sein.
    - [ ] e) Die Fallmethode kann erst ab dem zweiten Lehrjahr erfolgreich eingesetzt werden.

70. Bringen Sie die Stufen der Methode „Anleitung bei Bedarf in die richtige Reihenfolge von 1-3.

    - [ ] a) Helfen, wenn der Auszubildende auf Schwierigkeiten stößt.
    - [ ] b) Besprechen des Ergebnisses.
    - [ ] c) Übertragen der Arbeitsaufgabe.

71. Welches Merkmal trifft auf die erste Stufe zu?
(Richtige Lösungen: 1)

    Der Auszubildende soll...

    - [ ] a) ...in der Lage sein, die Arbeitsaufgabe selbstständig zu erledigen.
    - [ ] b) ...die erlernte Fertigkeit durch Üben festigen.

- [ ] c) …dem Ausbilder erklären, was bei der Arbeitsaufgabe zu beachten ist.
- [ ] d) …die Aufgabe verstanden und Interesse gewonnen haben.
- [ ] e) …beobachten, was der Ausbilder vormacht.

72. Welches Merkmal trifft auf die zweite Stufe zu?
    (Richtige Lösungen: 1)

    Der Auszubildende soll…

    - [ ] a) … in der Lage sein, die Arbeitsaufgabe selbstständig zu erledigen.
    - [ ] b) …die erlernte Fertigkeit durch Üben festigen.
    - [ ] c) …dem Ausbilder erklären, was bei der Arbeitsaufgabe zu beachten ist.
    - [ ] d) …die Aufgabe verstanden und Interesse gewonnen haben.
    - [ ] e) …beobachten, was der Ausbilder vormacht.

73. Welches Merkmal trifft auf die dritte Stufe zu?
    (Richtige Antworten: 1)

    Der Ausbilder soll…

    - [ ] a) …an der Arbeitsaufgabe Interesse wecken.
    - [ ] b) …die Arbeitsschritte vormachen.
    - [ ] c) …den Übungsfortschritt beobachten.
    - [ ] d) …das Nachmachen beobachten.
    - [ ] e) …Möglichkeiten zur Transferbildung bereitstellen.

74. Welches Merkmal trifft auf die vierte Stufe zu?
    (Richtige Lösungen: 1)

    Der Ausbilder soll…

    - [ ] a) …an der Arbeitsaufgabe Interesse wecken.
    - [ ] b) …die Arbeitsfortschritte vormachen.
    - [ ] c) …den Übungsfortschritt beobachten.

- ☐ d) ...das Nachmachen beobachten.
- ☐ e) ...den Arbeitsplatz vorbereiten.

75. Bringen Sie die Stufen der Vier-Stufen-Methode in die richtige Reihenfolge von 1-4.
    - ☐ a) Selbstständiges Üben.
    - ☐ b) Vorbereitung.
    - ☐ c) Nachmachen und Erklären.
    - ☐ d) Vormachen und Erklären.

76. Welche Rolle spielen Erfolgserlebnisse beim Auszubildenden?
    (Richtige Lösungen: 1)
    - ☐ a) Durch Erfolgserlebnisse wird die Lernmotivation erhöht.
    - ☐ b) Hat ein Auszubildender Erfolgserlebnisse, so wird er sich nach einiger Zeit nicht mehr anstrengen.
    - ☐ c) Erfolgserlebnisse spielen für den eigentlichen Lernerfolg keine Rolle.
    - ☐ d) Erfolgserlebnisse zeigen, dass der Auszubildende die Ausbildung als leicht empfindet.
    - ☐ e) Es ist wichtig für den Ausbilder, dass er den Auszubildenden jeden Tag ein Erfolgserlebnis vermittelt.

77. Der Auszubildende soll lernen, wie man nach vorliegender Rechnung eine Banküberweisung ausfüllt. Was gehört nicht in die erste Stufe „Vorbereitungsphase" der Vier-Stufen-Methode?
    (Richtige Lösung: 1)
    - ☐ a) Rechnungen und Überweisungsformulare zurechtlegen.
    - ☐ b) Lernziele nennen und Interesse am Lernziel wecken.
    - ☐ c) Erklären des Aufbaus einer Banküberweisung.
    - ☐ d) Benötigte Arbeitsmittel erklären.
    - ☐ e) Das ausfüllen einer Banküberweisung.

78. Bei der Vier-Stufen-Methode muss der Ausbilder zuerst die Vorbereitung vollziehen. Was muss er vorbereiten?
(Richtige Lösungen : 1)

- ☐ a) Unterweisungsstoff, Versetzungsplan, Ausbildende
- ☐ b) Arbeitsplatz, Lehrvortrag, Beitrag der Auszubildenden
- ☐ c) Arbeitsplatz, Unterweisungsstoff, Auszubildende
- ☐ d) Arbeitsplatz, Lehrvortrag, Auszubildende
- ☐ e) Versetzungsplan, Unterweisungsstoff, Vorträge der Auszubildenden

79. Ein Ausbilder zeigt zwei Auszubildenden im ersten Ausbildungsjahr mithilfe der Vier-Stufen-Methode, wie sie ein Kupferrohr mit einer Handbügelsäge in 75cm lange Stücke trennen können.
Ordnen Sie die nachfolgenden Schritte den Stufen des in Aufgabe 10 dargestellten Modells zu, indem Sie die Ziffern 1-6 eintragen.

- ☐ a) Die Auszubildenden sind interessiert, den Umgang mit der Handbügelsäge zu erlernen. Sie wissen allerdings nicht, wie sie diese Fertigkeiten handhaben sollen.
- ☐ b) Der Ausbilder überträgt nun beiden Auszubildenden die Aufgabe, Aluminiumrohre mit der Handbügelsäge in 75cm lange Stücke zu trennen.
- ☐ c) Der Ausbilder gibt das Thema bekannt, nennt die konkreten Lernziele und weist die Vorteile für die beiden Auszubildenden auf, wenn sie den Umgang mit der Handbügelsäge sicher beherrschen.
- ☐ d) Die beiden Auszubildenden machen nun einzeln die vom Ausbilder präsentierten Arbeitsvorgänge nach und erläutern dabei ihr Handeln.
- ☐ e) Zur Festigung des Gelernten üben die beiden Auszubildenden nun, zunächst Kupferrohre unter Verwendung der Handbügelsäge in unterschiedliche Längen zu trennen.
- ☐ f) Der Ausbilder macht den gesamten Arbeitsvorgang in Teilschritten vor und erklärt dabei das Was, Wie und Warum.

80. Motivation ist ein entscheidender Faktor für das lernen. Welche der nachstehend aufgeführten Aussagen des Ausbilders würden nicht zur Motivation der Auszubildenden beitragen?
(Richtige Lösungen: 1)

- ☐ a) Wenn Sie den Umgang mit der Handbügelsäge am Ende sicher beherrschen, können Sie darauf aufbauende Tätigkeiten erlernen.

- ☐ b) Ich werde Ihnen den richtigen Gebrauch der Handbügelsäge vormachen, gehe aber davon aus, dass Sie erhebliche Schwierigkeiten beim Erlernen dieser Fertigkeiten haben werden. Das war in vorangegangenen Unterweisungen auch schon so.

- ☐ c) Das Sie den Umgang beherrschen, werden Sie bei Aufgabenstellungen in der Zwischenprüfung unter Beweis stellen müssen.

- ☐ d) Das, was Sie heute erlernen sollen, hört sich wahrscheinlich erst einmal schwierig für Sie an. Ich werde Sie entsprechend unterstützen, falls es nicht auf Anhieb klappen sollte.

81. Welche der folgenden Möglichkeiten ist nicht geeignet, Auszubildende zu motivieren?
(Richtige Lösungen: 1)

- ☐ a) Bevor wir dieses Problem nicht gemeinsam gelöst haben, können wir nicht fortfahren.

- ☐ b) Erarbeiten Sie gemeinsam eine Lösungsmöglichkeit, die Sie Anschließend präsentieren.

- ☐ c) Ihre Fragen werden wir gleich anschließend behandeln.

- ☐ d) Überlegen Sie sich bis zum nächsten Mal eine Lösungsmöglichkeit.

- ☐ e) Heute weichen wir auf ein interessantes Ersatzthema aus, das jedoch nicht prüfungsrelevant ist.

82. Während des in Aufgabe 79 dargestellten Lernprozesses ist es möglicherweise notwendig, die Auszubildenden kontinuierlich zu motivieren. Wie kann der Ausbilder diesen Hinweis in die Praxis umsetzen?
(Richtige Lösungen: 2)

- ☐ a) Der Ausbilder sollte am Ende der Unterweisung den Lernerfolg der beiden Auszubildenden kommentarlos zur Kenntnis nehmen.

☐ b) Da Auszubildende heute im Allgemeinen am besten in Stresssituationen lernen, sollten sie ständig und penibel genau kontrolliert und geringste Abweichungen sofort korrigiert werden.

☐ c) Für erfolgte kleine Lernfortschritte sollten die Auszubildenden die Anerkennung des Ausbilders erfahren.

☐ d) Bei erfolgreicher Arbeitsausführung sollte der Ausbilder die Auszubildenden loben.

☐ e) Der Ausbilder sollte sich bereits beim Nachmachen durch die Auszubildenden anderen Aufgaben zuwenden, um so die Selbstständigkeit der Auszubildenden zu fördern.

83. An welchen Anzeichen erkennt ein Ausbilder Konzentrationsmängel bei seinen Auszubildenden?
(Richtige Lösungen: 1)

    ☐ a) Die Auszubildenden werden schnell müde.

    ☐ b) Die Auszubildenden tragen untereinander Konflikte aus.

    ☐ c) Die Auszubildenden sind aggressiv.

    ☐ d) Die Ausbildenden verweigern das Mitarbeiten.

    ☐ e) Die Auszubildenden im ersten Ausbildungsjahr wollen nicht für die Abschlussprüfung lernen.

84. Der in Aufgabe 79 dargestellte Lernprozess lässt sich einer Lernform zuordnen. Welche der im Folgenden aufgeführten ist das?
(Richtige Lösungen: 1)

    ☐ a) Lernen durch Versuch, Irrtum und Erfolg.

    ☐ b) Lernen durch Einsicht.

    ☐ c) Lernen durch Nachmachen.

85. Wie sollte sich ein Ausbilder nicht verhalten, wenn er seinen Auszubildenden etwas beibringen möchte?
(Richtige Lösungen: 1)

    ☐ a) Der Auszubildende wieder holt das Gelernte.

    ☐ b) Der Ausbilder spricht während der ganzen Zeit sehr viel, damit die Auszubilden alles mitbekommen.

- c) Der Ausbilder macht es den Auszubildenden vor.
- d) Der Ausbilder versucht, mehrere Sinne des Auszubildenden anzusprechen (Sehen, Hören, Fühlen, Riechen).
- e) Der Ausbilder lässt die Auszubildenden alles nachvollziehen.

86. Welche Ziele kann der Ausbilder durch einen Kurzvortrag erreichen?
    (Richtige Lösungen: 3)
    - a) Einführung in eine Thematik.
    - b) Vermittlung von Fertigkeiten.
    - c) Erklärung von Ausbildungszielen und –absichten.
    - d) Beachten von Unfallverhütungsvorschriften.
    - e) Schnelle Vermittlung von Fachwissen.

87. Was sollte ein Ausbilder tun, wenn ein Auszubildender anscheinend die Lust am Lernen verloren hat?
    (Richtige Lösungen: 1)
    - a) Der Ausbilder beachtet den Auszubildenden nicht, damit er wieder zur Vernunft kommt.
    - b) Der Ausbilder hält dem Auszubildenden seine Unlust vor.
    - c) Der Ausbilder kritisiert ihn.
    - d) Der Ausbilder motiviert den Auszubildenden.
    - e) Der Ausbilder motiviert den Auszubildenden, indem er ihm verspricht, dass die Prüfung leicht sein wird.

88. Bei welchen Ausbildungszielen würden Sie den Kurzvortrag lernwirksam einsetzten?
    (Richtige Lösungen: 3)
    Der Auszubildende soll…
    - a) …die wichtigsten Unfallvorschriften beachten.
    - b) …zwischen Brutto- und Nettokosten unterscheiden können.
    - c) …die Bedeutung der Wichtigkeit der neuen Aufgabe erkennen.
    - d) …ein Scheckeinreichungsformular ausfüllen können.
    - e) …die Grundsatzaufgaben der Personalabteilung erkennen.

89. Durch welches Verhalten kann der Ausbilder den Lernprozess bei seinen Auszubildenden meist positiv beeinflussen?
(Richtige Lösungen: 1)

 a) Der Ausbilder gibt hohe Ziele vor und ist streng.

 b) Der Ausbilder greift bei jedem Auszubildenden die positiven Seiten und Erfolge heraus und lobt.

 c) Der Ausbilder setzt niedrige Ziele und lobt seine Auszubildenden häufig.

 d) Der Ausbilder ist dafür bekannt, dass er ständig auf Fehlersuche bei seinen Auszubildenden ist, damit sie dadurch motiviert werden.

 e) Der Ausbilder weist seine Auszubildenden immer wieder auf ihre Fehler hin, damit sie sie nicht wiederholen sollen.

90. Was sollten Sie während eines Kurzvortrages beachten, um eine größtmögliche Lernmotivation bei den Auszubildenden zu erreichen?
(Richtige Lösungen: 3)

Sie sollten…

 a) …eine kühle Atmosphäre schaffen, damit die Auszubildenden nicht abgelenkt werden.

 b) …mit Ironie Fragen von Auszubildenden beantworten, damit ihr Vortrag aufgelockert wird.

 c) …mit freundlichem Humor den Vortrag auflockern.

 d) …Gestik und Mimik angemessen einsetzen.

 e) …sich auf das Wesentliche beschränken.

91. Wann sollte der Ausbilder das Lehrgespräch einsetzen bzw. welche Ziele können mit diesem erreicht werden?
(Richtige Lösungen: 2)

Das Lehrgespräch kann eingesetzt werden…

 a) …zum Informations- und Erfahrungsaustausch.

 b) …zur Entwicklung von Wegen zur Problemlösung.

 c) …zur Überleitung in ein neues Sachgebiet.

- ☐ d) …zur Vermittlung von Fertigkeiten.
- ☐ e) …zum Aufbau sozialer Bezüge in der Gruppe.

92. Was sollte ein Ausbilder tun, wenn ein Auszubildender die Leistung verweigert?
(Richtige Lösungen: 1)

- ☐ a) Der Ausbilder verweist darauf, dass bei Leistungsverweigerung die Entlassung droht.
- ☐ b) Der Ausbilder erklärt dem Auszubildenden die rechtlichen Folgen.
- ☐ c) Der Ausbilder sucht ein offenes Gespräch mit dem Auszubildenden und überprüft, ob dieser nicht überfordert ist.
- ☐ d) Der Ausbilder appelliert an das Gewissen und die Moral des Auszubildenden.
- ☐ e) Der Ausbilder straft den Auszubildenden mit Missachtung.

93. Bei wem liegt in der Regel die Führung des Lehrgespräches?
(Richtige Lösungen: 1)

- ☐ a) Es wird ein Gesprächsleiter aus den Reihen der Auszubildenden gewählt.
- ☐ b) Ein Lehrgespräch bedarf keiner konkreten Führung.
- ☐ c) Der Auszubildende, der sich im Gespräch als Wortführer durchsetzt.
- ☐ d) Die Führung wird während des Gesprächs vom Ausbilder wahrgenommen.
- ☐ e) Der Ausbilder bestimmt einen Auszubildenden.

94. Welche der folgenden Aussagen über Motivation ist richtig?
(Richtige Lösungen: 1)

- ☐ a) Motivation gelingt nur durch ständiges Lob.
- ☐ b) Affektives lernen ist nicht mit Motivation verbunden.
- ☐ c) Durch Motivation kann nur der psychomotorische Bereich angesprochen werden.
- ☐ d) Der Ausbilder soll auf die Sache bezogen motivieren.
- ☐ e) Auszubildende sind nur unter Leistungsdruck motiviert.

95. Welche Methode würden Sie im Folgenden bei den genannten Lernzielen bzw. Themen einsetzen?

Setzen Sie in das jeweilige Antwortkästchen
eine 1, wenn Ihr Vorhaben sinnvoll mit der Vier-Stufen-Methode
eine 2, wenn ihr Vorhabensinnvoll mit dem Kurzvortrag, oder
eine 3, wenn Ihr Vorhaben sinnvoll mit dem Lehrgespräch erreicht werden kann.

- [ ] a) Welche in der Abteilung Warenversand gemachten Erfahrungen können die Auszubildenden auch auf andere Abteilungen übertragen?
- [ ] b) Wie vermitteln Sie die wichtigsten Unfallverhütungsvorschriften, die im Lager zu beachten sind?
- [ ] c) Wie vermitteln Sie die Aufgaben der Personalabteilung?
- [ ] d) Die Auszubildenden sollen Urlaubsanträge ausfüllen können.
- [ ] e) In welcher Weise ist es sinnvoll, eine neue Arbeitsaufgabe zu planen?
- [ ] f) Die Auszubildenden sollen Eingangsbestellungen bearbeiten können.

96. Welches der folgenden Kriterien sollte für den Ausbilder keine Rolle bei seiner lehrenden Tätigkeit spielen?
(Richtige Lösungen: 1)

- [ ] a) Vorgabe der Lernziele.
- [ ] b) Veranschaulichung von schwierigen zusammenhängen.
- [ ] c) Benutzung von Beispielen aus der Praxis.
- [ ] d) Der Ausbilder sollte darauf achten, dass er den Stoff möglichst schnell vermittelt.
- [ ] e) Förderung des selbstständigen Handelns der Auszubildenden.

97. Welche Schlüsselqualifikationen können mit dem Lehrgespräch insbesondere gefördert werden?
(Richtige Lösungen: 1)

- [ ] a) Teamfähigkeit
- [ ] b) Kommunikationsfähigkeit
- [ ] c) Motorisches Geschick

- ☐ d) Selbständiges Planen
- ☐ e) Selbstständiges Lernen

98. Wie erkennt der Ausbilder eine Leistungsstörung?
    (Richtige Lösungen: 1)

    - ☐ a) Der Auszubildende überschätzt sich und lernt nichts mehr.
    - ☐ b) Eine Leistungsstörung kann vorliegen, wenn ein Auszubildender eine von ihm erwartete Leistung nicht erreicht.
    - ☐ c) Eine Leistungsstörung liegt vor, wenn sich ein Auszubildender nicht in die Gruppe integriert.
    - ☐ d) Eine Leistungsstörung liegt vor, wenn unsere Leistungsgesellschaft von einem Auszubildenden mehr fordert, als es nach dem Ausbildungsrahmenplan vorgesehen ist.
    - ☐ e) Leistungsstörungen führen unweigerlich zum Nichtbestehen der Abschlussprüfung.

99. Das Lehrgespräch kann vom Ausbilder besprechend bzw. fragend entwickelt werden. Welche Anforderung soll die Frageformulierung erfüllen?
    (Richtige Lösungen: 2)

    - ☐ a) Es sollen offene Fragen (Was? Wie? Warum? etc.) gestellt werden.
    - ☐ b) Das Fragewort soll in der Mitte des Fragesatzes stehen.
    - ☐ c) Zuerst wird der Auszubildende angesprochen und dann wird ihm die Frage gestellt.
    - ☐ d) Fragen sollen als Impulse zum Weiterdenken anregen.
    - ☐ e) Alternativfragen sind am sinnvollsten, da sie nur mit einem Ja oder Nein beantwortet werden müssen.

100. In einer Gruppe von Ausbildenden kommt es zu Konflikten. Was sollte ein Ausbilder tun, um positiv einzuwirken?
     (Richtige Lösungen: 1)

     - ☐ a) Der Ausbilder nimmt sich jeden Auszubildenden einzeln vor und droht mit Strafen, wenn es weiterhin Ärger gibt.
     - ☐ b) Der Ausbilder unterstützt die Auszubildenden bei der Aussprache und fördert ihre Entscheidungsfähigkeit.

- c) Der Ausbilder mischt sich am besten gar nicht ein und lässt die Auszubildenden ihre Konflikte selbst austragen.
- d) Der Ausbilder löst den Konflikt.
- e) Der Ausbilder verwendet den autoritären Führungsstil, um Konflikt zu lösen.

101. Der Ausbilder kann Diskussionen, Gruppengespräche und auch ganze Sacharbeiten moderierend begleiten. In welchen Aussagen erfüllt der Ausbilder seine Aufgabe als Moderaster richtig?
(Richtige Lösungen: 3)
Der Ausbilder…

- a) …bestimmt die Beziehungsebenen zwischen den Gruppenmitgliedern.
- b) …hilft bei der Einhaltung von aufgestellten Spielregeln.
- c) …versucht konsequent, das gesteckte Ziel durchzusetzen.
- d) … stellt klärende Fragen.
- e) …hilft bei der sachlichen Gliederung der zu besprechenden Thematik.

102. Wovon hängt es ab, ob der Auszubildende durch Imitieren lernt?
(Richtige Lösungen: 1)

- a) Ein strenger Ausbilder kann bei Auszubildenden mehr erreichen.
- b) Ein Ausbilder, der die Auszubildenden gewähren lässt, wie sie wollen kann bei diesen mehr erreichen.
- c) Der Auszubildende imitiert einen Ausbilder, den er als Vorbild anerkannt hat.
- d) Bei mehreren Ausbildern imitieren die Auszubildenden einmal den einen und einmal den anderen Ausbilder.
- e) Imitationslernen wird gefördert, wenn der Auszubildende den Ausbilder nicht mag.

103. Welche der Folgenden Absichten kann durch den Ausbilder moderiert werden?
(Richtige Lösungen: 5)

- a) Eine Diskussion zur Findung einer Problemlösung.

- ☐ b) Kenntnisse der wichtigsten Unfallverhütungsvorschriften.
- ☐ c) Eine Gruppenarbeit der Auszubildenden.
- ☐ d) Die Verteilung von Sachaufgaben innerhalb einer Gruppe.
- ☐ e) Die Vermittlung einer Grundfertigkeit.
- ☐ f) Eine Besprechung mit Zielvorgaben.
- ☐ g) Einarbeitung an einem neuen Arbeitsplatz.
- ☐ h) Ganzheitliche Projekte.

104. Welcher der genannten Faktoren zählt nicht zu den äußeren Störfaktoren des Lernprozesses?
(Richtige Lösungen: 1)

- ☐ a) Die Luftfeuchtigkeit beträgt 80% im Ausbildungsraum.
- ☐ b) An dem Fenster fahren Lkw vorbei, die Waren anliefern.
- ☐ c) Im Ausbildungsraum gibt es weder eine Tafel noch einen Overhead-Projektor noch eine Pinnwand.
- ☐ d) Der Ausbilder kommt unvorbereitet zur Unterweisung, da er am Vortag Geburtstaggefeiert hat.
- ☐ e) Die in den Ausbildungsraum vorhandenen Stühle sind zu niedrig für die Tische.

105. Welchen Unterweisungsformen würden Sie die folgenden Methoden zuordnen?

- ☐ 1) Kurzvortrag
- ☐ 2) Lehrgespräch
- ☐ 3) Moderierte Diskussion
- ☐ 4) Vier-Stufen-Methode
- ☐ 5) Setzen sie diese Kennziffer, wenn keine der genannten Methoden zu den Unterweisungsformen passt.

Tragen Sie die entsprechenden Ziffern in das Antwortkästchen ein (Doppelnennungen sind möglich)

- ☐ a) Vortragende Unterweisungsform
- ☐ b) Vormachende Unterweisungsform

- ☐ c) Vorführende Unterweisungsform
- ☐ d) Entwickelnd besprechende Unterweisungsform
- ☐ e) Erarbeitende Unterweisungsform
- ☐ f) Verarbeitende Unterweisungsform

106. Welches Verhalten des Ausbilders führt dazu, dass er sich den Auszubildenden nicht verständlich machen kann?
(Richtige Lösungen: 1)

- ☐ a) Der Ausbilder verwendet möglichst viele Fremdwörter/Fachbegriffe, damit die Auszubildenden ihre Kenntnisse erweitern können.
- ☐ b) Der Ausbilder erklärt einen Vorgang zuerst in einfachen Worten und fügt dann die Fachbegriffe hinzu.
- ☐ c) Der Ausbilder lässt die Auszubildenden genau zuschauen.
- ☐ d) Der Ausbilder gliedert die Unterweisung in Vorbereiten, Vormachen, Nachmachen und Üben.
- ☐ e) Der Ausbilder verwendet Zeichnungen und Grafiken zur Verdeutlichung.

107. Sie haben vor, eine Gruppenarbeit mit Ihren Auszubildenden durchzuführen, in der ein neues Thema erarbeitet werden soll. Sie teilen die Auszubildenden in Gruppen auf. Wie wird diese Art der Gruppe pädagogisch bezeichnet?
(Richtige Lösungen: 1)

- ☐ a) Primärgruppe
- ☐ b) Informelle Gruppe
- ☐ c) Formelle Gruppe
- ☐ d) Arbeitsgruppe
- ☐ e) Menge

108. Welchen Zweck hat die Zwischenprüfung?
(Richtige Lösungen: 1)

- ☐ a) Die Auszubildenden sollen zu hören Leistungen angespornt werden.
- ☐ b) Die Kammer überwacht die Ausbildung in den Unternehmen mit Hilfe der Zwischenprüfung.

- c) Die Auszubildenden erleben die Prüfungsatmosphäre und können ihren Ausbildungsstand durch die Zwischenprüfung einschätzen.
- d) Die Berufsschule erstellt aufgrund der Zwischenprüfung ein Zeugnis.
- e) Da die Zwischenprüfung auf einfachem Niveau gestellt wird, werden die Auszubildenden dadurch motiviert.

109. Sie haben vor, eine Gruppenarbeit mit Ihren Auszubildenden durchzuführen, in der ein neues Thema erarbeitet werden soll. Sie fordern die Auszubildenden auf, sich selbst in Gruppen aufzuteilen. Wie wird diese Art der Gruppe pädagogisch bezeichnet?
(Richtige Lösungen: 1)
    - a) Primärgruppe
    - b) Informelle Gruppe
    - c) Formelle Gruppe
    - d) Arbeitsgruppe
    - e) Menge

110. Welche Aufzählung gibt die richtige Reihenfolge der Bedürfnisse nach Maslow von unten nach oben wieder?
(Richtige Lösungen: 1)
    - a) Soziale Bedürfnisse, physiologische Grundbedürfnisse, Sicherheitsbedürfnisse, Anerkennungsbedürfnisse, Selbstverwirklichung.
    - b) Soziale Bedürfnisse, Sicherheitsbedürfnisse, physiologische Grundbedürfnisse, Anerkennungsbedürfnisse, Selbstverwirklichung.
    - c) Physiologische Grundbedürfnisse, Sicherheitsbedürfnisse, soziale Bedürfnisse, Anerkennungsbedürfnisse, Selbstverwirklichung.
    - d) Sicherheitsbedürfnisse, physiologische Grundbedürfnisse, soziale Bedürfnisse, Sicherheitsbedürfnisse, Selbstverwirklichung.
    - e) Anerkennungsbedürfnisse, physiologische Grundbedürfnisse, soziale Bedürfnisse, Sicherheitsbedürfnisse, Selbstverwirklichung.

111. Sie haben den Prozess, wie sich die Auszubildenden selbst in Gruppen finden und Gruppen bilden, im Hintergrund beobachtet. Was könnten Motive des Einzelnen gewesen sein, sich einer bestimmten Gruppe anzuschließen?
(Richtige Lösungen: 3)

- ☐ a) Sympathie für andere.
- ☐ b) Entscheidungsdruck durch den Ausbilder.
- ☐ c) Verfolgen gleicher Ziele, gleicher Interessen.
- ☐ d) Der Wille, eine Aufgabe bzw. Rolle übernehmen zu wollen.
- ☐ e) Keine besonderen Motive.

112. Wie lässt sich das Lernen durch Versuch und Irrtum beschreiben?
(Richtige Lösungen: 1)

- ☐ a) Der Auszubildende sieht dem Ausbilder zu und macht es ihm nach.
- ☐ b) Der Ausbilder unterweist die Auszubildenden in neuen Arbeitsmethoden und irrt sich.
- ☐ c) Der Ausbilder nutzt die Fehler der Auszubildenden, um ihnen deutlich zu machen, was sie alles falsch gemacht haben.
- ☐ d) Der Auszubildende versucht selbst die Lösung für ein Problem zu finden, was ihm nach mehreren Versuchen auch gelingt, wobei er sich diese Lösung für einen ähnlichen Fall merken wird.
- ☐ e) Die Auszubildenden versuchen, gengenseitig ihre Irrtümer zu finden.

113. Die Auszubildenden sollen selbstständig (aktives, selbstgesteuertes Lernen) in Form einer Gruppenarbeit die Fragestellung „Wie könnten wir in der Produktion Transportwege vereinfachen?" bearbeiten. Welche Vorteile hat diese Art des Lernens?
(Richtige Lösungen: 3)

- ☐ a) Die Gruppe bestimmt in einem zeitlichen Rahmen ihr Lerntempo selbst.
- ☐ b) Das Lernen in der Gruppe kann effizienter sein, weil jeder Einzelne seine Stärken einbringen kann.
- ☐ c) Die Gruppenarbeit entlastet den Ausbilder und er kann sich anderen Aufgaben widmen.

- d) Der Stärkere kann sich dominant durchsetzen.
- e) Die Teamfähigkeit der einzelnen wird gefördert.

114. In welcher Form können sich Menschen etwas am besten merken?
(Richtige Lösungen: 3)

- a) Vorgänge bilden einen logischen Zusammenhang.
- b) Handlungen bilden einen zusammenhängenden Verlauf.
- c) Zusammenhanglose Texte prägen sich leicht ein, da sie sie Phantasie anregen.
- d) Unbekannte Fremdwörter prägen sich leicht ein.
- e) Gedichte kann man sich durch die rhythmische Sprache leichter merken.

115. Welche Schlüsselqualifikationen können insbesondere in der Gruppenarbeit gefördert werden?
(Richtige Lösungen: 3)

- a) Motorisches Geschick
- b) Ausdauer
- c) Teamfähigkeit
- d) Problemlösefähigkeit
- e) Kommunikationsfähigkeit

116. In welchen Schritten verläuft ein positiver Lernprozess?
(Richtige Lösungen. 1)

- a) Der Ausbilder motiviert den Auszubildenden. Dieser lernt, wird dafür gelobt, lernt anschließend weniger und wird dafür vom Ausbilder kritisiert.
- b) Der Ausbilder motiviert den Auszubildenden. Dieser lernt, hat Erfolg, wird dafür vom Ausbilder gelobt und ist dadurch wieder motiviert.
- c) Durch die Kritik des Ausbilders strengt sich der Auszubildende mehr an. Dadurch wird er besser, muss weniger lernen und schreibt schlechtere Noten.

☐ d) Die Missachtung des Ausbilders führt bei dem Auszubildenden zu erhöhter Anstrengung. Der Auszubildende schreibt gute Noten, hat aber dann keine Lust mehr, weil er nicht gelobt wird.

☐ e) Der Auszubildende hat Erfolg und schreibt gute Noten. Er denkt sich, das muss reichen, lernt weniger und seine Leistungen lassen nach.

117. Die folgenden Aussagen beziehen sich auf den Begriff „Gruppe". Kreuzen Sie die richtigen Aussagen an.
(Richtige Lösungen: 3)

☐ a) Minderheiten neigen dazu, Gruppen zu bilden.

☐ b) Jede Gruppe von jungen Menschen außerhalb des Unternehmens bezeichnet man als informelle Gruppe.

☐ c) Informelle Gruppen entstehen in der Regel in formellen Gruppen bzw. aus ihnen heraus.

☐ d) Jede Gruppe von Auszubildenden bezeichnet man als formelle Gruppe.

☐ e) Wenn drei Auszubildende sich gut verstehen und in ihrer Freizeit oft zusammenkommen, dann spricht man von einer informellen Gruppe.

118. Worauf muss der Ausbilder bei der Übermittlung von Informationen normalerweise nicht achten?
(Richtige Lösungen: 1)

☐ a) Die Informationen sollen verständlich gegliedert und logisch aufgebaut sein.

☐ b) Der Ausbilder sollte sich bei der Übermittlung von Informationen auf das wesentliche beschränken, da Redundanz nur ablenkt.

☐ c) Es ist notwendig, dass der Ausbilder reines Hochdeutsch spricht.

☐ d) Informationen kann man sich besser merken anhand von Beispielen und Eselsbrücken.

119. Warum kann sich die selbstgesteuerte Gruppenarbeit lernmotivierend auf Einzelnen auswirken?
(Richtige Lösungen: 3)

- a) Der Leistungsdruck ist geringer, weil der Einzelne nicht so sehr in der Beobachtung und Bewertung steht.
- b) Der Einzelne kann andere arbeiten lassen.
- c) Das Lerntempo kann besser der Gruppe angepasst werden.
- d) Schwächen Einzelner können durch die Stärken anderer ausgeglichen werden.
- e) Die Auszubildenden bestimmen die Lernziele selber.

120. Welche Möglichkeiten hat ein Ausbilder, wenn ein Jugendlicher aggressiv reagiert?
(Richtige Lösungen: 1)

- a) Der Ausbilder wendet den autoritären Führungsstil an.
- b) Der Ausbilder verhält sich spontan und sagt den jugendlichen seine Meinung.
- c) Der Ausbilder verhält sich besonnen und bleibt auf der sachlichen Ebene.
- d) Der Ausbilder droht dem Auszubildenden mit Sanktionen.
- e) Der Ausbilder wartet ab, da eine solche Verhaltensweise bei Auszubildenden normal ist.

21. Bei der durchgeführten Gruppenarbeit beobachten Sie, dass die Auszubildende Katrin eine gewisse Führerschaft in der Gruppe übernommen hat. Welche Eigenschaft bzw. Verhaltensweisen haben ihr diese Rolle eingebracht?
(Richtige Lösungen: 1)

- a) Sie zeigt Zurückhaltung und strahlt Ruhe aus.
- b) Sie hat eine hohe fachliche Leistungsfähigkeit.
- c) Sie löst Konflikte in der Gruppe.
- d) Sie hat ein hohes Maß an Kreativität und Ideenreichtum.
- e) Sie setzt sich für die Gruppe nach außen energisch ein.

122. Welcher der genannten Punkte gehört nicht zu den Voraussetzungen des Lehrens und Lernens?
(Richtige Lösungen: 1)

☐ a) Welche Begabungen bringen die Auszubildenden mit?

☐ b) Welche Vorkenntnisse bringen die Auszubildenden mit?

☐ c) Wie setzt sich die Gruppe der Auszubildenden zusammen?

☐ d) Wie stark sind die Auszubildenden motiviert?

☐ e) Welche Lerninhalte müssen sich die Auszubildenden aneignen?

123. Bei gruppendynamischen Prozessen entwickeln sich in Gruppen Rollen, die leicht mit sogenannten Funktionen verwechselt werden.

Setzen Sie in das jeweilige Antwortkästchen
eine 1, wenn es sich bei dem Genannten um ein typische Rolle, oder
eine 2, wenn es sich bei dem Genannten um eine typische Funktion handelt.

☐ a) Vom Ausbilder bestimmter Auszubildender als „Pate"

☐ b) Außenseiter

☐ c) Gruppenführer

☐ d) Ein Auszubildender, der (täglich wechselnd) für andere Frühstück holt.

☐ e) Mitläufer

124. Welche der folgenden Aussagen über das Lernen trifft nicht zu?
(Richtige Lösungen: 1)

☐ a). Lernen ist mit Motivation verbunden.

☐ b) Beim Lernen ist das Wichtigste die Aneignung von theoretischem Wissen.

☐ c) Zum Lernen gehört auch die Aneignung von bestimmten Methoden.

☐ d) Zum Lernen gehört auch der Erwerb von manuellen Fähigkeiten und Fertigkeiten.

☐ e) Durch Lernen soll eine dauerhafte Verhaltensänderung hervorgerufen werden.

125. Was versteht man im psychologischen Sinne unter einer Rolle?
    (Richtige Lösungen: 1)

    ☐ a) Aufgaben der einzelnen, die durch den Ausbilder bestimmt werden.
    ☐ b) Erwartungshaltung anderer, die die Verhaltensweisen des einzelnen bestimmen.
    ☐ c) Rolle ist gleichzusetzen mit Rang in der Gruppe.
    ☐ d) Eine Rolle erhält man von anderen aufgetragen.
    ☐ e) Rollen werden demokratisch von der Gruppe gewählt.

126. Wie sollte sich ein Ausbilder nicht verhalten?
    (Richtige Lösungen: 1)

    ☐ a) Der Ausbilder baut auf den Vorkenntnissen der Auszubildenden auf.
    ☐ b) Der Ausbilder setzt geeignete Medien ein, um den Auszubildenden Zusammenhänge verständlich darzustellen.
    ☐ c) Der Ausbilder motiviert seine Auszubildenden und führt sie an die Lernziele heran.
    ☐ d) Der Ausbilder wirkt durch sein Wissen überheblich und verlangt von seinen Auszubildenden, dass sie ihm nacheifern.
    ☐ e) Der Ausbilder hilft den Auszubildenden, ihr Leistungsniveau festzustellen, indem er sie regelmäßigen Tests unterzieht.

127. Wann kommt es im psychologischen Sinne zu einem Rollenkonflikt?
    (Richtige Lösungen: 1)

    ☐ a) Wenn Konflikte zwischen verschiedenen Gruppen entstehen.
    ☐ b) Wenn ein Auszubildender sich nicht entscheiden kann, etwas zu tun.
    ☐ c) Wenn zwei Auszubildende sich streiten.
    ☐ d) Wenn ein Auszubildender mehreren Rollen in verschiedenen Gruppen entsprechen soll, die sich in ihren Anforderungen widersprechen.
    ☐ e) Wenn ein Auszubildender genau weiß, was jetzt zu tun ist.

128. Für welche Faktoren, die beim Lernen stören, ist der Ausbilder nicht verantwortlich?
(Richtige Lösungen: 1)

- ☐ a) Der Ausbilder erzählt häufig Anekdoten aus seinem Privatleben.
- ☐ b) Der Ausbilder lässt die Auszubildenden über das Lernziel im Unklaren.
- ☐ c) Die Lerninhalte sind nicht gut gegliedert, weil der Stoff sowieso irgendwann behandelt wird.
- ☐ d) Bei Erklärungen benutzt der Ausbilder keine Modelle und Zeichnungen.
- ☐ e) Die Prüfungsanforderungen sind zu hoch.

129. Wann sollten sie insbesondere die Demonstration einsetzen?
(Richtige Lösungen: 1)

Die Demonstration sollte insbesondere eingesetzt werden…

- ☐ a) …zum Ende der Ausbildung zur Prüfungsvorbereitung.
- ☐ b) …um Fertigkeiten zu erlernen.
- ☐ c) …um Verhaltensweisen zu trainieren.
- ☐ d) …zu Beginn der Ausbildung, da die Auszubildenden noch nicht über ein ausreichendes Abstraktionsvermögen verfügen.
- ☐ e) …um Problemlösungswege zu finden.

130. Welche der folgenden Aussagen zur Ausbildung sind richtig?
(Richtige Lösungen: 3)

- ☐ a) Der Ausbilder führt die Auszubildenden vom Bekannten zum Unbekannten.
- ☐ b) Die Auszubildenden fangen immer beim Schwierigen an und werden zum Leichten hingeführt.
- ☐ c) Der Ausbilder erklärt zuerst das Einfache und setzt dann alles zu einem Ganzen zusammen.
- ☐ d) Der Ausbilder erklärt zuerst immer eine ganze Aufgabe, bevor es sich den einzelnen Schritten zuwendet.
- ☐ e) Der Ausbilder führt seine Auszubildenden vom Konkreten zum Abstrakten.

131. Wann sollten Sie insbesondere das Rollenspiel einsetzen?
(Richtige Lösungen: 1)

Das Rollenspiel sollte insbesondere eingesetzt werden...

- ☐ a) ... zum Ende der Ausbildung zur Prüfungsvorbereitung.
- ☐ b) ...um Fertigkeiten zu erlernen.
- ☐ c) ...um Verhaltensweisen zu erlernen.
- ☐ d) ...zu Beginn der Ausbildung, da die Auszubildenden noch nicht über ein ausreichendes Abstraktionsvermögen verfügen.
- ☐ e) ...um Problemlösungswege zu finden.

132. Was passiert beim Auszubildenden beim Lernen durch Einsicht nicht?
(Richtige Lösungen: 1)

- ☐ a) Der Auszubildende lernt nur das, was er beim Ausbilder abschauen kann.
- ☐ b) Lernen durch Einsicht führt bei Auszubildenden zu den so genannten Aha-Erlebnissen.
- ☐ c) Der Ausbilder kann auf dem Vorwissen der Auszubildenden aufbauen und sie zu dessen Anwendung auffordern.
- ☐ d) Beim Lernen durch Einsicht erkennt der Auszubildende Ursachen und Zusammenhänge.
- ☐ e) Die Auszubildenden lernen, an Probleme von mehreren Seiten heranzugehen und zu versuchen, neue Aspekte einzubringen.

133. Wann sollten Sie insbesondere die moderierte Diskussion einsetzen?
(Richtige Lösungen: 1)

Die moderierte Diskussion sollte insbesondere eingesetzt werden...

- ☐ a) der Auszubildende lernt nur das, was er beim Ausbilder abschauen kann.
- ☐ b) lernen durch Einsicht führt bei Auszubildenden zu den so genannten Aha-Erlebnissen.
- ☐ c) der Ausbilder kann auf dem Vorwissen der Auszubildenden aufbauen und sie zu dessen Anwendung auffordern.
- ☐ d) beim Lernen durch Einsicht erkennt der Auszubildende Ursachen und Zusammenhänge.
- ☐ e) die Auszubildenden lernen, an Probleme von mehreren Seiten heranzugehen und zu versuchen, neue Aspekte einzubringen.

134. Beim Lernen gibt es einige sachliche Bedingungen, die vom Ausbilder zu beachten sind. Was zählt nicht dazu?
(Richtige Lösungen: 1)

- ☐ a) Die Auswahl der Lehrinhalte pro Unterweisung.
- ☐ b) Die Lehrmethoden des Ausbilders.
- ☐ c) Die Verwendung von Medien.
- ☐ d) Die Integration des Auszubildenden in die Gruppe.
- ☐ e) Die Lernmethoden des Auszubildenden.

135. Ein wichtiges Ziel des aktiven und selbstgesteuerten Lernens in Ausbildungsgruppen ist es, dass sich diese Arbeitsgruppen zu Teams entwickeln. Was sind die wesentlichen Merkmale von Auszubildenden Teams?
(Richtige Lösungen: 4)

- ☐ a) Die einzelnen Auszubildenden fühlen sich für das gesamte Team verantwortlich.
- ☐ b) Der Ausbilder gibt Teamziele vor.
- ☐ c) Entstandene Konflikte und Probleme werden vom Ausbilder gelöst.
- ☐ d) Die Auszubildenden setzen sich selbstständig gemeinsame Ziele.
- ☐ e) Jeder einzelne Auszubildende bringt seine Stärken in das Team ein.
- ☐ f) Konflikte löst das Team selbst.

136. Wodurch merkt sich ein Auszubildender am meisten?
(Richtige Lösungen: 1)

- ☐ a) Audiobooks hören
- ☐ b) Filme sehen
- ☐ c) Selbst ausführen
- ☐ d) Bücher lesen
- ☐ e) über das Gesehene sprechen

137. Die folgenden Aussagen beziehen sich auf den Teambegriff. Kreuzen Sie die richtigen Aussagen an.
(Richtige Lösungen: 3)

- [ ] a) Gruppen entwickeln sich automatisch zu einem Team, wenn die gestellten Aufgaben interessant sind.
- [ ] b) Teamarbeit bedeutet, dass sie individuellen Bedürfnisse zugunsten des Teams zurückgestellt werden.
- [ ] c) Verwöhnte Jugendliche haben es in der Regel schwerer, ihre Rolle im Team zu finden.
- [ ] d) Die Gruppe von Auszubildenden, die über ein Problem diskutiert, ist ein typisches Team.
- [ ] e) Wenn ein Auszubildender still und konzentriert seine Arbeit im Team erledigt, dann ist er nicht teamfähig.
- [ ] f) Dass sich eine Gruppe zum Team entwickeln kann, hängt in hohem Maß von der Kommunikationsfähigkeit der Einzelnen ab.
- [ ] g) Wenn ein Ausbilder mit der Vier-Stufen-Methode Fertigkeiten vermittelt, dann sind Ausbilder und Auszubildende ein Team.

138. Welche der folgenden Aussagen treffen auf Motivation zu?
(Richtige Lösungen: 4)

- [ ] a) Der Ausbilder versucht, die Auszubildenden beim Lernen zu unterstützen und eine angenehme Atmosphäre zu schaffen.
- [ ] b) Motivation ist z.B. die Bereitschaft eines Auszubildenden, die Prüfung zu bestehen.
- [ ] c) Motivation ist eigentlich die Manipulation des Auszubildenden durch den Ausbilder, gute Leistung zu erbringen.
- [ ] d) Der Ausbilder versucht, die Interessen der Auszubildenden mit den Lernzielen unter einen Hut zu bringen.
- [ ] e) Der Ausbilder versucht, die Bedürfnisse der Auszubildenden zu ergründen, und setzt sie für das Erreichte eines Ziels ein.

139. Wie kann ein Ausbilder die Teamentwicklung fördern?
(Richtige Lösungen: 3)

Der Ausbilder…

- ☐ a) …wendet häufig Methoden zum selbstgesteuerten Lernen wie z.B. die Projektmethode an.
- ☐ b) …setzt Rollenspiele zum Training der Kommunikationsfähigkeit ein.
- ☐ c) …wendet meist die Vier-Stufen-Methode an.
- ☐ d) …nimmt die Rolle des Coaches und Beraters ein.
- ☐ e) …gibt Ziele vor und kontrolliert diese konsequent.

140. Welche Vorteile bietet das Rollenspiel?
(Richtige Lösungen: 3)

- ☐ a) Das Rollenspiel motiviert mehr als der Vortrag.
- ☐ b) Beim Rollenspiel können sehr gut feinmotorische Fähigkeiten geschult werden.
- ☐ c) Der Auszubildende hat Gelegenheit, selbstständiges Denken zu üben.
- ☐ d) Die jeweils übernommene Rolle wird anschließend im Unternehmen beibehalten.
- ☐ e) Beim Auszubildenden können im Rollenspiel auch affektive Fähigkeiten geschult werden.

141. Wodurch zeichnet sich die Fallmethode aus?
(Richtige Lösungen: 1)

Die Fallmethode…

- ☐ a) …wird angewendet bei der Betrachtung richterlicher Fälle.
- ☐ b) …ist eine entwickelnde unterweisungsform.
- ☐ c) …ist ähnlich dem Lehrgespräch aufgebaut.
- ☐ d) …wird insbesondere zu Beginn der Ausbildung eingesetzt.
- ☐ e) …ist eine theoretische Durchdringung einer realen Problemsituation.

142. Auf welche Weise kann der Ausbilder seinen Auszubildenden am besten manuelle Fertigkeiten beibringen?
(Richtige Lösungen: 1)

- ☐ a) Der Ausbilder verwendet im Unternehmen die Berufsschulunterlagen.
- ☐ b) Der Ausbilder verwendet eine CD, die immer wieder abgespielt werden kann.
- ☐ c) Der Ausbilder gibt den Auszubildenden ein Bild von dem Werkstück mit nach Hause.
- ☐ d) Der Ausbilder macht es zuerst selbst vor und lässt es dann die Auszubildenden nachmachen.
- ☐ e) Die Auszubildenden dürfen Fachzeitschriften lesen.

143. Welche Aufforderung könnte bei der Fallmethode an die Auszubildenden gerichtet werden?
(Richtige Lösungen: 1)

Die Auszubildenden sollen…

- ☐ a) …selbstständig ein Modell eines Elektromotors herstellen.
- ☐ b) …nach Anweisung Daten in ein PC-Programm eingeben.
- ☐ c) …selbstständig erarbeiten, welche Auswirkungen die Nichtbearbeitung einer Kundenbeschwerde auf das Unternehmen haben könnte.
- ☐ d) …mithilfe von textlichen Anleitungen eine Steuerung für eine Produktionsanlage bauen.
- ☐ e) …Ideen zur Gestaltung der neuen Kantine sammeln.

144. Welche der folgenden Aussagen ist falsch?
(Richtige Lösungen: 1)

- ☐ a) Da die Vermittlung von Kenntnissen und Fertigkeiten nicht immer geeignet ist für die Vier-Stufen-Methode, muss der Ausbilder noch andere Möglichkeiten kennen, seine Auszubildenden etwas zu lehren.
- ☐ b) Ein Ausbilder muss immer nach der Methode vorgehen „Vormachen, Nachmachen und üben", wenn er seinen Auszubildenden etwas beibringen möchte.

☐ c) Die Lehrmethode muss der Ausbilder dem jeweiligen Stoff anpassen.

☐ d) Der Ausbilder soll die Auszubildenden möglichst selbständig Lösungswege erarbeiten lassen, wobei er hilfreich zur Seite steht.

☐ e) Der Ausbilder sollte versuchen, das handlungsorientierte Lernen zu bevorzugen.

145. Welche Aufforderung könnte bei der Leitextmethode an die Auszubildenden gerichtet werden?
(Richtige Lösungen: 1)

Die Auszubildenden sollen...

☐ a) ...selbstständig ein Modell eines Elektromotors herstellen.

☐ b) ...nach Anweisung Daten in ein PC-Programm eingeben.

☐ c) ...selbstständig erarbeiten, welche Auswirkungen die nicht Bearbeitung einer Kundenbeschwerde auf das Unternehmen haben könnte.

☐ d) ...mithilfe von textlichen Anleitungen eine Steuerung für eine Produktionsanlage bauen.

☐ e) ...Ideen zur Gestaltung der neuen Kantine sammeln.

146. Welches der im Folgenden genannten Ziele ist durch Vormachen und Nachmachen nicht erreichbar?
(Richtige Lösungen: 1)

☐ a) Aufeinander aufbauende Handlungsabläufe werden deutlich.

☐ b) Mögliche Fehler können gezeigt werden.

☐ c) Der Ausbilder erkennt, welche Auszubildenden bessere Motorische Fertigkeiten haben.

☐ d) Der Auszubildende kann sich abstraktes Wissen aneignen.

☐ e) Durch die Methode „Vormachen und Nachmanchen" wird der Auszubildende dazu angeregt, selbst etwas zu tun.

147. Welche Aufforderung könnte bei der Projektmethode an die Auszubildenden gerichtet werden?
(Richtige Lösungen: 1)

Die Auszubildenden sollen...

- [ ] a) ...selbstständig ein Modell eines Elektromotors herstellen.
- [ ] b) ...nach Anweisung Daten in ein PC-Programm eingeben.
- [ ] c) ...selbstständig erarbeiten, welche Auswirkungen die Nichtbearbeitung einer Kundenbeschwerde auf das Unternehmen haben könnte.
- [ ] d) ...mithilfe von textlichen Anleitungen eine Steuerung für eine Produktionsanlage bauen.
- [ ] e) ...Ideen zur Gestaltung der neuen Kantine sammeln.

148. Welcher Lehrstoff eignet sich nicht für Gruppenarbeit?
(Richtige Lösungen: 1)

- [ ] a) Auszubildende können sich Vorgänge, die sie in der Praxis bereits kennen gelernt haben, gegenseitig erklären.
- [ ] b) Der Auszubildende muss theoretisches Wissen auswendig lernen.
- [ ] c) Auszubildende mit unterschiedlichen Vorkenntnissen können sich bei der Problemlösung gegenseitig unterstützen.
- [ ] d) Gruppenarbeit ist hervorragend geeignet, wenn mehrere Arbeitsweisen und Arbeitsmethoden zu einem Ergebnis führen.
- [ ] e) Gruppenarbeit ist hervorragend geeignet für Themen, bei denen mehrere Ergebnisse möglich sind.

149. Die folgenden Aussagen beziehen sich auf die Leittextmethode, die das aktive und selbstgesteuerte Lernen fördern soll. Kreuzen Sie die richtigen Aussagen an.
(Richtige Lösungen: 2)

- [ ] a) Die Leittextmethode soll die Auszubildenden zum „Selber-Lernen" anleiten.
- [ ] b) Die Leitextmethode kann nicht nur bei Gruppen von Auszubildenden angewendet werden, sondern auch bei Einzelarbeiten.
- [ ] c) Leittexte werden von den Auszubildenden selbst entwickelt.

- ☐ d) Mit der Leittextmethode wird ein beschriebener Fall theoretisch abgearbeitet.
- ☐ e) Die Ausbildungsziele definieren die Auszubildenden selbst.

150. Wozu dienen Diskussionen?
(Richtige Lösungen: 3)
- ☐ a) Diskussionen dienen der Erziehung zu Toleranz und dem Respekt von anderen Meinungen.
- ☐ b) Der Moderator der Diskussion hat die Aufgabe, die Diskussionsteilnehmer zu überzeugen, dass seine Meinung richtig ist.
- ☐ c) In Diskussionen kann jeder seinen Standpunkt entwickeln und darstellen.
- ☐ d) In Diskussionen wird ein Sachverhalt, über den verschiedene Meinungen herrschen, geklärt.
- ☐ e) In einer Diskussion kann sehr gut neuer Lehrstoff vermittelt werden.

151. Die folgenden Aussagen beziehen sich auf die Projektmethode, die wie die Leittextmethode das aktive und selbstgesteuerte Lernen fördern soll. Kreuzen Sie die richtigen Aussagen an.
(Richtige Lösungen: 2)
- ☐ a) Typisch für die Projektarbeit in der Ausbildung ist eine ganzheitliche Arbeitsaufgabe.
- ☐ b) Der Projektablauf wird vom Ausbilder konzeptionell vorgeben.
- ☐ c) Während der Durchführung eines Projektes werden nur wenige Schlüsselqualifikationen gefördert.
- ☐ d) Die Projektmethode hat eine jahrzehntelange pädagogische Tradition.
- ☐ e) Den Arbeitsablauf planen die Auszubildenden selbstständig.

152. Welchen Nachteil hat das Lehrgespräch (fragend-entwickelnde Methode)?
(Richtige Lösungen: 1)
- ☐ a) Der Ausbilder kann den Prozess des Lernens genau steuern.
- ☐ b) Da der Auszubildende am Gespräch aktiv teilnehmen kann, steigert das seine Motivation und Aufmerksamkeit.

- c) Durch entsprechende Fragen wird der Lernstoff in kleine Portionen zerlegt:
- d) Es besteht die Gefahr, dass Auszubildende nur noch in eine bestimmte Richtung denken.
- e) Die Fragen ermöglichen es dem Ausbilder festzustellen, was die Auszubildenden noch nicht verstanden haben.

153. Welche Schlüsselqualifikationen können insbesondere durch die Projektarbeit gefördert werden?
(Richtige Lösungen: 3)

- a) Ordnung und Sauberkeit
- b) Teamfähigkeit
- c) Kommunikationsfähigkeit
- d) Problemlösefähigkeit
- e) Ausdauer

154. Wie sollte der Ausbilder vorgehen, wenn er seinen Auszubildenden Fragen zum durchgenommenen Stoff stellt?
(Richtige Lösungen: 1)

- a) Der Ausbilder sollte möglichst nur die schlechteren Auszubildenden fragen, damit diese motiviert werden.
- b) Jeder Auszubildende sollte eine Frage bekommen, auch diejenigen die normalerweise freiwillig nichts sagen.
- c) Der Ausbilder sollte den Schwierigkeitsgrad der Fragen steigern, damit am Schluss nur noch die Guten zum Zuge kommen.
- d) Damit Zeit gespart wird, sollte der Ausbilder nur die Besten fragen.
- e) Es dient der Motivation aller Auszubildenden, wenn die Fragen möglichst schnell von den Besten beantwortet werden.

155. Anders als bei den Ausbilderkonzentrierten Unterweisungen müssen sich die Auszubildenden selbst orientieren, wenn sie selbstständig und aktiv lernen sollen (selbstgesteuertes Lernen): an welcher Fragestellung können sich die Auszubildenden, bezogen auf das Ausbildungsziel, orientieren?
(Richtige Lösungen: 1)

- [ ] a) Was sind die Unternehmensgrundsätze?
- [ ] b) Wozu bin ich nach dem Lernprozess fähig?
- [ ] c) Welche Arbeitsmittel wende ich an?
- [ ] d) Wie bewerte ich meine Lernergebnisse?
- [ ] e) Welche Lern- und Arbeitstechniken soll ich anwenden?

156. Die programmierte Unterweisung ist mit Nachteilen verbunden. Welches der im Folgenden genannten Kriterien zählt dazu?
(Richtige Lösungen: 1)

- [ ] a) Dem Auszubildenden wird eine sofortige Erfolgskontrolle geboten.
- [ ] b) Bei der programmierten Unterweisung kann nicht nachgefragt werden.
- [ ] c) Der Auszubildende kann sein individuelles Lerntempo einhalten.
- [ ] d) Durch die programmierte Unterweisung wird der Lernstoff Schritt für Schritt vermittelt.
- [ ] e) Der Ausbilder kann seine Auszubildenden auch einmal allein lassen, wenn sie sich mit programmierten Fragen beschäftigen.

157. Ausbildungsmittel werden grundsätzlich in sogenannte Arbeitsmittel (originale Gegenstände des Arbeitsgebiets) und Medien (Lehr- und Lernmittel) unterschieden.

Setzen Sie in das jeweilige Antwortkästchen
eine 1, wenn es sich bei dem genannten Gegenstand um ein Medium, oder
eine 2, wenn es sich bei dem Gegenstand um ein Arbeitsmittel handelt.

- [ ] a) Beamer
- [ ] b) Kochlöffel
- [ ] c) Computer

- ☐ d) Flip-Chart
- ☐ e) Pinnwand
- ☐ f) Fachbücher und –zeitschriften
- ☐ g) Fotokopierer
- ☐ h) Whiteboard
- ☐ i) PC-Lernprogramme

158. Was kann der Ausbilder mit dem Einsatz von audiovisuellen Medien erreichen?
(Richtige Lösungen: 1)

- ☐ a) Dadurch, dass die Auszubildenden etwas hören und sehen, können sie sich das Gelernte besser merken.
- ☐ b) Der Lernfortschritt kann beschleunigt werden.
- ☐ c) Durch die Beschleunigung des Lernfortschrittes kann die Ausbildungszeit verkürzt werden.
- ☐ d) Der Ausbilder muss seine Auszubildenden nicht mehr auf etwas vorbereiten, weil dies durch die Medien geschieht.
- ☐ e) Der Ausbilder muss sich selbst nicht vorbereiten, da die audiovisuellen Medien alles beinhalten.

59. Die richtige Auswahl von Ausbildungsmitteln ist abhängig von der eingesetzten Methode und den zu erreichenden zielen. Folgende Ausbildungsmittel stehen Ihnen zur Verfügung.

- ☐ 1) Beamer
- ☐ 2) Pinnwände
- ☐ 3) Diagramme; Übersichtszeichnungen, Organigramme
- ☐ 4) Originale Arbeitsmittel
- ☐ 5) Fachbücher, Lehrfilme, Diashow

Ordnen Sie das entsprechende Ausbildungsmittel den unten stehenden Fragen so zu, dass Sie das gesteckte Ziel am ehesten erreichen.

- ☐ a) Sollen Zusammenhänge dargestellt werden?
- ☐ b) Sollen Vorschläge zur Problemlösung gesammelt werden?
- ☐ c) Sollen die Ausbildungsmittel den Kurzvortrag unterstützen?

- [ ] d) Sollen Fertigkeiten vermittelt werden?
- [ ] e) Sollen Vorrangig nur Informationen vermittelt werden?

160. Welche der folgenden Aussagen zum Vortrag als Lehrmethode ist falsch?
(Richtige Lösungen: 1)

- [ ] a) Der Ausbilder sollte seine Auszubildenden durch Blickkontakt kontrollieren, nicht ablesen und den Stoff durch Beispiele erläutern.
- [ ] b) Der Ausbilder darf nicht zu lange reden, da sonst die Konzentration der Auszubildenden abnimmt.
- [ ] c) Theoretische Sachverhalte können mit Hilfe eines Vortrags dargestellt werden.
- [ ] d) Beim Vortrag merken sich die Auszubildenden mehr als z.B. beim Einsatz eines Overhead-Projektors.
- [ ] e) Der Vortrag eignet sich, wenn der Ausbilder eine größere Menge Stoff durchbringen möchte.

161. Für welchen Einsatz ist das Medium Power Point-Präsentation besonders geeignet?
(Richtige Lösungen: 1)

- [ ] a) Demonstration der Funktionsweise z.B. einer Kaffeemaschine.
- [ ] b) Darstellung eines Rollenspiels.
- [ ] c) Dokumentation des Ergebnisses einer moderierten Diskussion.
- [ ] d) Darstellung eines Ausbildungsplans vor einer Gruppe.
- [ ] e) Vormachen einer Fertigkeit.

162. Medieneinsatz ist bei der Vermittlung von Kenntnissen und Fertigkeiten wünschenswert. Was kann dadurch aber nicht erreicht werden?
(Richtige Lösungen: 1)

- [ ] a) Durch Medieneinsatz ist eine genauere und naturgetreue Darstellung möglich.
- [ ] b) Das zu Lernende wird anschaulich dargestellt.
- [ ] c) Durch Filme kann etwas Interessantes gestaltet werden und dadurch werden die Auszubildenden motiviert.

- d) Der Ausbilder muss, wenn er Medien einsetzt, nicht ständig bei seinen Auszubildenden sein. Dadurch kann er wieder im normalen Arbeitsablauf eingesetzt werden.
- e) Die Auszubildenden können sich etwas z.b. durch bildliche Darstellung besser merken.

163. Welche Umgangsregeln sollten Sie beim Einsatz einer Power Point-Präsentation besonders beachten?
(Richtige Lösungen:3)

- a) Benutzen Sie die Einblendreihenfolge, um auf besondere Textstellen aufmerksam zu machen.
- b) Lesen Sie von dem an der Wand projizierten Bild den Text ab und nicht direkt vom Computer.
- c) Halten Sie Blickkontakt zu den Auszubildenden.
- d) Legen sie zügig eine Folie nach der anderen vor und lesen Sie diese vor.
- e) Stehen Sie nicht im Blickfeld der Betrachter.

164. Welche Gestaltungsregeln sollten Sie bei der Herstellung von Power Point-Präsentation beachten?
(Richtige Lösungen: 2)
Gestalten Sie Ihre Präsentationsfolien…

- a) …möglichst einfarbig, um nicht vom Wesentlichen abzulecken.
- b) …mit Überschriften und Hervorhebungen.
- c) …mit bildlichen oder grafischen Darstellungen.
- d) …ohne erkennbare Struktur, um noch genügend Spielraum für die verbale Darstellung zu lassen.
- e) …mit einer möglichst großen Informationsfülle.

165. Welches Medium ist geeignet, dass die Gruppe der Auszubildenden ihr eigenes Verhalten überprüfen kann?
(Richtige Lösungen: 1)

- a) Pinnwand
- b) Whiteboard
- c) Overhead-Projektor

☐ d) Videokamera

☐ e) Flipchart

166. Die folgenden Aussagen beziehen sich auf Ausbildungsmittel. Kreuzen sie die richtigen Aussagen an.
(Richtige Lösungen: 5)

☐ a) Präsentationen sollen eine möglichst große Informationsfülle auf einmal anbieten.

☐ b) Arbeitsprojektion nennt man die Projektion von Filmen aus der Arbeitswelt.

☐ c) Präsentationen können mithilfe von einen Computer selbst erstellt werden.

☐ d) Bei Ausbildungsmitteln wird zwischen Medien und Arbeitsmitteln unterschieden.

☐ e) Bei der Diaprojektion werden Filme im Din-A4-Format verwendet.

☐ f) Visuelle Medien haben den Vorteil, dass sie auch den Gehörsinn ansprechen.

☐ g) Diagramme sind bildliche Darstellungen, mit denen Entwicklungen anschaulich dargestellt werden können.

☐ h) Mithilfe der Videoanlage können Verhaltensmuster trainiert werden.

☐ i) Lernprogramme werden meist in Buchform angeboten.

☐ j) Pinnwände eignen sich besonders, um Ergebnisse von Gruppenarbeiten darzustellen.

167. Welche Vorteile haben Lerngespräche?
(Richtige Lösungen: 3)

☐ a) An Lehrgesprächen nehmen Auszubildende aktiv teil.

☐ b) Beim Lehrgespräch können die Auszubildenden dem Ausbilder bequem zuhören.

☐ c) Das Lehrgespräch ist eine sehr zeitsparende Methode.

☐ d) Der Auszubildende hat Gelegenheit, sich dem Ausbilder mitzuteilen.

☐ e) Durch ihr Mitwirken werden die Auszubildenden selbstständiger.

168. Eine Moderation wird durch den Einsatz von Medien unterstützt. Welche Medien eignen sich insbesondere für die Moderation?
(Richtige Lösungen: 1)

- a) Technische Modelle und Anschauungstafeln
- b) Videokamera und –anlage
- c) Computer mit Beamer
- d) Flip-Chart und Pinnwände
- e) Diaprojektor

169. Welche der folgenden Aussagen zum Einsatz von Medien ist falsch?
(Richtige Lösungen: 1)

- a) Durch den Einsatz von Medien wird der Auszubildende motiviert.
- b) Der durch Medien zu vermittelnde Stoff soll auf den Kenntnissen der Auszubildenden aufbauen.
- c) Der Medieneinsatz sollte sich danach richten, welche Kenntnisse und Fertigkeiten zu vermitteln sind.
- d) Je mehr Medien der Ausbilder einsetzt. Desto motivierter sind die Auszubildenden.
- e) Die Auszubildenden sollen durch Medieneinsatz dazu gebracht werden, selbst aktiv zu werden.

170. Der Ausbilder bemerkt, dass ein 17-jähriger Auszubildender aus seiner Ausbildungsgruppe seit einigen Wochen sehr unkonzentriert seine Tätigkeit verrichtet. Er hat gravierende Fehler gemacht, die teilweise den Arbeitsablauf ungünstig beeinflusst haben. Wie sollte sich der Ausbilder in diesem Fall verhalten?
(Richtige Lösungen: 1)

- a) Der Ausbilder sollte verstärkt die Tätigkeit des Auszubildenden kontrollieren, um ihn zu besseren Leistungen zu motivieren.
- b) Der Ausbilder sollte dem Auszubildenden nur noch Routinearbeiten übertragen, um ihn nicht zu überfordern.
- c) Der Ausbilder sollte die anderen Auszubildenden aus der Ausbildungsgruppe befragen, welche Ursachen hinter den Konzentrationsschwächen stecken könnten.

☐ d) Der Ausbilder sollte in einem sachlichen Gespräch mit dem Auszubildenden über die Hintergründe sprechen und gemeinsam Maßnahmen zur Behebung der Konzentrationsschwächen finden.

☐ e) Der Ausbilder sollte nichts machen, das muss der Auszubildende alleine wieder hinbekommen.

171. Wie nennt man Gruppen, die sich auf Grund gemeinsamer Interessen bilden?
(Richtige Lösungen: 1)

☐ a) Informelle Gruppen

☐ b) Sozialisationsinstanzen

☐ c) Formelle Gruppen

☐ d) Primärgruppen

☐ e) Arbeitsgruppen

172. In der Ausbildung können Auszubildende Verhaltensauffälligkeiten zeigen. Mit welchen müssen Sie am ehesten rechnen?
(Richtige Lösungen: 2)

☐ a) Kooperationsfähigkeit

☐ b) Tolerantes Verhalten gegenüber Vorgesetzten

☐ c) Pünktliches Erscheinen am Ausbildungsplatz

☐ d) Provozierendes Verhalten

☐ e) Mangelnde Anstrengungsbereitschaft

173. Was versteht man unter einer Rolle?
(Richtige Lösungen: 1)

☐ a) Rollen sind die sozialen Beziehungen untereinander.

☐ b) Eine Rolle erhält man automatisch durch den Ausbildungsberuf.

☐ c) Unter Rolle versteht man das Ansehen einer bestimmten Stelle.

☐ d) Rolle ist gleichzusetzten mit Status.

☐ e) Eine Rolle sind die Erwartungsnormen, die einer bestimmten Aufgabe oder Funktion verbunden sind.

174. Wie sollte ein Ausbilder auf andauerndes störendes Verhalten eines einzelnen Auszubildenden während eines Lehrgesprächs reagieren?
(Richtige Lösungen: 1)

- [ ] a) Der Ausbilder sollte überhaupt nicht darauf reagieren, denn „der Klügere gibt nach".
- [ ] b) Der Ausbilder sollte den Auszubildenden vor allen Auszubildenden tadeln.
- [ ] c) Der Ausbilder sollte sich nicht provozieren lassen, das heißt ruhig bleiben und in einem Gespräch unter vier Augen versuchen, die Ursache für das Fehlverhalten zu ermitteln.
- [ ] d) Der Ausbilder sollte den Unterrichtsraum kommentarlos verlassen, um den übrigen Auszubildenden die Gelegenheit zu geben, disziplinierend auf den Auszubildenden einzuwirken.
- [ ] e) Der Ausbilder sollte seinen Vorgesetzten hinzuziehen, damit dieser den Auszubildenden vor der gesamten Ausbildungsgruppe zur Ordnung ruft.

175. Wer sorgt für die Einhaltung der von einer Gruppe aufgestellten Normen?
(Richtige Lösungen: 1)

- [ ] a) Gruppennormen müssen aus gesellschaftlichen Gründen eingehalten werden.
- [ ] b) Die Gruppe insgesamt und damit jedes einzelne Gruppenmitglied achten darauf, dass die Gruppennormen eingehalten werden.
- [ ] c) Der Ausbilder ist allein dafür verantwortlich, dass die Gruppennormen eingehalten werden.
- [ ] d) Der Gruppenführer ist verantwortlich für die Einhaltung der Normen.
- [ ] e) Die Umwelt fordert die Einhaltung der Normen von der Gruppe, damit diese als solche erkennbar ist.

176. Ein Auszubildender ist heute zum dritten Mal in dieser Woche verspätet zur Ausbildung erschienen. Bisher hat der Ausbilder noch nicht auf das Fehlverhalten reagiert. Wie sollte der Ausbilder aufgrund der Unpünktlichkeit des Auszubildenden handeln?
(Richtige Lösungen: 1)

- [ ] a) Der Ausbilder sollte dem Auszubildenden in einem sachlichen Gespräch unter vier Augen das betriebliche Werte- und Normensystem darlegen, ihn ermutigen, sich zukünftig in diesem

Sinne zu verhalten, und Konsequenzen aufzeigen, wenn sich die Einstellung nicht ändern sollte.

- ☐ b) Der Ausbilder sollte in einem Gespräch unter vier Augen das Verspäten tadeln und unverzüglich eine Abmahnung aussprechen.
- ☐ c) Der Ausbilder sollte dem Ausbildenden vorschlagen, dem Auszubildenden aus wichtigen Grund zu kündigen.
- ☐ d) Der Ausbilder sollte den Auszubildenden als Strafe 50-mal aufschreiben lassen: „Ich habe mich entsprechend die Unternehmensordnung zu verhalten und pünktlich am Arbeitsplatz zu erscheinen."

177. Welche der folgenden Aussagen über informelle Gruppen sind richtig?
(Richtige Lösungen: 2)

- ☐ a) Der Ausbilder sollte darauf achten, dass sich keine informellen Gruppen bilden.
- ☐ b) Auszubildende werden durch ihre Zugehörigkeit zu informellen Gruppen von diesen beeinflusst.
- ☐ c) Informelle Gruppen bilden sich immer vor formellen Gruppen.
- ☐ d) Informelle Gruppen bilden sich, weil gemeinsame Interessen bestehen. Sie werden nicht von außen bestimmt.
- ☐ e) Informelle Gruppen werden gebildet, um Informationen im Unternehmen schneller fließen lassen zu können.

178. Der Ausbilder stellt bei einem 17-jährigen Auszubildenden des 1. Ausbildungsjahrs Verhaltensweisen oder Merkmale fest, die darauf schließen lassen, dass der Auszubildende möglicherweise Drogen konsumiert. Um welche Merkmale oder Verhaltensweisen könnte es sich handeln?
(Richtige Lösungen: 2)

- ☐ a) Teilnahmsloses, geistig abwesendes Verhalten
- ☐ b) Pünktlichkeit
- ☐ c) Zuverlässigkeit
- ☐ d) Hohe Konzentrationsfähigkeit
- ☐ e) Abnehmendes Interesse an der Ausbildung

79. Welche Darstellung gibt die korrekte Reihenfolge des Modells der vollständigen Handlung wieder?
(Richtige Lösungen: 1)

- [ ] a) Planen, Entscheiden, Ausführen, Kontrollieren, Bewerten, Informieren.
- [ ] b) Ausführen, Informieren, Entscheiden, Bewerten, Planen, Kontrollieren.
- [ ] c) Informieren, Planen, Entscheiden, Planen, Ausführen, Kontrollieren, Bewerten.
- [ ] d) Informierten, Entscheiden, Ausführen, Kontrollieren, Bewerten.
- [ ] e) Informieren, Bewerten, Kontrollieren, Ausführen, Entscheiden, Planen.

80. Der Ausbilder sollte sich in einem wie in Aufgabe 178 geschilderten Fall Rat von professioneller Seite holen. Wen könnte der Ausbilder kontaktieren, um letztendlich dem betroffenen Auszubildenden zu helfen?
(Richtige Lösungen: 1)

- [ ] a) Öffentliche Drogenberatungsstelle
- [ ] b) Berufsschule
- [ ] c) Bahnhofsmission
- [ ] d) Berufsbildungsausschuss der zuständigen Stelle
- [ ] e) Eltern

81. Der Ausbilder möchte etwas demonstrieren. Welches Ausbildungsmittel ist dafür besonders geeignet?
(Richtige Lösungen: 1)

- [ ] a) Experimentiergerät
- [ ] b) Fotografien
- [ ] c) Stichwortkartei
- [ ] d) Fachbuch
- [ ] e) Kopien von Qualitätsregelkarten

182. In der Ausbildung soll regelmäßig beurteilt und bewertet werden. Welchen Hintergrund hat diese Anforderung?
(Richtige Lösungen: 1)

☐ a) Durch systematische Beurteilen und Bewerten wird der Auszubildende so diszipliniert, dass jegliches Fehlverhalten im Unternehmen auszuschließen ist.

☐ b) Durch regelmäßiges Beurteilen und Bewerten kann möglichen Fehlentwicklungen im Leistungs- oder Verhaltensbereich vom Ausbilder entgegengewirkt werden.

☐ c) Regelmäßiges Beurteilen und Bewerten ist von betrieblicher Seite nicht notwendig, da der Auszubildende eine Rückmeldung über seine Ausbildungsleistungen durch die Berufsschule in Form von Zeugnissen bekommt.

☐ d) Nur die Ausbilder in überbetrieblichen Lernstätten sollen die Auszubildenden beurteilen und bewerten.

☐ e) Da die Auszubildenden in der vorangegangenen allgemeinbildenden Schulausbildung regelmäßig beurteilt und bewertet wurden, ist das seitens des Unternehmens nicht mehr notwendig.

183. Was sind keine Kriterien des kooperativen Führungsstils?
(Richtige Lösungen: 2)

☐ a) Kontrolle nur wenn nötig.

☐ b) Konstruktive und sachliche Hinweise auf Fehler.

☐ c) Keine Kontrolle.

☐ d) Ein geringes Maß an Lenkung und Ermöglichen von Diskussion.

☐ e) Starke Lenkung durch Anweisungen.

184. Wann sollte innerhalb der Ausbildung beurteilt oder bewertet werden?
(Richtige Lösungen: 3)

☐ a) Immer nach jedem Ausbildungsmonat.

☐ b) Mit Abschluss eines größeren Ausbildungsabschnitts.

☐ c) Nach der Probezeit.

☐ d) Vor Ende der Probezeit.

☐ e) Zum Ende der Ausbildung.

185. Aus welchem typischen Element besteht die Handlundgskompetenz?
(Richtige Lösungen:4)

- a) Fachkompetenz
- b) Methodenkompetenz
- c) Sozialkompetenz
- d) Kommunikationskompetenz
- e) Individualkompetenz

186. Welche Beurteilungskriterien können für Auszubildende angewendet werden?
(Richtige Lösungen: 3)

- a) Lernfähigkeit
- b) Führungsfähigkeiten
- c) Qualität der Arbeitsausführung
- d) Persönliches Image im Unternehmen
- e) Lernbereitschaft

187. Welche Methoden gehören nicht zu den Ausbilderzentrierten Unterweisungsmethoden?
(Richtige Lösungen: 2)

- a) Lernauftrag
- b) Vortrag
- c) Demonstration
- d) Vier-Stufen-Methode
- e) Projektmethode

188. Welche Vorteile haben gebundene Beurteilungsverfahren gegenüber ungebundenen Beurteilungsfahren?
(Richtige Lösungen: 2)

- a) Da beide Beurteilungsverfahren nicht miteinander verglichen werden können, ergeben sich weder Vor- noch Nachteile.
- b) Bei der ungebundenen Beurteilung wird dem Ausbilder grosser sprachlicher Gestaltungsraum gelassen. Dies kann dazu führen, dass die Aussagen in dieser Beurteilungsform Anlass zu Interpretationen geben.

☐ c) Bei der gebunden Beurteilung werden Aussagen über die Beurteilungsmerkmale standardisiert, d.h. sie sind eher miteinander vergleichbar.

☐ d) Es gibt keine Unterschiede zwischen gebundener und ungebundener Beurteilung.

189. Was ist kein Element des Leittextes?
(Richtige Lösungen: 1)

☐ a) Leitfragen/Leittexten

☐ b) Kontrollbogen

☐ c) Beurteilungsbogen

☐ d) Arbeitsplan

☐ e) Leitsatz

190. Was soll bei der Erstellung einer Beurteilung beachtet werden?
(Richtige Lösungen: 2)

☐ a) Es müssen entsprechende Kriterien, nach denen beurteilt wird, vorliegen.

☐ b) Die Beurteilung wird aufgrund der gelegentlichen persönlichen Eindrücke, die der Ausbilder im Beurteilungszeitraum gesammelt hat, erstellt.

☐ c) Grundlage der Beurteilung ist die regelmäßige Beobachtung durch den Ausbilder oder die Ausbildungsbeauftragten.

☐ d) Beurteilungsfehler können hierbei ausgeschlossen werden, da der Ausbilder oder die Ausbildungsbeauftragten immer objektiv beurteilen.

191. Welche typischen Phasen hat das Lehrgespräch?
(Richtige Lösungen: 1)

☐ a) Vorbereiten, Vormachen, Nachmachen, Üben lassen.

☐ b) Einstimmung und Motivation, Interaktion/Gesprächsführungsphase, Zusammenfassung und Abschluss.

☐ c) Informieren, Planen, Entscheiden, Ausführen, Kontrollieren, Bewerten.

- d) Vorbereitungsphase, Analysephase, Bearbeitungsphase, Entscheidungsphase, Vergleichs- und Anwendungsphase.
- e) Vorbereitungsphase, Planungsphase, Interaktionsphase, Bewertungsphase.

192. Was ist unter dem Korrekturfehler zu verstehen?
(Richtige Lösungen: 1)

- a) Der Ausbilder ist immer sehr schnell bereit, seine Beurteilung zu überdenken und zu korrigieren.
- b) Der Ausbilder muss vom Ausbildenden gezwungen werden, eine Beurteilung zu korrigieren, weil der Auszubildende sich ungerecht behandelt fühlt.
- c) Der Ausbilder ist nicht bereit, eine früher getroffene Einschätzung zu korrigieren, obwohl der Auszubildende nun ein geändertes Verhalten zeigt.

193. Was sind keine Vorteile der Leittext-Methode?
(Richtige Lösungen: 2)

- a) Die Auszubildenden werden aktiv einbezogen.
- b) Das selbstgesteuerte Lernen wird gefördert.
- c) Eine komplexe Vorbereitung ist notwendig.
- d) Der Zeitbedarf ist groß.
- e) Schlüsselqualifikationen werden gefördert.

194. Was ist unter „Tendenz zur Mitte" zu verstehen?
(Richtige Lösungen: 1)

- a) Es gibt nur besonders gute oder sehr schlechte Beurteilungen.
- b) Es finden keine individuellen Differenzierungen in der Beurteilung statt; es werden alle Auszubildenden gleich beurteilt und zwar im mittleren Bereich.
- c) Der Ausbilder beurteilt nur in der Mitte der Ausbildungszeit.

195. Welche Ziele werden mit dem Brainstorming verfolgt?
(Richtige Lösungen: 3)

    ☐ a) Viele Ideen sollen entwickelt werden.

    ☐ b) Die einzelnen Lernschritte können gut vorgegeben werden.

    ☐ c) Konzentrierte Weitergabe der Informationen soll ermöglicht werden.

    ☐ d) Die Kreativität soll gefördert werden.

    ☐ e) Individuelle Sichtweisen sollen entwickelt werden.

196. Welche Beurteilungsgrundsätze sollten Sie generell beachten?
(Richtige Lösungen: 3)

    ☐ a) Ihre Beurteilung sollte sich auf schriftlich festgehaltene Beobachtungen beziehen.

    ☐ b) Der Auszubildende sollte Gelegenheit haben, zu der Beurteilung Stellung zu beziehen.

    ☐ c) Bei der Darstellung der Beobachtungen sollen negative Aussagen an den Anfang gestellt werden.

    ☐ d) Eine sorgfältige Vorbereitung ist nicht notwendig, da der Ablauf des Gespräches nicht planbar ist.

    ☐ e) Beurteilungsgespräche sollen nur bei Bedarf geführt werden.

197. Welche Aktivitäten muss der Ausbilder bei Nutzung der Projektmethode ergreifen?
(Richtige Lösungen: 4)

    ☐ a) Die didaktische Vorbereitung des Projektes.

    ☐ b) Die selbstständige Planung, Durchführung und Kontrolle des Projektes.

    ☐ c) Der Lernprozess muss beobachtet werden.

    ☐ d) Bei Anforderung muss Hilfestellung gegeben werden.

    ☐ e) Die Bewertungsphase muss moderiert werden.

198. Durch welche Merkmale sind Multiple-Choice-Aufgaben gekennzeichnet?
(Richtige Lösungen: 3)

    ☐ a) Sie sind objektiv.

    ☐ b) Sie sind schnell auswertbar.

- c) Durch sie wird die berufliche Handlungsfähigkeit nachgewiesen.
- d) Sie überprüfen den sprachlichen Gestaltungsspielraum.
- e) Man kann schnell einen großen Kenntnisbereich überprüfen.

199. Welcher Einwand wird häufig gegenüber den Alternativantwortaufgaben erhoben?
(Richtige Lösungen: 1)

- a) Sind schlecht auswertbar.
- b) Sind nicht objektiv.
- c) Erfordern einen hohen Auswertungsaufwand.
- d) Testen nur den sprachlichen Gestaltungsspielraum des Auszubildenden.
- e) Fördern das raten der richtigen Lösung.

200. Durch welches Merkmal sind Arbeitsproben gekennzeichnet?
(Richtige Lösungen: 1)

- a) Sie sollen abstrakte Kenntnisse überprüfen.
- b) Sie sind sehr objektiv.
- c) Durch sie wird die berufliche Handlungsfähigkeit nachgewiesen.
- d) Sie überprüfen den sprachlichen Gestaltungsspielraum.
- e) Sie sind leicht auswertbar.

201. Bevor ein Ausbilder eine Ausbildungseinheit nachbereitet, sollte er wissen, was im Allgemeinen darunter verstanden wird. Welche Aussage umschreibt die sogenannte Nachbereitung der Ausbildung treffend?
(Richtige Lösungen: 1)

Unter Nachbereitung der Ausbildung versteht man…

- a) …die Kontrolle von Lernzielen.
- b) …das Führen von Beurteilungsgesprächen.
- c) …das Ergreifen von Maßnahmen zur Korrektur.
- d) …das Abmahnen bei Nichterreichung von Lernzielen.
- e) …die Bewertung einer Lernzielkontrolle.

202. Welche Fragen sollte der Ausbilder sich innerhalb der Nachbereitung einer Ausbildungseinheit stellen, um Maßnahmen zur Korrektur vornehmen zu können?
(Richtige Lösungen: 3)

- ☐ a) War das Lernziel richtig definiert und ist es verstanden worden?
- ☐ b) War der Zeitpunkt der Durchführung richtig gewählt?
- ☐ c) Steht die Unternehmensleitung hinter dem Ziel?
- ☐ d) War die gesamte Ausbildungsplanung auch zeit- und sachgerecht?
- ☐ e) Wurden die gesetzlichen Pausenzeiten eingehalten?

203. Die Grundlage für die Nachbereitung einer Ausbildungseinheit bildet die Lernerfolgskontrolle. Welche Aufgabenform sollte der Ausbilder wählen, wenn die Lernerfolgskontrolle folgende Kriterien erfüllen soll?
- Großer Spielraum bei der Antwortgestaltung.
- Antwort soll sofort erörtert werden können.
- Antworten sind nicht vorstrukturiert.
(Richtige Lösungen: 1)

- ☐ a) Aufsatz
- ☐ b) Mehrfachwahlaufgaben
- ☐ c) Alternativantwortaufgaben
- ☐ d) Mündliche Befragung
- ☐ e) Reihenfolgeausgaben

204. Die Grundlage für die Nachbereitung einer Ausbildungseinheit bildet die Lernerfolgskontrolle. Welche Aufgabenform sollte der Ausbilder wählen, wenn die Lernerfolgskontrolle folgende Kriterien erfüllen soll?
- Schnelle Überprüfung und Auswertung.
- Objektiv
- Antworten sind vorstrukturiert.
(Richtige Lösungen: 3)

- ☐ a) Aufsatz
- ☐ b) Mehrfachwahlaufgaben
- ☐ c) Alternativantwortaufgaben
- ☐ d) Reihenfolgeaufgaben
- ☐ e) Mündliche Befragung

205. In allen anerkannten Ausbildungsberufen werden Zwischenprüfungen durchgeführt. Welche rechtlichen Aspekte stehen dahinter?
(Richtige Lösungen: 2)

    ☐ a) Alle Ausbildungsordnungen schreiben mindestens eine Zwischenprüfung vor.

    ☐ b) Bei Nichtbestehen der Zwischenprüfung kann dem Auszubildenden gekündigt werden.

    ☐ c) Die Teilnahme an der Zwischenprüfung ist eine Zulassungsvoraussetzung für die Abschlussprüfung.

    ☐ d) Das Ergebnis der Zwischenprüfung lässt ausschließlich auf die Mitarbeit des Auszubildenden in der Berufsschule schließen und hat deshalb wenig Aussagekraft für das Ausbildungsunternehmen.

    ☐ e) Die Zwischenprüfung wird nur vom Ausbildenden durchgeführt, um den Ausbildungsstand des Auszubildenden zu ermitteln.

206. Welche weiteren Hintergründe hat die Zwischenprüfung?
(Richtige Lösungen: 2)

    ☐ a) Durch die Zwischenprüfung sollen mögliche Lerndefizite des Auszubildenden aufgedeckt werden.

    ☐ b) Nach der Zwischenprüfung können leistungsstarke Auszubildende einen Antrag auf vorzeitige Zulassung zur Abschlussprüfung stellen.

    ☐ c) Die Zwischenprüfung gibt keinen Aufschluss über die Lernleistung im Unternehmen, da nur Stoff der Berufsschule und der überbetrieblichen Ausbildung Prüfungsgegenstand ist.

    ☐ d) Die Zwischenprüfung hat keine Bedeutung, sie soll nur dem Auszubildenden zeigen wie der Ablauf in der Abschlussprüfung ist.

    ☐ e) Bei nicht besten der Zwischenprüfung, muss der Auszubildende einen Antrag zur Verlängerung der Ausbildung einreichen.

207. Der Ausbilder bemerkt, dass ein 16-jähriger türkischstämmiger Auszubildender des 1. Ausbildungsjahrs, der seit zehn Jahren in Deutschland lebt, Probleme hat, den Ausbilderzentrierten Unterweisungen und dem Unterricht zu folgen. Worin können die Ursachen liegen?
(Richtige Lösungen: 2)

- ☐ a) Der Ausbilder sollte die Defizite ignorieren, denn betriebliche Ausbildung ist kein Ort zur Sprachenbildung.
- ☐ b) Der Ausbilder sollte den Auszubildenden darauf hinweisen, dass es seitens der Agentur für Arbeit Ausbildungsbegleitende Hilfen, z.B. für den Abbau von Sprachdefiziten, gibt und ihm anraten, diese für sich in Anspruch zu nehmen.
- ☐ c) Der Ausbilder unternimmt nichts in der Hoffnung, dass die anderen Auszubildenden ihn derart hänseln, dass er von sich aus beginnt, die Sprachdefizite abzubauen.

208. Wie könnte der Ausbilder in der näheren Zukunft, bevor Sprachergänzungskurse einen Erfolg zeigen, mit dem Auszubildenden umgehen, um ihm Erfolgserlebnisse zu vermitteln?
(Richtige Lösungen: 1)

- ☐ a) Der Ausbilder könnte ihm Aufgaben übertragen, bei denen davon auszugehen ist, dass der Auszubildende diese lösen kann und so sein Selbstwertgefühl steigt.
- ☐ b) Der Ausbilder könnte dem Auszubildenden Aufgaben geben, die er aller Voraussicht nach nicht lösen kann. Hierbei müsste er sich in besonderem Masse anstrengen.
- ☐ c) Der Ausbilder überlässt den Auszubildenden komplett sich selbst, da erst die sprachlichen Defizite behoben werden müssen.

209. Wie kann der Ausbilder operantes Konditionieren unterstützen?
(Richtige Lösungen: 1)

- ☐ a) Der Ausbilder veranlasst die Auszubildenden, sich gegenseitig streng zu kritisieren.
- ☐ b) Er verspricht den Auszubildenden bei guten Leistungen bessere Konditionen.
- ☐ c) Er geht mit seinen Auszubildenden einmal im Monat in die Oper.
- ☐ d) Er lässt bei der Vier-Stufen-Methode die letzte Stufe Üben weg.
- ☐ e) Der Ausbilder motiviert seine Auszubildenden durch Lob, wenn sie sich so verhalten haben, wie er es von ihnen erwartet.

#  Offene Fragen

1. Wie soll bei der Erarbeitung und Einführung eines neuen Beurteilungssystems vorgegangen werden? Wer sollte sich daran beteiligen?
2. Erklären Sie die soziale und motivationale Bedeutung des Berufs?
3. Welche Faktoren bestimmen das Klima, in dem der Auszubildende lernt?
4. Erläutern Sie die Bedeutung des Unternehmensklimas für das Lernklima.
5. Wie wirkt sich die Arbeitsteilung auf die Motivation der Mitarbeiter aus?
6. Kein Ausbilder kann zur Sicherung seines Unterweisungserfolges auf Erfolgskontrollen verzichten. Welche Gesichtspunkte sollten dabei beachtet werden?
7. Warum sollte mit einem Beurteilten nach der Beurteilung ein Gespräch geführt werden?
8. Erläutern Sie, was man unter einer Arbeitszergliederung versteht.
9. Erläutern Sie die Leittext-Methode.
10. Sie müssen für einen erkrankten einspringen und eine Unterweisung durchführen. Die zu unterweisende Gruppe ist Ihnen fremd. Wie beginnen Sie die Unterweisung?
11. Bei der Unterweisung wird häufig die Vier-Stufen-Methode angewendet. Welchen Vorteil bieten Sie?
12. Von welchen Überlegungen sollte ein Ausbilder bei der Planung der Ausbildungsmaßnahmen hinsichtlich der Lernziele ausgehen?
13. Welche Ratschläge können Sie Ihrem Auszubildenden geben, um wirksam zu lernen und das Gelernte auch zu behalten?
14. Beschreiben Sie, was unter Lernen zu verstehen ist und welche Arten des Lernens unterschieden werden.
15. Beschreiben Sie die unterschiedlichen Arten von Lernzielen.
16. Erläutern Sie den kooperativen Führungs- bzw. Unterweisungsstil.
17. Beschreiben Sie die Bedeutung des Ausbildungsnachweises.
18. Wie sollte Sie als Ausbilder reagieren, wenn Sie feststellen, dass Sie von einem Auszubildenden angelogen worden sind?

19. Erläutern Sie den tieferen Sinn der Zwischenprüfung.

20. Wie sollte sich ein guter Ausbilder bezüglich der Vermittlung des Lehrstoffes verhalten?

21. Begründen Sie warum Lernstoff wiederholt und geübt werden soll.

22. Ausbilder haben auch Erziehungsaufgaben wahrzunehmen. Woraus leiten sich diese ab und inwieweit lässt sich im Rahmen der Ausbildung dieser Erziehungsauftrag umsetzen?

23. Welche Kontrollmöglichkeiten ergeben sich für den Ausbilder, um den Ausbildungsverlauf regelmäßig zu überwachen?

24. Welche Maßnahmen sind bezüglich der Eingliederung lernschwacher Jugendlicher ohne Schulabschluss in das Berufsleben denkbar?

25. Wie gehen Sie bei Auszubildenden vor, bei denen Sie erhebliche theoretische Wissenslücken feststellen?

26. Begründen Sie wieso Lernerfolge innerhalb der Ausbildung nicht nur von der Qualifikation des Ausbilders, sondern auch von der Persönlichkeit des Auszubildenden und von den organisatorischen Voraussetzungen es abhängig ist.

27. Beschreiben Sie Visualisierungstechniken, die es neben dem Vorzeigen und Vormachen noch gibt.

28. Ein Ausbilder muss, um den Erfolg seiner Unterweisung sicherzustellen, die Auszubildenden motivieren und deren Aufmerksamkeit bekommen. Wie kann ein Ausbilder hierbei vorgehen?

29. Wie kann der Ausbilder die Aufmerksamkeit seiner Auszubildenden erhöhen, wenn er ihnen etwas zeigt?

30. Zu welchem Zweck wird ein Kurzvortrag gehalten und welche Vorteile hat er?

31. Was muss ein Ausbilder außer dem Inhalt bei einem Vortrag noch vorbereiten, damit dieser zum Erfolgt wird?

32. Worauf muss beim Lehrgespräch, besonders geachtet werden?

# Handlungsfeld 4

## Ausbildung abschließen 15%

I. **Auszubildende auf die Abschluss- oder Gesellenprüfung unter Berücksichtigung der Prüfungstermine vorzubereiten und die Ausbildung zu einem erfolgreichen Abschluss zu führen**

- aus der Ausbildungsordnung die Anforderungen der Zwischen- und Abschlussprüfung herausstellen,
- die Bedeutung und den Ablauf der gestreckten Abschlussprüfung darzustellen,
- Hilfen zur Prüfungsvorbereitung und zur Vermeidung von Prüfungsversagen anzubieten,
- die Besonderheiten einer Prüfungssituation vermitteln,
- das Bereitstellen der erforderlichen Prüfungsmittel sicherzustellen.

II. **Für die Anmeldung der Auszubildenden zu Prüfungen bei der zuständigen Stelle zu sorgen und diese auf durchführungsrelevante Besonderheiten hinzuweisen**

- rechtliche Vorgaben für die Anmeldung der Auszubildenden zu den Prüfungen und für die Freistellung zu beachten; bei der an Anmeldung mitzuwirken,
- rechtliche Bedingungen für eine vorzeitige Zulassung zur Abschlussprüfung zu beachten,
- prüfungsrelevante Besonderheiten der Auszubildenden der zuständigen Stelle mitzuteilen,
- bei Nichtbestehen der Prüfung rechtliche Vorgaben zur Wiederholungsprüfung und zur Verlängerung der Ausbildungszeit berücksichtigen,
- die Verlängerung der Ausbildung bei nichtbestandener Prüfung gestalten.

III. **An der Erstellung eines schriftlichen Zeugnisses auf der Grundlage von Leistungsbeurteilungen mitzuwirken**

- gesetzliche und betriebliche Vorgaben zu beachten sowie die arbeitsrechtliche Bedeutung von Zeugnissen für die Ausbildung herauszustellen,
- verschiedene Arten von Zeugnissen zu beachten,
- Zeugnisse auf der Grundlage betrieblicher Beurteilungen vorzubereiten und rechtliche Konsequenzen beachten.

IV. **Auszubildende über betriebliche Entwicklungswege und berufliche Weiterbildungsmöglichkeiten zu informieren und zu beraten**

- den Stellenwert der beruflichen Fort- und Weiterbildung zu begründen,
- berufliche und betriebliche Entwicklungsmöglichkeiten aufzuzeigen,
- über Fördermöglichkeiten für berufliche Fort- und Weiterbildung zu informieren.

# Geschlossene Fragen

1. Für welche Zwecke ist es sinnvoll, Prüfungen mit programmierten Prüfungsfragen einzusetzen?
   (Richtige Lösungen: 1)

   - [ ] a) Es handelt sich um eine reine Wissens- und Kenntnisprüfung.
   - [ ] b) Die Prüflinge werden dazu angeregt, selbstständig zu lernen.
   - [ ] c) Es soll die Meinung der Teilnehmer erfragt werden.
   - [ ] d) Durch die programmierten Prüfungsaufgaben wird die Ausdrucksfähigkeit der Teilnehmer ermittelt.
   - [ ] e) Durch die programmierten Prüfungsfragen und das Aussondern verkehrter Antworten wird umfassendes Denken gefördert.

2. Viele Prüfungen werden mit programmierten Prüfungsaufgaben durchgeführt. Welches ist kein Vorteil programmierter Prüfungsaufgaben?
   (Richtige Lösungen: 1)

   - [ ] a) Praxisnähe
   - [ ] b) Programmierte Prüfungsaufgaben sind leicht zu korrigieren.
   - [ ] c) 40 Prüfungsaufgaben können in 60min gelöst werden.
   - [ ] d) Objektivität
   - [ ] e) Die richtige Lösung ist relativ leicht zu ermitteln.

3. Welche der folgenden Aussagen über programmierte Prüfungsaufgaben trifft nicht zu?
   (Richtige Lösungen: 1)

   - [ ] a) Der Prüfling kann nur passiv reagieren und keine eigenen antworten formulieren.
   - [ ] b) Die vorgegebenen Antworten bei programmierten Prüfungsaufgaben sind meist zweideutig formuliert.
   - [ ] c) Mit Hilfe programmierter Prüfungsaufgaben wird meist nur Faktenwissen abgefragt. Die Anwendung von Wissen kann praktisch nicht überprüft werden.
   - [ ] d) Programmierte Prüfungsaufgaben vermittelten keine Praxisnähe.
   - [ ] e) Bei programmierten Prüfungsaufgaben werden auch falsche Antworten vorgeben, die sich der Auszubildende möglicherweise leicht merkt und glaubt, sie seien richtig.

4. Ein Auszubildender möchte nach Abschluss seiner Ausbildung vom Unternehmen ein Zeugnis. Das Unternehmen behauptet, dass dies bereits mit dem Zeugnis der Kammer erledigt ist. Welche Aussage ist richtig?
(Richtige Lösungen: 1)

- a) Da in dem Zeugnis der Kammer Kenntnisse und Fertigkeiten bewertet werden, ist es als Zeugnis ausreichend.
- b) Der Auszubildende kann ein qualifiziertes Zeugnis, falls er es vom Unternehmen nicht erhält, von der Kammer verlangen.
- c) Der Auszubildende hat ein im Gesetz festgehaltenes Recht, dass ihm das Unternehmen nach Abschluss der Ausbildung ein betriebliches Zeugnis ausstellen muss.
- d) Der Auszubildende erhält zusätzlich zum Zeugnis der Kammer ein Berufsschulzeugnis, so dass ein Zeugnis des Unternehmens nicht notwendig ist.
- e) Jedes Unternehmen muss automatisch für jeden Auszubildenden nach Abschluss der Ausbildung ein qualifiziertes Zeugnis ausstellen.

5. Welche Kündigungsmöglichkeiten hat ein Auszubildender, wenn er nach sechs Monaten feststellt, dass er den gewählten Beruf doch nicht ausüben möchte?
(Richtige Lösungen: 1)

- a) Der Auszubildende kündigt fristlos, da ein wichtiger Grund vorliegt.
- b) Der Auszubildende kann mit vierwöchiger Kündigungsfrist in schriftlicher Form kündigen.
- c) Der Auszubildende muss im Unternehmen zuerst so lange mitarbeiten, bis er 50% seiner Ausbildungskosten ersetzt hat.
- d) Der Auszubildende vereinbart mit dem Ausbilder eine Kündigungsfrist.
- e) Der Auszubildende muss die Ausbildung fortsetzen, da er vertraglich dazu verpflichtet ist.

6. Wie oft kann eine nicht bestandene Abschlussprüfung wiederholt werden?
(Richtige Lösungen: 1)

- a) Es gibt keine Möglichkeit der Wiederholung.
- b) So oft wie es notwendig ist.
- c) Die Abschlussprüfung kann nur einmal wiederholt werden.
- d) Die Abschlussprüfung kann zweimal wiederholt werden.
- e) Die Abschlussprüfung kann dreimal wiederholt werden.

7. Welche Note bezüglich der Führung eines Auszubildenden wird indirekt ausgedrückt, wenn im Ausbildungszeugnis keine Aussage über das Verhalten getroffen wird?
(Richtige Lösungen: 1)

- [ ] a) Sehr gut
- [ ] b) Gut
- [ ] c) Befriedigend
- [ ] d) Ausreichend
- [ ] e) Mangelhaft

8. Welche der folgenden Aussagen eines Ausbilders über die Abschlussprüfung trifft zu?
(Richtige Lösungen: 1)

- [ ] a) In der Abschlussprüfung werden nur die Fertigkeiten und Kenntnisse abgeprüft, die in der Berufsschule vermittelt wurden.
- [ ] b) In der Abschlussprüfung können die Fertigkeiten und Kenntnisse der jeweiligen Branche abgeprüft werden und der Lehrstoff, der in der Berufsschule vermittelt wurde.
- [ ] c) In der Abschlussprüfung werden nur die Fertigkeiten und Kenntnisse abgeprüft, die im Unternehmen vermittelt wurden.
- [ ] d) Die Prüfung findet immer nur schriftlich statt.
- [ ] e) Die Prüfung findet immer nur mündlich statt.

9. Ein Unternehmen kündigt einem Auszubildenden wegen Lernunwilligkeit. Der Auszubildende erhebt dagegen Klage beim Arbeitsgericht. Wie ist die Lage zu beurteilen?
(Richtige Lösungen: 1)

- [ ] a) Es muss zuerst der Schlichtungsausschuss der Kammer angerufen werden. Wird der Schlichtungsspruch von einer Partei nicht angenommen, kann Klage beim Arbeitsgericht erhoben werden.
- [ ] b) Zur Klärung dieser Angelegenheit müssen der Ausbildungsberater der Kammer und der Berufsberater der Agentur für Arbeit hinzugezogen werden.
- [ ] c) Einem Auszubildenden kann während der Laufzeit des Berufsausbildungsvertrages nicht gekündigt werden.
- [ ] d) Der Auszubildende muss sich an das Verwaltungsgericht wenden.
- [ ] e) Ein derartiger Fall muss von der Kammer geklärt werden.

10. Ein Ausbilder schickt einen Auszubildenden nach Hause, weil ihn dieser beschimpft hat. Bedeutet dieses Verhalten des Ausbilders eine Kündigung?
(Richtige Lösungen: 1)

☐ a) Der Ausbilder hat dem Auszubildenden fristlos gekündigt.

☐ b) Die Kündigung wurde vom Ausbilder richtig durchgeführt, bezogen auf die Form und die Einhaltung der Frist, jedoch kann freches Verhalten nicht als Kündigungsgrund angesehen werden.

☐ c) Eine fristlose Kündigung ist nicht gegeben, weil diese schriftlich unter Angabe des wichtigen Grundes zu erfolgen hat.

☐ d) Der Ausbilder muss sich erst mit den Vorgesetzen besprechen und eine Woche warten, bis er aufgrund des Verhaltens eine fristlose Kündigung aussprechen kann.

☐ e) Der Auszubildende hat in diesem Fall ein Recht auf eine Kündigungsfrist, die sich an der Probezeit orientiert.

11. Bei welchen der genannten Anlässe wird im Normalfall ein Zeugnis ausgestellt?
(Richtige Lösungen: 3)

☐ a) Der Auszubildende will seine Ausbildung abbrechen.

☐ b) Ein neuer Auszubildender wird eingestellt. Alle anderen Auszubildenden erhalten aus diesem Grund ein Zwischenzeugnis.

☐ c) Das Ausbildungsverhältnis ist beendet. Der Auszubildende kann nicht übernommen werden.

☐ d) Der Auszubildende hat seine Ausbildung beendet und wird übernommen.

☐ e) Nach jedem Wechsel einer Ausbildungsabteilung.

12. Ein Berufsausbildungsvertrag endet eine Woche vor dem Prüfungstermin. Welche Folgen ergeben sich daraus für den Auszubildenden?
(Richtige Lösungen: 1)

☐ a) Der Auszubildende muss seinen Berufsausbildungsvertrag um drei Monate verlängern.

☐ b) Der Auszubildende wird im Unternehmen bis zur erfolgreich abgeschlossen Prüfung als Hilfskraft geführt.

☐ c) Das Ausbildungsunternehmen muss dem Auszubildenden die Ausbildungsvergütung bis zur erfolgreichen abgeschlossenen Prüfung bezahlen.

☐ d) Da der Berufsausbildungsvertrag durch zeitlichen Ablauf beendet ist, besteht für das Unternehmen keine weiteren Verpflichtungen.

☐ e) Das Ausbildungsunternehmen vermittelt den Auszubildenden an ein anders Unternehmen, in dem Ausbildungsverträge länger laufen

13. Welche Aussage, bezogen auf das Ausbildungszeugnis, trifft zu?
    (Richtige Lösungen: 1)

    ☐ a) In das Zeugnis muss die Bewertung der Kammer mit einfließen.

    ☐ b) Die Kammer bespricht sich mit dem Ausbilder und erstellt dann ein Zeugnis für den Auszubildenden. Qualifizierte Zeugnisse erhalten nur Mitarbeiter mit mehrjähriger Berufserfahrung.

    ☐ c) Auszubildende erhalten nur ein Zeugnis der Berufsschule und der Kammer.

    ☐ d) Auszubildende erhalten von der Berufsschule kein Zeugnis, da die Noten in das Zeugnis der Kammer integriert werden.

    ☐ e) Auszubildende haben einen Rechtsanspruch auf ein einfaches Zeugnis. Auf Verlangen des Auszubildenden muss ein qualifiziertes Zeugnis ausgestellt werden.

14. Welche Gründe können genannt werden, um ein Zeugnis auszustellen?
    (Richtige Lösungen: 4)

    ☐ a) Zeugnisse müssen ausgestellt werden, da dies gesetzlich vorgeschrieben ist.

    ☐ b) Ein Zeugnis beschreibt die Kenntnisse und Fertigkeiten des Bewerbers, sodass ein Arbeitsplatz gesucht werden kann, der diesen Leistungen entspricht.

    ☐ c) Die Zeugnisse helfen den Unternehmen, Arbeitsplätze mit den geeigneten Bewerbern zu besetzen.

    ☐ d) Nur die Auszubildenden erhalten ein Zeugnis, die eines haben möchten.

    ☐ e) Ein Zeugnis gehört zwingend zum Abschluss der Ausbildung.

15. Da die Pflicht zur Erstellung eines Zeugnisses gesetzlich vorgeschrieben ist, ergeben sich daraus gewisse Rechtsfolgen. Welche der folgenden Aussagen sind richtig?
    (Richtige Lösungen: 3)

    ☐ a) Bei unrichtigen Aussagen im Zeugnis kann der Auszubildende eine Berichtigung verlangen und auch durchsetzen.

    ☐ b) Jeder Auszubildende hat das Recht auf Ausstellung eines Zeugnisses. Er kann dies auch gerichtlich durchsetzen.

    ☐ c) Ein nachfolgender Arbeitgeber kann keinen Schadenersatz verlangen, wenn im Zeugnis wichtige negative Tatsachen verschwiegen wurden, da ja in einem Zeugnis keine negativen Aussagen getroffen werden können.

    ☐ d) Der Auszubildende kann Zusätze im Zeugnis verlangen, wenn dieses unvollständig ausgestellt wurde.

    ☐ e) Der Auszubildende darf sich sein Zeugnis selbst schreiben.

16. Welche der folgenden Zeugnisformulierungen ist nicht erlaubt?
    (Richtige Lösungen: 1)

    ☐ a)  Frau Maier war zu jeder Zeit hilfsbereit.

    ☐ b)  Herr Schmidt kam einmal im Sommer mit erheblicher Verspätung zur Arbeit.

    ☐ c)  Frau Böhme war stets freundlich zu ihren Mitschülern.

    ☐ d)  Frau Klug zeigte große Kooperationsfähigkeit.

    ☐ e)  Herr Schulze hat stets alle ihm übertragenen Arbeiten zu unserer vollsten Zufriedenheit erledigt.

17. Welcher Note entspricht folgende Formulierung zur Beurteilung der Leistung? Frau Böhme wurde stets Gelegenheit geboten, alle Arbeiten kennen zu lernen. sie bemühte sich, die Leistungen zu erbringen, soweit es in ihrem Kräften stand."
    (Richtige Lösungen: 1)

    ☐ a)  Gut

    ☐ b)  Befriedigen

    ☐ c)  Ausreichend

    ☐ d)  Mangelhaft

    ☐ e)  Ungenügend

18. Welches Kriterium darf nicht in die Erstellung eines Abschlusszeugnisses einfließen?
    (Richtige Lösungen: 1)

    ☐ a)  Die anderen Auszubildenden und Mitarbeiter werden um ihre Meinung gefragt.

    ☐ b)  Der Ausbilder zieht die Ausbildungsnachweise zurate.

    ☐ c)  Der Ausbilder betrachtet noch einmal die Tests und Prüfungen, die die Auszubildenden während ihrer Ausbildungszeit geschrieben haben.

    ☐ d)  Der Ausbilder bespricht sich mit dem Vorgesetzten des Auszubildenden, für den ein Abschlusszeugnis ausgestellt werden soll.

    ☐ e)  Der Ausbilder betrachtet noch einmal die Arbeitsproben des Auszubildenden.

19. Welche der folgenden Forderungen zum Ausbildungszeugnis ist nicht richtig?
    (Richtige Lösungen: 1)

    ☐ a)  Im Ausbildungszeugnis dürfen keine falschen Aussagen gemacht werden.

- b) Das Ausbildungszeugnis muss auf alle wichtigen Aspekte im Laufe der Ausbildung eingehen.
- c) Ein Ausbildungszeugnis darf nur Aussagen über das Verhalten im Unternehmen und nicht über private Treffen des Ausbilders mit dem Auszubildenden.
- d) In einem Ausbildungszeugnis dürfen nur positive Aussagen stehen.
- e) Es ist verboten, bestimmte Formulierungen im Ausbildungszeugnis zu verwenden, mit deren Hilfe auch Negatives ausgedrückt werden kann.

20. Welche Möglichkeit hat ein Auszubildender, auch nach nicht bestandener Abschlussprüfung noch zu seinem Berufsabschluss zu kommen?
(Richtige Lösungen: 1)

- a) Der Auszubildende kann bei seinem Unternehmen eine Verlängerung der Berufsausbildung bis zu einem Jahr beantragen.
- b) Der Auszubildende muss noch einmal zu Beginn des zweiten Ausbildungsjahres beginnen.
- c) Der Auszubildenden muss noch einmal das letzte Berufsschuljahr wiederholen.
- d) Der Auszubildende hat noch dreimal die Möglichkeit, die Abschlussprüfung zu wiederholen.
- e) Die Abschlussprüfung kann bei der Kammer nur noch als externer Teilnehmer abgelegt werden, da der Ausbildungsvertrag mit dem Unternehmen abgelaufen ist.

1. Welche der genannten Noten entsprechen nicht der amtlichen Bezeichnung der Kultusministerkonferenz?
(Richtige Lösungen: 2)

- a) Genügend
- b) Sehr Gut
- c) Ungenügend
- d) Nicht ausreichend
- e) Mangelhaft

22. Sie erhalten die Zeugnisse von fünf Bewerbern. Bei welchem haben Sie aufgrund der folgenden Formulierung den besten Eindruck?
    (Richtige Lösungen: 1)

    ☐ a) Zum 31. Mai wurde das Arbeitsverhältnis in gegenseitigem Einvernehmen beendet.

    ☐ b) Das Arbeitsverhältnis wurde zum 31. Mai aufgelöst.

    ☐ c) Frau Müller scheidet am 30. Juni aus unserer Firma aus, da sie ab dem 1. Juli die Meisterschule besucht.

    ☐ d) Frau Müller hat das Arbeitsverhältnis zum 31. Mai gekündigt.

    ☐ e) Frau Müller verlässt unser Unternehmen mit Ablauf des Mai dieses Jahres.

23. Folgende Formulierungen sind in einem Zeugnis zu finden: „Es bestand nie Anlass zu Beanstandungen. Die Leistungen des Auszubildenden waren stets voll zufrierend stellend. Die Führung des Auszubildenden war einwandfrei." Welche Gesamtnote kann diesem Zeugnis zugeordnet werden?
    (Richtige Lösungen: 1)

    ☐ a) Sehr Gut

    ☐ b) Gut

    ☐ c) Befriedigend

    ☐ d) Ausreichend

    ☐ e) Mangelhaft

24. Welche der folgenden Formulierungen zur Benotung der Führung stimmt mit der Note sehr gut überein?
    (Richtige Lösungen: 1)

    ☐ a) Der Auszubildende bot nur selten Anlass zur Beanstandung.

    ☐ b) Der Auszubildende war geschätzt bei Kollegen und Vorgesetzten und immer hilfsbereit.

    ☐ c) Das Verhalten des Auszubildenden war stets vorbildlich.

    ☐ d) Der Auszubildende bot keinen Anlass zur Beanstandung.

    ☐ e) Das Verhalten des Auszubildenden war einwandfrei.

25. Wie setzt sich ein Prüfungsausschuss zusammen?
    (Richtige Lösungen: 1)

    - [ ] a) Er setzt sich aus einem Arbeitgebervertreter und einem Berufschullehrer zusammen.
    - [ ] b) Er setzt sich paritätisch aus Arbeitgeber, Arbeitnehmer und Berufschullehrern zusammen. Es muss eine ungerade Anzahl an Köpfen vorhanden sein.
    - [ ] c) Er setzt sich aus einem Arbeitgebervertreter und einem Arbeitnehmervertreter zusammen.
    - [ ] d) Er setzt sich aus mindestens drei Mitarbeitern der Kammer zusammen
    - [ ] e) Er setzt sich aus einem Vertreter der Kammer, einem Berufschullehrer und einem Arbeitnehmervertreter zusammen.

26. Wer muss die Anmeldungen zu Zwischen- und Abschlussprüfungen vornehmen?
    (Richtige Lösungen: 1)

    - [ ] a) Die Berufsschule
    - [ ] b) Der Ausbildende bzw. der von ihm beauftragte Ausbilder.
    - [ ] c) Der Auszubildende
    - [ ] d) Die Eltern des Auszubildenden
    - [ ] e) Keiner; die Kammer lädt automatisch zu den Prüfungen ein.

27. Wann ist eine vorzeitige Zulassung zur Abschlussprüfung möglich?
    (Richtige Lösungen: 1)

    - [ ] a) Wenn der Ausbilder meint, dass der Auszubildende die Prüfung auch früher schaffen kann.
    - [ ] b) Wenn die bisher erzielten Leistungen des Auszubildenden schulisch und betrieblich durchschnittlich mit „Gut" bewertet wurden.
    - [ ] c) Auf Empfehlung der Berufsschule.
    - [ ] d) Auf Wunsch des Auszubildenden, weil er früher richtig Geld verdienen möchte.
    - [ ] e) Auf Vorschlag der Kammer, weil die Zwischenprüfungen mit „Gut" bewertet wurden.

28. Welche Pflichten hat der Ausbildende bzw. Ausbilder im Zusammenhang mit Prüfungen?
    (Richtige Lösungen: 3)

    ☐ a) Keine; die Teilnahme an Prüfungen ist immer freiwillig.

    ☐ b) Er muss den Auszubildenden für eine Woche bezahlt freistellen, damit er sich gut auf die Prüfung vorbereiten kann.

    ☐ c) Er muss den Auszubildenden am Tag der Prüfung bezahlt freistellen. Bei jugendlichen Auszubildenden gilt das auch für den Arbeitstag, der unmittelbar vor der Prüfung liegt.

    ☐ d) Er muss die Prüfungsgebühr bezahlen.

    ☐ e) Er muss benötigte Werkzeuge und Materialien zur Verfügung stellen.

29. Was ist kein Grund für die Beendigung von Ausbildungsverhältnissen?
    (Richtige Lösungen: 1)

    ☐ a) Beendigung durch Aufhebungsvertrag.

    ☐ b) Beendigung durch Zweckerreichung.

    ☐ c) Kündigung aus wichtigem Grund, z.B. Diebstahl.

    ☐ d) Kündigung wegen häufiger Nachfrage des Auszubildenden.

    ☐ e) Kündigung durch den Auszubildenden, weil er studieren möchte.

30. Der Auszubildende Bernd Böckmann hat einen Ausbildungsvertrag bis zum 31. Juli. Am 15.Mai hatte er die schriftliche Prüfung, am 30. Mai hatte er im Rahmen einer Fertigkeitsprüfung eine Arbeitsprobe abzulegen und am 12. Juni die mündliche Prüfung. Er hat die Prüfungen bestanden. Am 02. Juli soll eine Feier bei der Kammer stattfinden, bei der ihm der Gesellenbrief überreicht wird. Wann endet die Ausbildung?
    (Richtige Lösungen: 1)

    ☐ a) Am 15. Mai

    ☐ b) Am 30. Mai

    ☐ c) Am 12. Juni

    ☐ d) Am 02. Juli

    ☐ e) Am 31. Juli

31. Sie wollen Ihren Auszubildenden auf die Abschlussprüfung vorbereiten. Welche Unterlagen sind hilfreich, damit Sie diese Vorbereitung richtig planen können?
    (Richtige Lösungen: 2)

    ☐ a) Prüfungsordnung

    ☐ b) Prüfungsanforderungen

- c) Ausbildungsberufsbild
- d) Prüfungsunterlagen vergangener Prüfungen
- e) Berufsbildungsgesetz (BBiG)

32. Welche Fragen sollten Sie sich stellen, um die Vorbereitung auf die Prüfung inhaltlich richtig zu planen?
(Richtige Lösungen: 2)

- a) Wo liegen die thematischen Schwerpunkte bei der Prüfung?
- b) An welchen Tagen findet die Prüfung statt?
- c) Wie setzt sich der Prüfungsausschuss zusammen?
- d) Welche Anforderungen werden in der Prüfung gestellt?
- e) Wer sind die Prüfer?

33. Die Vorbereitung auf die Abschlussprüfung sollte eine gewisse Systematik aufweisen. Bringen Sie die unten stehenden Punkte in die richtige Reihenfolge.

- a) Aufbereitung der Prüfungsschwerpunkte
- b) Ermittlung der Prüfungsschwerpunkte
- c) Simulation einer Gesamtprüfung
- d) Lösen von typischen Prüfungsaufgaben
- e) dem Auszubildenden Mut zusprechen

34. Wie definiert das Berufsbildungsgesetz den Gegenstand einer Abschlussprüfung?
(Richtige Lösungen: 3)

Durch die Abschlussprüfung ist festzustellen, ob der Prüfling…

- a) …ausreichend teamfähig ist.
- b) …die notwendigen Fähigkeiten besitzt.
- c) …die erforderlichen Fertigkeiten und Kenntnisse besitzt.
- d) …mit dem in der Berufsschule vermittelten Lehrstoff vertraut ist.
- e) …die Ausbildungsziele des Unternehmens erreicht hat.

35. Wie kann der Ausbilder entstandene Prüfungsängste mildern?
    (Richtige Lösungen: 2)

    Prüfungsängste werden gemildert durch...

    - [ ] a) ...eine systematische Prüfungsvorbereitung.
    - [ ] b) ...Androhung von Konsequenzen bei Nichtbestehen.
    - [ ] c) ...pädagogische Hinweise, wie z.B. „man Lernt nicht für das unternehmen, sondern für sich selbst."
    - [ ] d) ...durch sachliche Einzelgespräche.
    - [ ] e) ...Negativmotivation, wie z.B. „Das werden Sie nie schaffen!".

36. Was sind im Regelfall die Zulassungsvoraussetzungen zur Abschlussprüfung nach dem BBiG?
    (Richtige Lösungen: 4)

    Zuzulassen ist, ...

    - [ ] a) ...wer die Ausbildungszeit zurückgelegt hat.
    - [ ] b) ...wessen Prüfungsfähigkeit durch eine betriebliche Beurteilung nachgewiesen wird.
    - [ ] c) ...wer an vorgeschrieben Zwischenprüfung teilgenommen hat.
    - [ ] d) ...wer das vorgeschriebene Berichtsheft geführt hat.
    - [ ] e) ...wer zum Termin der Abschlussprüfung volljährig ist.
    - [ ] f) ...wer vom Prüfungsausschuss die Zustimmung erhält.
    - [ ] g) ...wessen Ausbildungsvertrag in das Verzeichnis der Ausbildungsverträge eingetragen ist.

37. Wenn die zuständige Stelle die Zulassungsvoraussetzungen für nicht gegeben hält, wer entscheidet dann über die Zulassung zur Abschlussprüfung?
    (Richtige Lösungen: 1)

    Es entscheidet...

    - [ ] a) ...die Berufsschule.
    - [ ] b) ...das jeweilige Ausbildungsunternehmen.
    - [ ] c) ...die Bezirksregierung.
    - [ ] d) ...der Prüfungsausschuss.
    - [ ] e) ...der Ausbildungsberater.

38. Wie setzt sich ein Prüfungsausschuss nach BBiG zusammen?
    (Richtige Lösungen: 3)
    Der/dem Prüfungsausschuss...

    ☐ a) ...besteht aus mindestens fünf Mitgliedern.
    ☐ b) ...wählt aus seiner Mitte einen Vorsitzenden.
    ☐ c) ...besteht aus der gleichen Anzahl von Arbeitgeber- und Arbeitnehmervertretern.
    ☐ d) ...gehören Lehrer allgemeinbildender Schulen an.
    ☐ e) ...gehört mindestens ein Lehrer einer berufsbildenden Schule an.

39. Wann ist ein Prüfungsausschuss beschlussfähig?
    (Richtige Lösungen: 1)
    Der Prüfungsausschuss ist beschlussfähig, wenn...

    ☐ a) ...zwei Drittel der Mitglieder, mindestens drei mitwirken.
    ☐ b) ...ein Drittel der Mitglieder, mindestens zwei mitwirken.
    ☐ c) ...der Vorsitzende anwesend ist.
    ☐ d) ...nur ordentliche Mitglieder an der Prüfung mitwirken.
    ☐ e) ...mindestens zwei Lehrervertreter an der Prüfung mitwirken.

40. Als Ausbilder ist es wichtig, selbst in einem Prüfungsausschuss mitzuwirken. In welcher Form können sie als ein ordentliches Mitglied aktiv mitwirken?
    (Richtige Lösungen: 3)
    Sie können mitwirken bei der...

    ☐ a) ...Wahl des Vorsitzenden.
    ☐ b) ...Beschlussfassung über das Ergebnis der Prüfung.
    ☐ c) ...Nominierung der Lehrervertreter.
    ☐ d) ...bei der Bewertung der Prüfungsaufgaben.
    ☐ e) ...Wahl der stellvertretenden Prüfungsausschussmitglieder.

41. Welche der folgenden Aussagen zum Prüfungswesen sind allgemein richtig?
    (Richtige Lösungen: 3)

    ☐ a) Über die Zulassung zur Abschlussprüfung entscheidet die zuständige Stelle.

- b) Der Prüfungsausschuss besteht aus mindestens drei Mitgliedern.
- c) Für die Abnahme von Prüfungen sind die Berufsbildungsausschüsse zuständig.
- d) Der Prüfungsausschuss wählt aus seiner Mitte die Stellvertreter.
- e) Die Mitglieder müssen in den Prüfungsgebieten sachkundig sein.

42. Wenn Julia den Ausbildungsvertrag nicht verlängern möchte, obwohl sie die Prüfung nicht bestanden hat, wann endet dann das Ausbildungsverhältnis?
(Richtige Lösungen: 1)

Das Ausbildungsverhältnis endet...

- a) ...durch eine ordentliche Kündigung.
- b) ...automatisch.
- c) ...am 31. Juli durch Zeitablauf.
- d) ...am 20. Juni nach der Prüfung.
- e) ...durch eine außerordentliche Kündigung.

43. Unter welchen Voraussetzungen kann ein Ausbildungsverhältnis verlängert werden?
(Richtige Lösungen: 2)

Ein Ausbildungsverhältnis kann verlängert werden,...

- a) ...wenn der Auszubildende Angst hat, die Prüfung nicht zu bestehen.
- b) ...wenn für eine längere Zeit der Berufsschulunterricht ausgefallen ist.
- c) ...wenn der Ausbilder der Meinung ist, dass der Auszubildende wahrscheinlich die Prüfung nicht besteht.
- d) ...wenn der Auszubildende es verlangt.
- e) ...wenn die Ausbildungszeit z.B. durch Krankheit für eine längere Zeit unterbrochen wurde.

44. Wie kann ein Ausbildungsverhältnis nicht beendet werden?
(Richtige Lösungen: 2)

Ein Ausbildungsverhältnis kann nicht beendet werden durch...

- a) ...Zweckerreichung.
- b) ...Zeitablauf.
- c) ...die Inanspruchnahme der Elternzeit.

- [ ] d) ...einen Auflösungsvertrag.
- [ ] e) ...eine ordentliche Kündigung.

45. Während der Probezeit hat sich ihr Auszubildender Markus nicht positiv entwickelt. Sie sind der Meinung, dass er eine nicht ausreichende Neigung und Eignung zeigt, um das Ausbildungsziel zu erreichen. Wie kann das Ausbildungsverhältnis gekündigt werden?
(Richtige Lösungen: 1)

- [ ] a) Fristlos mit Angabe des Kündigungsgrunds.
- [ ] b) Mit einer Frist von vier Wochen und aus wichtigem Grund.
- [ ] c) Außerordentlich.
- [ ] d) Fristlos ohne Angabe des Kündigungsgrundes.
- [ ] e) Durch eine ordentliche Kündigung.

46. Nach Ablauf der Probezeit kann ein Ausbildungsverhältnis auch ordentlich mit einer Frist von vier Wochen unter Angabe des Kündigungsgrunds gekündigt werden. Wer kann diese Kündigung aussprechen?
(Richtige Lösungen: 1)

- [ ] a) Ausbilder
- [ ] b) Ausbildender
- [ ] c) Auszubildender
- [ ] d) Ausbildender oder Auszubildender

47. Der Auszubildende Jakob zeigt während seiner Ausbildung immer sehr gute Leistungen. Es ist aber schon öfter vorgekommen, dass er ausländische Auszubildende mit rechtsradikalen Sprüchen verbal beleidigt hat. Nach Abmahnungen scheint Ruhe eingekehrt zu sein. Heute hat er allerdings in der Frühstückspause einen anderen Auszubildenden tätlich so angegriffen, dass dieser im Krankenhaus behandelt werden muss. Können Sie sich von diesem Auszubildenden trennen?
(Richtige Lösungen: 1)

Von diesem Auszubildenden können Sie sich...

- [ ] a) ...durch eine ordentliche Kündigung trennen.
- [ ] b) ...durch eine außerordentliche Kündigung trennen.
- [ ] c) ...ohne eine Abmahnung ausgesprochen zu haben nicht trennen.
- [ ] d) ...nur nach Anhörung des Ausbildungsberaters trennen.
- [ ] e) ...sie können sich nicht durch eine Kündigung von ihm trennen.

48. Welche Zeugnisse erhält ein Auszubildender am Ende seiner Ausbildung bei Bestehen der Abschlussprüfung?
    (Richtige Lösung: 3)

    ☐ a) Berufsschulabschlusszeugnis

    ☐ b) Betriebliches Ausbildungszeugnis

    ☐ c) Facharbeiterbrief

    ☐ d) Prüfungszeugnis

    ☐ e) Kaufmannsgehilfenbrief

49. Sie sollen Auszubildende über ihre Fortbildungsmöglichkeiten beraten. Sie haben sich bei einem Bildungsträger an Ihrem Wohnort erkundigt. Dieser bietet folgende Fortbildungen an:

    1. Handelsfachwirt
    2. Technischer Betriebswirt
    3. Bilanzbuchhalter
    4. Industriemeister Metall
    5. Industriemeister Elektrotechnik
    6. Fachkaufmann Personal
    7. Fachkaufmann Einkauf und Materialwirtschaft
    8. Industriefachwirt
    9. Fachkaufmann Marketing/Vertrieb

    Ordnen sie die oben stehenden Fortbildungsmöglichkeiten den dazu notwendigen Berufsabschlüssen zu.

    ☐ a) Energieelektroniker

    ☐ b) Finanzbuchhalter

    ☐ c) Industriekaufmann

    ☐ d) Industriemechaniker

    ☐ e) Einkäufer

    ☐ f) Verkäufer

    ☐ g) Einzelhändler

    ☐ h) Personalsachbearbeiter

    ☐ i) Industriemeister

50. Im Berufsbildungsgesetz wird von der Fortbildung gesprochen. In den Unternehmen hat die Weiterbildung einen hohen Stellenwert. Was unterscheidet die Fortbildung von der Weiterbildung?
(Richtige Lösungen: 2)

- [ ] a) Die Weiterbildung ist berufsbezogen.
- [ ] b) Die Fortbildung endet mit einer staatlich anerkannten Prüfung.
- [ ] c) Das Nachholen von allgemeinbildenden Abschlüssen bezeichnet man als Fortbildung.
- [ ] d) Die Weiterbildung endet immer mit einer Prüfung.
- [ ] e) Für Fortbildungsmaßnahmen können staatliche Darlehen beantragen.

# Offene Fragen

1. Nennen Sie die Zeugnisse, die ein Auszubildender bei Abschluss seiner Berufsausbildung erhält.

2. Besteht für einen Auszubildenden auch ein Anspruch auf ein betriebliches Zeugnis, wenn ihm aus wichtigen Grunde gekündigt worden ist?

3. Welche Grundsätze sind bei der Ausstellung eines betrieblichen Zeugnisses zu beachten?

4. Welche Voraussetzungen müssen erfüllt sein, damit ein Auszubildender vorzeitig zur Abschlussprüfung zugelassen werden kann? Wer muss den Antrag stellen?

5. Nennen Sie Gründe, warum es vonseiten des Auszubildenden zu einem Abbruch des Ausbildungsverhältnisses kommen kann.

6. Warum trainieren Sie als Ausbilder mit Ihren Auszubildenden Methodenkompetenz?

7. Welche formalen Voraussetzungen müssen erfüllt sein, damit jemand Prüfer bei den Kammerprüfungen werden kann?

8. Welche Vorteile kann es dem Ausbilder bringen, wenn er im Prüfungswesen mitarbeitet?

9. Wo kann man nachlesen, in welchen Fächern die Abschlussprüfung abzulegen ist?

10. Welches ist die bundesgesetzliche Grundlage für Abschlussprüfungen?

# Musterprüfung

## Ausgangslage für die Aufgaben 1 – 3

Sie sind Ausbilder für ein kaufmännisches Berufsbild bei Zukauf GmbH. Es ist geplant, bei der Tochtergesellschaft dieses Unternehmens erstmalig in einem technischen Beruf auszubilden. Sie werden gebeten, bei der Auswahl des zukünftigen Ausbilders behilflich zu sein. Die in Betracht kommenden Fachleute – dies steht bereits fest – verfügen über die gesetzlichen Eignungsvoraussetzungen, haben jedoch noch keine Erfahrung in der Funktion als Ausbilder.

1. Sie sind dabei, die Anforderungen für den Ausbilder zu beschreiben. Welche der folgenden Voraussetzungen an die Persönlichkeit haben dabei besonders Gewicht?
   (Richtige Lösungen: 2)

   ☐ a) Das Einfühlungsvermögen zu besitzen, um stehst auf die Wünsche und Belange der Auszubildenden eingehen zu können.

   ☐ b) Das Interesse, sein berufspädagogisches Wissen anzuwenden und weiterzuentwickeln.

   ☐ c) Den Mut haben, mit Strenge und Durchsetzungswillen jede Ausbildungssituation anzugehen.

   ☐ d) Die Bereitschaft zur eigenen fachlichen Weiterbildung.

   ☐ e) Die Fähigkeit, sich durch strikte Weißungen und drastische Sanktionen Autorität und Respekt bei den Auszubildenden zu verschaffen.

2. Zu den wichtigsten Aufgaben eines Ausbilders gehören in die Funktionsbeschreibung: Der Ausbilders hat:
   (Richtige Lösungen: 1)

   ☐ a) über den Einsatz der Auszubildenden stets so zu entscheiden, wie es die Fachkräfte in den verschiedenen Bereichen erwarten.

   ☐ b) alle Aufgaben, die dem Auszubildenden von den Ausbildungsbeauftragten gestellt werden, auf Art und Schwierigkeit zu prüfen.

   ☐ c) in einem Ausbildungsplan (sachliche und zeitliche Gliederung) festzulegen, in welchen Bereichen des Unternehmens die geplanten Ausbildungsinhalte zu vermitteln sind.

   ☐ d) die Entstehung von Konfliktsituationen in der Ausbildung nicht zuzulassen.

   ☐ e) jede Änderung des betrieblichen Ausbildungsplanes bzw. Ausbildungsverlaufs grundsätzlich abzulehnen.

3. Welche der folgenden Aussagen im Gespräch mit dem Anwärter auf die Ausbilderfunktion sprechen für dessen Eignung?
   (Richtige Lösungen: 2)

   ☐ a) Ich richte mich bei der Ausbildungsplanung nach den Vorschriften des Berufsbildes, zusätzliche unternehmensspezifische Inhalte gehören nicht in den Ausbildungsplan.

   ☐ b) Bereits in der Ausbildung kommt es mir auf überfachliche Qualifikationen an.

   ☐ c) Auszubildende müssen bei fehlerhafter Arbeit Konsequenzen in Form von Strafen angedroht werden.

   ☐ d) Traditionelle Ausbildungsinhalte sind in der Ausbildung wichtiger als aktuelle Anforderungen im Unternehmen.

   ☐ e) Die Zusammenarbeit mit jungen Menschen macht mir Freude. Zu meinen früheren Hobbys gehörte meine Tätigkeit als Gruppenleiter im Zeltlager.

## Ausgangslage für Aufgaben 4 – 6

Sie sind Inhaber der Stahlverarbeitungs GmbH, in der verschiedene Stahlwaren produziert werden. Bei Ihnen sind sowohl ein Industriemeister der Fachrichtung Metall als auch weitere sechs Mitarbeiter beschäftigt. Durch die Entwicklung Ihres Unternehmens sind Sie der Meinung, dass Sie in Zukunft einen hören Fachkräftebedarf haben. Sie haben sich daher überlegt, einen Auszubildenden für den Beruf des Mechatronikers einzustellen. Da Ihnen jedoch Kenntnisse auf dem Gebiet der Berufsausbildung fehlen, besprechen Sie sich mit dem bei Ihnen angestellten Meister, den Sie auch als Ausbilder einsetzen wollen.

4. Zunächst besprechen sie mit Ihrem Meister, ob ihr Unternehmen überhaupt die Voraussetzungen für eine Berufsausbildung erfüllt. Nach dieser Besprechung treffen Sie die Entscheidung, welche Bedingungen Sie erfüllen müssen.
   (Richtige Lösungen: 2)

   ☐ a) Sowohl Sie als Ausbildender als auch Ihr Industriemeister müssen persönlich und fachlich geeignet sein.

   ☐ b) Es reicht, wenn einer Ihrer Mitarbeiter die berufs- und arbeitspädagogische Eignung besitzt.

   ☐ c) Als Ausbildender müssen sie persönlich und Ihr Industriemeister in der Funktion des Ausbilders muss persönlich und fachlich geeignet sein.

- [ ] d) Ihr Unternehmen muss nach Art und Einrichtung geeignet sein. Darüber hinaus muss die Anzahl der bei Ihnen beschäftigten Fachkräfte in einem angemessenen Verhältnis zu der Anzahl der Auszubildenden sein.
- [ ] e) Die Eignung Ihres Unternehmens als Ausbildungsstätte liegt vor, da der Industriemeister die berufs- und arbeitspädagogische Eignung besitzt.

5. Ihr wichtigstes Produkt ist eine Hebevorrichtung. Ein für deren Fertigung erforderliches Verfahren wollen Sie über die vorgeschriebenen Inhalte der Ausbildungsordnung zusätzlich vermitteln lassen. Wie kann dieser zusätzliche Inhalt im betrieblichen Ausbildungsplan berücksichtigt werden?
(Richtige Lösungen: 2)

- [ ] a) Das Verfahren kann nicht vermittelt werden, da während der vereinbarten Ausbildungszeit die Inhalte des Ausbildungsrahmenplanes es zeitlich nicht zulassen.
- [ ] b) Weniger wichtige Inhalte des Ausbildungsrahmenplanes werden durch die Inhalte über das Verfahren kompensiert.
- [ ] c) Für die Vermittlung des Verfahrens planen Sie die erforderlichen Zeiten ein.
- [ ] d) Die Vermittlung des Verfahrens wird im Rahmen eines unternehmensinternen Lehrganges eingeplant.
- [ ] e) Die Vermittlung des Verfahrens soll nach der Abschlussprüfung bis zum vertraglichen festgelegten Ende der Ausbildungszeit erfolgen.

6. Sie denken über Auswirkungen nach, falls der als Ausbilder eingesetzte Industriemeister Ihr Unternehmen verlässt. Durch welche Maßnahmen kann eine ordnungsgemäße Ausbildung dann sichergestellt werden?
(Richtige Lösungen: 2)

- [ ] a) Sie vereinbaren mit einem Geschäftspartner, der auch in diesem Ausbildungsberuf ausbildet, die Fortsetzung der Ausbildung.
- [ ] b) Sie übertragen alle Teile der Ausbildung an einen anderen Mitarbeiter der persönlich geeignet ist.
- [ ] c) Sie nehmen die Einstellung eines neuen Mitarbeiters vor, der persönlich und fachlich geeignet ist.
- [ ] d) Sie übertragen mehreren Mitarbeitern die Ausbildung für spezielle Ausbildungsabschnitte.
- [ ] e) Da Ihr Geschäftspartner einen verantwortlichen Ausbilder hat, übertragen Sie diesem die Ausbildung.

## Ausgangslage zu den Aufgaben 7 – 9

Im Rahmen der Einführungswoche sprechen Sie als Ausbilder mit Auszubildenden über deren Pflichten aus dem Ausbildungsvertrag. Dabei werden Ihnen von den neuen Auszubildenden mehrere Fragen gestellt. Gehen Sie bei der Beantwortung der Fragen von gesetzlichen Regelungen aus.

7. Auf die Frage, wer Ihnen als Ausbilder Anweisungen geben kann nennen Sie:
   (Richtige Lösungen: 1)

   - ☐ a) den Ausbildenden, den Ausbilder und sonstige weisungsberechtigte Personen.
   - ☐ b) alle Fachkräfte im Unternehmen.
   - ☐ c) nur der Ausbilder.
   - ☐ d) nur der Abteilungsleiter in dem Fachbereich, dem sie gerade zugeordnet sind.
   - ☐ e) nur die Ausbildungsbeauftragten im jeweiligen Fachbereich, in dem sie tätig sind.

8. Auf die Frage nach den Pflichten des Auszubildenden antworten Sie: Der Auszubildende:
   (Richtige Lösungen: 3)

   - ☐ a) erfüllt seine vertragliche Lernpflicht bereits dann, wenn er zur vorgeschriebenen Abreitzeit im Unternehmen anwesend ist und regelmäßig die Berufsschule besucht.
   - ☐ b) hat sich zu bemühen, die berufliche Handlungsfähigkeit zu erwerben.
   - ☐ c) muss den Ausbildungsnachweis, der in der Ausbildungsordnung vorgeschrieben ist, außerhalb der betrieblichen Ausbildungszeit führen.
   - ☐ d) muss zur Ausbildung in das Unternehmen, wenn an diesem Tag der geplante Berufsschulunterricht ausfällt, soweit Ihm dies möglich und er nicht freigestellt ist.
   - ☐ e) muss die geltende betriebliche Ordnung wie die übrigen Arbeitnehmer beachten.

9. Auf die Frage, was man als Auszubildender zum Urlaub wissen sollte, machen Sie folgende Aussagen:
   (Richtige Lösungen: 3)

   - ☐ a) Der Anspruch auf Urlaubstage im jeweiligen Ausbildungsjahr ist im Ausbildungsvertrag festgelegt.

- [ ] b) Während des Urlaubs dürfen Sie nicht gegen Entgelt in einem anderen Unternehmen arbeiten, so dass der Zweck des Urlaubs, nämlich die Erholung, nicht erfüllt wird.
- [ ] c) Anstelle „den Urlaub in Anspruch zu nehmen" können Sie sich den Urlaub ganz oder teilweise im jeweiligen Ausbildungsjahr „auszahlen" lassen.
- [ ] d) Urlaub muss im laufenden Kalenderjahr genommen und gewährt werden. Ansonsten verfällt der Anspruch. Ausnahmen gibt es nicht.
- [ ] e) Urlaubsanträge können abgelehnt werden, wenn es hierfür beispielsweise wichtige unternehmerische Gründe gibt. Urlaub ist zu gewähren, wenn der Arbeitnehmer dies im Anschluss an eine Maßnahme der medizinischen Vorsorge oder Rehabilitation verlangt.

## Ausgangslage zu den Aufgaben 10 – 12

Sie sind Koch mit vier weiteren Mitarbeitern im Restaurant „Ente" in Münster. In drei Jahren wird ein Koch des Restaurants in den Ruhestand gehen. Der Besitzer des Restaurants möchte die Nachfolge sichern und will zum ersten Mal einen Auszubildenden einstellen.
Da Sie vor drei Jahren die Ausbildereignungsprüfung bestanden haben, sollen Sie sich um alles Weitere kümmern. Sie bemühen sich daher um die Genehmigung für die Berufsausbildung in dem Restaurant und begeben sich auf die Suche nach geeigneten Bewerbern.

10. Mit welcher Stelle müssen Sie in Verbindung treten, um für die geplante Aufnahme der Berufsausbildung die Genehmigung zu erhalten?
    (Richtige Lösungen: 1)

    Sie werden sich mit der zuständigen Abteilung

    - [ ] a) der Agentur für Arbeit
    - [ ] b) der Handwerkskammer
    - [ ] c) der Industrie- und Handelskammer
    - [ ] d) der Kultusministeriums
    - [ ] e) des Berufsschulzentrums

    in Verbindung setzen.

11. Welche bindenden Auskünfte müssen Sie erteilen, um die Genehmigung für die geplante Berufsausbildung zu erhalten?
(Richtige Lösungen: 2)

Sie erklären, dass

- ☐ a) die Ausstattung der Küche allen Anforderungen der Ausbildung gerecht wird.
- ☐ b) die Vorschriften über die Gewährleistung der Arbeitssicherheit und Hygiene meistens eingehalten wurden.
- ☐ c) sie persönlich und fachlich geeignet sind und der Inhaber persönlich geeignet ist.
- ☐ d) sie sowohl weibliche als auch männliche Bewerber berücksichtigen.
- ☐ e) sie einen weiteren Berufsabschluss als Mezger haben.

12. Sie sind sich sicher, dass Sie die Genehmigung zur Aufnahme der Berufsausbildung erhalten werden, und möchten nun Bewerber suchen. Welche Vorgehensweise zur Suche nach geeigneten Kandidaten ist zweckmäßig?
(Richtige Lösungen: 3)

- ☐ a) Sie lassen eine Anzeige über Ihr Ausbildungsplatzangebot in der „Süddeutschen Zeitung" bundesweit veröffentlichen.
- ☐ b) Sie heften in der ganzen Stadt an Bäume das Angebot für den Ausbildungsplatz.
- ☐ c) Sie geben Ihr Angebot für den Ausbildungsplatz an die Agentur für Arbeit.
- ☐ d) Sie erkundigen sich bei Mitarbeitern des Restaurants nach Bewerbern aus dem Familien- oder Bekanntenkreis.
- ☐ e) Sie veröffentlichen in der örtlichen Tageszeitung Ihr Angebot über den Ausbildungsplatz.

## Ausgangslage zu den Aufgaben 13 – 16

Bernd Bauer ist 30 Jahre alt. Er hat eine abgeschlossene Ausbildung zum Industriemechaniker und sucht eine Tätigkeit als Ausbilder. Durch die schwierige Lage auf dem Arbeitsmarkt konnte er früher eine Anstellung als Hilfsarbeiter finden und war danach über ein Jahr arbeitslos. Danach gelang es ihm jedoch, eine Anstellung als Industriemechaniker zu finden. Diese Tätigkeit übt er seit drei Jahren aus. In seiner Freizeit spielt er in einem Verein Feldhockey und betreut ehrenamtlich die A-Jugend-Mannschaft.
Er hatte sich vor zwei Monaten bei einem Industrieunternehmen beworben und

wurde nun zu einem Vorstellungsgespräch eingeladen. Der Personalleiter möchte herausfinden, ob Bernd Bauer hofft, durch gute Antworten eine positive Entscheidung des Personalleiters zu erhalten.

13. Durch welche Antworten kann Bernd Bauer bei Fragen nach seiner fachlichen Eignung mit positiven Reaktionen rechnen?
    (Richtige Lösungen: 2)

    ☐ a) „Ich betreue ehrenamtlich eine A-Jugend-Mannschaft und habe mit ihr schon viele Siege erzielt. Dadurch kann man sehen, dass ich die Qualifikation eines Ausbilders habe."

    ☐ b) „Im nächsten Jahr will ich mich intensiv in die Tätigkeit als Ausbilder einarbeiten. Deshalb will ich erst einmal keine Prüfung für die Ausbildereignung ablegen."

    ☐ c) „Als erfolgreicher Ausbilder muss ich keine Ausbildereignungsprüfung ablegen und stehe Ihrem Unternehmen ohne Einschränkung zur Verfügung."

    ☐ d) „Zurzeit befinde ich mich in einem Vorbereitungslehrgang auf die Ausbildereignungsprüfung. Die Prüfung findet bereits in vier Wochen statt."

    ☐ e) „Ich bin seit mehreren Jahren in dem Beruf des Industriemechanikers tätig und habe mich in dieser Zeit fachlich weitergebildet."

14. Durch welche Antworten kann Bernd Bauer bei Fragen nach seinen pädagogischen Erfahrungen mit positiven Reaktionen rechnen?
    (Richtige Lösungen: 2)

    ☐ a) „Durch die Betreuung der A-Jugend-Mannschaft konnte ich viele pädagogische Erfahrung sammeln."

    ☐ b) „Ich bin Vater von drei Kindern und habe dadurch richtiges pädagogisches Handeln lernen können."

    ☐ c) „Bei meiner momentanen Tätigkeit bin ich als Ausbildungsbeauftragter eingesetzt. Das hat mir zu pädagogischen Erfahrungen verholfen."

    ☐ d) „Ich war schon in der Berufsschule Klassensprecher. Dabei konnte ich pädagogische Erfahrungen sammeln."

    ☐ e) „Wenn Sie mich einstellen, werde ich mich sofort mit pädagogischen Fragen im Umgang mit Auszubildenden beschäftigen."

15. Durch welche Antworten kann Bernd Bauer bei Fragen nach seiner Bereitschaft zur Weiterbildung die Entscheidung über seine Einstellung positiv beeinflussen?
(Richtige Lösungen: 2)

- ☐ a) „Ich habe während meiner Tätigkeit als Industriemechaniker Wissenslücken entdeckt, die ich bereits geschlossen habe oder beabsichtige, bald zu schließen."

- ☐ b) „Ich habe in der Vergangenheit festgestellt, dass es auch mit einer abgeschlossenen Berufsausbildung schwierig ist, Arbeit zu bekommen. Deshalb ist Weiterbildung für mich eine wichtige Angelegenheit."

- ☐ c) „In meiner Freizeit wollte ich meine EDV-Kenntnisse auffrischen. Das empfand ich als ziemlich langweilig. Daher verzichte ich in Zukunft auf das Lernen zu Hause."

- ☐ d) „Nach meiner Berufsausbildung erhielte ich eine Anstellung als Hilfsarbeiter. Dabei konnte ich mit meinen erlernten beruflichen Kenntnissen und Fertigkeiten nichts anfangen. Ich betrachte Weiterbildungsmaßnahmen daher skeptisch."

- ☐ e) „Ich interessiere mich für Konzentrations- und Gedächtnistraining. Darüber möchte ich gerne mehr erfahren, damit ich dies eventuell nutzen kann."

16. Welche Antworten von Bernd Bauer auf Fragen nach seinem Sozialverhalten werden positiv bewertet?
(Richtige Lösungen: 2)

- ☐ a) „Ich spreche nicht gerne über die Zusammenarbeit im Unternehmen. Dass die Kollegen zusammenarbeiten, muss sich ergeben."

- ☐ b) „Ich halte es für wichtig, gegebene Zusagen auch einzuhalten. Ich denke daher gründlich über mögliche Konsequenzen nach, bevor ich später eine Zusage zurückziehen muss."

- ☐ c) „Ich meine, dass man sich für die direkten Kollegen mit verantwortlich fühlen sollte. Das hat auch positive Auswirkungen auf das Unternehmensklima."

- ☐ d) „Kritik halte ich nicht für besonders sinnvoll. Man sieht ständig in der Presse, dass dabei nichts herauskommt."

- ☐ e) „Für mich ist die Qualität der gefertigten Produkte sehr wichtig. Wenn alle Beschäftigten das so sehen, geht es auch dem Unternehmen wirtschaftlich gut."

## Ausgangslage zu den Aufgaben 17 – 19

Sie sind Ausbilder Technik AG, mit 20 Auszubildenden in verschieden technischen Ausbildungsberufen. Sie werden mit folgenden Situationen konfrontiert.

17. Durch Verlagerung eines Produktionsbereiches an einen anderen Standort des Unternehmens können nicht mehr alle vorgeschriebenen Ausbildungsinhalte vermittelt werden. Das bedeutet:
(Richtige Lösungen: 2)

    - a) die Ausbildungsverträge enden durch eine entsprechende gesetzliche Regelung im BBiG, wenn die Eignung als Ausbildungsunternehmen nicht mehr gegeben ist.

    - b) als Ersatz für die Vermittlung der Inhalte im Ausbildungsunternehmen kann mit einem anderen Unternehmen eine außerbetriebliche Maßnahme vereinbart werden, zu der die Auszubildenden unter Fortzahlung der Ausbildungsvergütung freigestellt werden.

    - c) das Ausbildungsunternehmen kann in der Prüfungsanmeldung der Auszubildenden angeben, welche Ausbildungsinhalte des Berufsbildes nicht vermittelt wurden, solche werden dann nicht geprüft.

    - d) den Auszubildenden ist ein neuer Ausbildungsplan auszuhändigen, in dem die Ausbildungsinhalte nicht mehr aufgeführt sind.

    - e) das Ausbildungsunternehmen kann die Ausbildungsinhalte den Auszubildenden in einer Betriebsstätte des Unternehmens an einem anderen Standort vermitteln, trifft mit diesen eine entsprechende Vereinbarung und erstattet ihnen den dadurch entstehenden Aufwand.

18. Es ist geplant, die Ausbildungswerkstatt für die Ausbildung in den technischen Berufen aufzulösen. In dieser wurden bisher manuelle Grundfertigkeiten gemäß der Ausbildungsordnung vermittelt. Die Geschäftsführung ist der Auffassung, die Ausbildung soll ausschließlich in den Fertigungsabteilungen des Unternehmens erfolgen. Daraus ergeben sich folgende Konsequenzen:
(Richtige Lösungen: 2)

    - a) Wird die Vermittlung manueller Grundfertigkeiten an geeigneten Lernorten im Unternehmen sichergestellt, so verliert das Ausbildungsunternehmen die Ausbildungsberechtigung nicht.

    - b) Der betriebliche Ausbildungsplan muss entsprechend dem geänderten Ausbildungsverlauf aktualisiert werden.

    - c) Die Ausbildungsbeauftragen in den Fertigungsabteilungen, die Grundfertigkeiten vermitteln, müssen den Nachweis nach der Ausbildereignungsverordnung erbringen.

☐ d) Werden manuelle Grundfertigkeiten in Fertigungsabteilungen vermittelt, so muss diese Ausbildungsphase grundsätzlich durch einen externen Lehrgang ergänzt werden.

☐ e) Die Vermittlung manueller Grundfertigkeiten kann dann entfallen, wenn die Berufsschule diese Ausbildungsinhalte im Fachunterricht ausführlich erläutert.

19. In einem Berufsbild, in dem das Unternehmen bisher ausgebildet hat, wurde eine neue Ausbildungsordnung erlassen. Das bedeutet für Sie als Ausbilder, dass (Richtige Lösungen: 3)

☐ a) ihr berufs- und arbeitspädagogischer Nachweis keine Gültigkeit mehr hat.

☐ b) dies erhebliche Änderungen des betrieblichen Ausbildungsverlaufs erforderlich machen kann.

☐ c) Sie mit einer Änderung der Lehrpläne in der Berufsschule rechnen müssen.

☐ d) dieser Einfluss auf die Höhe der Ausbildungsvergütung hat.

☐ e) Sie feststellen müssen, ob die betrieblichen Voraussetzungen zur Ausbildung in diesem Beruf noch gegeben sind oder zusätzlich interne oder externe Ausbildungsmaßnahmen erforderlich werden.

## Ausgangslage zu den Aufgaben 20 – 21

Sie sind in einem Unternehmen als Ausbilder tätig. Ihre Auszubildende Alexandra ist 17 Jahre alt und befindet sich am Ende des ersten Ausbildungsjahres. Vor drei Monaten hat Alexandra an zwei Tagen ohne Entschuldigung in der Berufsschule gefehlt. Nachdem Sie das erfahren hatten, wurde sie von Ihnen mündlich ermahnt und aufgefordert, in Zukunft regelmäßig die Berufsschule zu besuchen. Gestern erhielten Sie einen Anruf des Berufsschullehrers. Er teilte Ihnen mit, dass Alexandra an den letzten beiden Unterrichtstagen erneut unentschuldigt gefehlt hat.
Sie denken nun darüber nach, wie Sie auf das wiederholte Fehlverhalten reagieren.

20. Entscheiden Sie, was Sie unternehmen.
    (Richtige Lösungen: 3)

☐ a) Sie wollen mit Alexandra ein Gespräch unter vier Augen führen, um die Gründe für das Verhalten zu erfahren.

☐ b) Sie bitten um einen Gesprächstermin mit dem Klassenlehrer der Berufsschule, um Hintergründe für das Verhalten von Alexandra zu erfahren.

☐ c) Sie reden mit anderen Auszubildenden über Gründe für die unentschuldigten Fehltage von Alexandra.

☐ d) Sie schreiben den Erziehungsberechtigten einen Brief und fordern diese auf, die Tochter zu bestrafen.

☐ e) Sie bitten die Erziehungsberechtigten um einen Gesprächstermin und erkundigen sich, ob sie über die Fehltage informiert sind und ob sie die Gründe für das Fehlen kennen.

21. Entscheiden Sie, welche Konsequenzen sich aus dem Verhalten für Alexandra ergeben.
(Richtige Lösungen: 1)

☐ a) Die sofortige fristlose Kündigung muss ausgesprochen werden, da Alexandra bereits beim ersten Fehlverhalten mündlich ermahnt worden ist.

☐ b) Sie fordern Alexandra schriftlich auf, regelmäßig die Berufsschule zu besuchen.

☐ c) Sie händigen ihr eine schriftliche Abmahnung aus und setzen die Erziehungsberechtigten davon schriftlich in Kenntnis.

☐ d) Sie kürzen ihren Jahresurlaub für jeden unentschuldigten Fehltag um einen Tag.

☐ e) Sie kürzen ihre Ausbildungsvergütung für jeden unentschuldigten Fehltag.

## Ausgangslage zu den Aufgaben 22 – 24

Sie sind in einem großen Unternehmen tätig. In der Mittagspause bekommen Sie ein Gespräch der anderen Ausbilder mit. Diese diskutieren über auffällige Verhaltensweisen der Auszubildenden.
Frau Schmidt beklagt, dass die Auszubildenden häufig Montags unkonzentriert sein. Sie ist davon überzeugt, dass sie am Wochenende „die Nächte unterwegs sind."
Herr Müller sieht große Schwächen bei Ordnung und Sauberkeit. Er ist sicher, dass da das Elternhaus versagt haben muss.
Frau Brandner bemängelt die vielen krankheitsbedingten Fehlzeiten der Auszubildenden. Sie hält die Gründe für vorgeschoben. Sie wollen mit Ihren Erfahrungen zu dem Gespräch beitragen.

22. Welche Hinweise geben Sie Frau Schmidt?
    (Richtige Lösungen: 2)

    Sie teilen Frau Schmidt mit, dass aus rechtlicher Sicht

    ☐ a) die Auszubildenden ihre Freizeit nach eigenen Wünschen frei gestalten können.

    ☐ b) den Auszubildenden vorgeschrieben werden darf, wie viele Stunden Ruhezeit sie am Wochenende einhalten müssen.

    ☐ c) die Auszubildenden die Freizeit so gestalten müssen, dass sie ihrer Lernpflicht trotzdem nachkommen können.

    ☐ d) die Auszubildenden bei zu großem Zeitbedarf ihre Arbeiten nacharbeiten müssen. Dies bedarf dann auch über den Feierabend hinaus von ihnen verlangt werden.

    ☐ e) der Ausbildungsvertrag erlaubt, die Auszubildenden für eine befristete Zeit von ihren Lernpflichten zu befreien.

23. Welche Hinweise geben Sie Herrn Müller, um den Schwächen zu begegnen?
    (Richtige Lösungen: 3)

    ☐ a) Sie erinnern ihn, dass die Auszubildenden vertraglich zur Einhaltung von Ordnung und Sauberkeit verpflichte sind.

    ☐ b) Sie teilen ihm mit, dass fehlende Ordnung und Sauberkeit auf Schwächen in seinem Führungsverhalten zurückzuführen sind.

    ☐ c) Sie machen ihn darauf aufmerksam, dass er als Ausbilder eine Vorbildfunktion hat.

    ☐ d) Sie informieren darüber, dass die Auszubildenden verpflichtet sind, mit den Ausbildungsmitteln sorgfältig und pfleglich umzugehen.

    ☐ e) Sie machen darauf aufmerksam, dass Ordnung und Sauberkeit in der heutigen Zeit nicht mehr so wichtig sind.

24. Wie werden Sie auf die Meinung von Frau Brandner reagieren?
    (Richtige Lösungen: 2)

    ☐ a) Sie weisen Frau Brandner darauf hin, dass bei einer Arbeitsunfähigkeitsbescheinigung davon ausgegangen werden muss, dass tatsächlich eine Erkrankung besteht.

    ☐ b) Sie geben Frau Brandner den Rat, sich mit dem Arzt in Verbindung zu setzen und ihm ihre Bedenken vorzutragen.

    ☐ c) Sie erklären ihr, dass bis zu drei Wochen krankheitsbedingte Fehlzeiten im Jahr bei Jugendlichen normal sind.

☐ d) Sie schlagen ihr vor, den Auszubildenden, die sich ihrer Meinung nach die Arbeitsunfähigkeitsbescheinigungen erschwindelt haben, fristlos zu kündigen.

☐ e) Sie teilen ihr mit, dass Auszubildende, die interessante Aufgaben bekommen, nicht zu Fehlzeiten neigen.

**Ausgangslage zu den Aufgaben 25 – 29**

Sie sind seit vielen Jahren bei der Mineralwasser KG beschäftigt. Ihre Ausbildereignungsprüfung haben Sie vor kurzem bestanden und sollen nun den betrieblichen Ausbildungsplan für eine erstmalige Ausbildung in Ihrem Unternehmen anfertigen. Über die grundsätzlichen Aspekte hinaus müssen Sie auch Entscheidungen über die Ausbildungsinhalte und den zeitlichen Rahmen treffen.

25. Was muss im betrieblichen Ausbildungsplan festgelegt werden?
    (Richtige Lösungen: 3)

    ☐ a) Welche Kenntnisse, Fertigkeiten und Fähigkeiten während der Probezeit zu vermitteln sind.

    ☐ b) An welchen Tagen der Berufsschulunterricht stattfindet. Dies muss für die gesamte Ausbildungszeit festgelegt werden.

    ☐ c) Welche Kenntnisse, Fertigkeiten und Fähigkeiten bis zur Zwischenprüfung zu vermitteln sind.

    ☐ d) In welchem Umfang unternehmensspezifische Kenntnisse und Fertigkeiten vermittelt werden sollen.

    ☐ e) Welche Kenntnisse und Fertigkeiten des Ausbildungsrahmenplans nicht berücksichtigt werden müssen.

26. Was muss im Rahmen der Planung festgestellt werden?
    (Richtige Lösungen: 2)

    ☐ a) Es muss geprüft werden, ob alle Fachkräfte des Unternehmens über die gesamte Ausbildungsdauer ständig zur Verfügung stehen.

    ☐ b) Sie gestalten den Ausbildungsplan den bisherigen Leistungen der Auszubildenden entsprechend.

    ☐ c) Es muss überprüft werden, ob geeignete Fachkräfte für die Umsetzung des Ausbildungsplans eingesetzt werden können.

    ☐ d) Es wird überprüft, ob die in Ihrem Unternehmen vorhandenen Lernorte die Umsetzung des Ausbildungsplans gestatten.

    ☐ e) Es wird geklärt, ob die Auszubildenden nach der Ausbildung übernommen werden können.

27. Welche Tatbestände müssen Sie bei der zeitlichen Planung berücksichtigen?
    (Richtige Lösungen: 2)
    - ☐ a) Sie planen eine notwendige überbetriebliche Ausbildung ein.
    - ☐ b) Sie planen die Ausbildungszeit ohne Berücksichtigung von Ausfallzeiten durch Krankheit und Urlaub.
    - ☐ c) Die Ausbildungszeit kann um die Urlaubstage des Auszubildenden und des Ausbildungsbeauftragten verkürzt werden.
    - ☐ d) Es muss die wöchentliche Kontrolle der Ausbildungsnachweise und der Bewertung der Leistung eingeplant werden.
    - ☐ e) Sie reduzieren die reale Ausbildungszeit jährlich wegen Urlaubs des Auszubildenden.

28. Welche Aspekte müssen bei der sachlichen Planung berücksichtigt werden?
    (Richtige Lösungen: 2)
    - ☐ a) Die zu vermittelnden Kenntnisse, Fertigkeiten und Fähigkeiten an den einzelnen Lernorten müssen Ausbildungsabschnitten zugeordnet werden.
    - ☐ b) Die betriebliche Ausbildung ist unabhängig von der überbetrieblichen Ausbildung.
    - ☐ c) Bei der Festlegung der Reihenfolge von Ausbildungsabschnitten müssen zuerst die Grundlagen und danach die speziellen Anwendungen vermittelt werden.
    - ☐ d) Die sachliche Planung der Ausbildung erfolgt nur auf Grundlage der Anforderungen der Zwischen- und Abschlussprüfung.
    - ☐ e) Es muss darauf geachtet werden, dass sich die Ausbildungsabschnitte mit den Inhalten im Berufsschulunterricht decken.

29. Welche Sachverhalte müssen Sie bei der zeitlichen Planung berücksichtigen?
    (Richtige Lösungen: 2)
    - ☐ a) Die Ausbildungszeit ist nach den Erfordernissen der Abschlussprüfung zu gelieren.
    - ☐ b) Einzelne Ausbildungsabschnitte dürfen nicht mehr als einen Monat betragen.
    - ☐ c) Dauer und Reihenfolge der Ausbildungsabschnitte werden von den Ausbildungsbeauftragten festgelegt.

☐ d) Bei einer verkürzten Ausbildung müssen alle im Ausbildungsplan aufgeführten Fertigkeiten und Kenntnisse in der kürzeren Ausbildungszeit vermittelt werden.

☐ e) Die Ausbildungszeit wird nach den Vorgaben im Ausbildungsrahmenplan geplant.

**Ausgangslage zu den Aufgaben 30 – 32**

Ihr Unternehmen wurde umstrukturiert. Das Produktionsprogramm wurde stark reduziert und eine Vielzahl von Mitarbeitern betriebsbedingt entlassen. Der bisher für die Berufsausbildung verantwortliche Ausbilder hat gekündigt.
Da sie die Ausbildereignungsprüfung besitzen, sollen Sie die Verantwortung für die Berufsausbildung übernehmen. In diesem Zusammenhang sollen Sie Maßnahmen vorschlagen, wie unter den veränderten Bedingungen die Berufsausbildung weitergeführt werden kann.

30. Sie wollen zunächst prüfen, ob nach der Umstrukturierung der bisherige Ausbildungsablauf beibehalten werden kann. Welche Maßnahmen müssen Sie durchführen?
(Richtige Lösungen: 3)

☐ a) Prüfung, ob an den noch bestehenden Lernorten im Unternehmen die Inhalte des Ausbildungsrahmenplans vermittelt werden können.

☐ b) Klärung, ob für alle Lernorte noch geeignete Mitarbeiter mit Ausbildereignungsprüfung zur Verfügung stehen.

☐ c) Überprüfung, ob der betriebliche Ausbildungsplan unverändert hinsichtlich der getroffenen Produktveränderungen gelten kann.

☐ d) Prüfung, ob die Lernorte mit den modernsten Maschinen und Werkzeugen ausgestattet sind.

☐ e) Überprüfung, ob für die Fertigung neuer Produkte die erforderlichen Kenntnisse, Fertigkeiten und Fähigkeiten in den Ausbildungsverlauf einbezogen werden können.

31. Bei der Überprüfung der zu vermittelnden praktischen Ausbildungsinhalte stellen Sie fest, dass durch die Umstrukturierung bestimmte Inhalte nicht mehr im bisherigen Umfang im Unternehmen vermittelt werden können.
Wie können Sie die Probleme lösen?
(Richtige Lösungen: 2)

☐ a) Sie können das Problem lösen, indem Sie stattdessen praktische Ausbildungsinhalte vermitteln, die sich aus den neuen Produkten ergeben.

☐ b) Sie vergewissern sich, ob die geforderten Ausbildungsinhalte in der Berufsschule theoretisch vermittelt werden.

- c) Sie können diese geforderten Ausbildungsinhalte ersatzlos streichen.
- d) Sie suchen ein geeignetes anderes Unternehmen, in der die fehlenden Ausbildungsinhalte vermittelt werden.
- e) Sie planen für die geforderten praktischen Ausbildungsinhalte Vorträge durch die Führungskräfte ein.

32. Wer muss über die Veränderungen im Ausbildungsverlauf informiert werden?
    (Richtige Lösungen: 3)
    - a) Der Ausbildende
    - b) Der Auszubildende
    - c) Der Berufsberater bei der Agentur für Arbeit
    - d) Der Klassenlehrer der Berufsschule
    - e) Die zuständige Stelle

## Ausgangslage zu den Aufgaben 33 – 34

Als Verantwortlicher Ausbilder müssen Sie sich mit einer Vielzahl gesetzlicher Vorgaben auseinandersetzen. Bei der Vorbereitung des neuen Ausbildungsjahres überprüfen Sie die neu aufzunehmende Ausbildung der Mediengestalter Digital und Print. In dem Zusammenhang beschäftigen Sie sich vorab mit den Bestimmungen der Ausbildungsordnung.

33. Welche Vorgaben des Ausbildungsrahmenplans müssen Sie für die Erstellung des betrieblichen Ausbildungsplans berücksichtigen?
    (Richtige Lösungen: 2)
    - a) Im Ausbildungsrahmenplan sind Vorgaben über Tätigkeiten aufgeführt, die in der praktischen Ausbildung zu vermitteln sind.
    - b) Im Ausbildungsrahmenplan sind zu vermittelnde Inhalte für die zeitliche und sachliche Gliederung der Berufsausbildung aufgeführt.
    - c) Im Ausbildungsrahmenplan sind sowohl Feinlernziele als auch die Lernbereiche des Ausbildungsberufes ausgewiesen, die in der praktischen Ausbildung erreicht werden sollen.
    - d) Im Ausbildungsrahmenplan sind die zu erreichenden Kenntnisse, Fertigkeiten und Fähigkeiten vorgeben, zu denen die Auszubildenden schrittweise geführt werden sollen.
    - e) Im Ausbildungsrahmenplan sind verbindliche Zeiträume für die Vermittlung der Ausbildungsinhalte festgelegt.

34. Welche weitern Gesichtspunkte müssen Sie bei der Erstellung des betrieblichen Ausbildungsplans berücksichtigen?
(Richtige Lösungen: 2)

　　☐ a) Die Vorgaben der Ausbildungsordnung sind den betrieblichen Belangen anzugleichen.

　　☐ b) Sie müssen aufführen, an welchem Arbeitsplatz die jeweiligen Lernziele des Ausbildungsrahmenplans zu vermitteln sind.

　　☐ c) Sie müssen Lösungen finden, falls Lernziele des Ausbildungsrahmenplans nicht in Ihrem Unternehmen vermittelt werden können.

　　☐ d) Im betrieblichen Ausbildungsrahmenplan sind Qualifizierungsmaßnahmen für Ausbilder und Ausbildungsbeauftragte festzuschreiben.

　　☐ e) Es müssen mögliche Varianten für die vorzeitige Beendigung der Ausbildungszeit fixiert werden.

## Ausgangslage zu den Aufgaben 35 – 38

Die Heimat GmbH beschäftigt insgesamt 41 Mitarbeiter. In dem Unternehmen ist es seit Jahren Tradition, jährlich drei neue Auszubildende einzustellen. Nachdem Sie vor einem halben Jahr erfolgreich die Ausbildereignungsprüfung bestanden haben, sind Sie zum neuen Ausbilder bestellt worden. Sie haben sich nun entschieden, eine Einführungswoche für die neuen Auszubildenden zu gestalten.
Dabei ist es Ihnen wichtig, dass die Auszubildenden nach einer Sicherheitsbelehrung einen guten ersten Eindruck über das Unternehmen bekommen. Sie sollen auch den Verlauf der Ausbildung und die Ausbildungsplätze kennen lernen und ihre Hemmungen und Unsicherheiten verlieren. Ferner streben Sie an, dass die Auszubildenden die zentralen Aufgaben des Unternehmens erkunden können und die zuständigen Mitarbeiter kennen lernen.

35. Legen Sie fest, wie Sie als Ausbilder die Einführungswoche vorbereiten.
(Richtige Lösungen: 3)

　　☐ a) Sie erarbeiten einen Themenkatalog für die Einführungswoche.

　　☐ b) Sie teilen den Auszubildenden der Vorjahre mit, welche Informationen sie den Auszubildenden geben sollen, um einen positiven Eindruck über das Unternehmen zu vermitteln.

　　☐ c) Sie planen, wie Sie Aufbau und Organisation des Unternehmens anschaulich darstellen können.

　　☐ d) Sie teilen der Berufsschule Ihre Absichten mit, um Überschneidungen zu vermeiden.

　　☐ e) Sie teilen den anderen Mitarbeitern des Unternehmens den Ablauf der Einführungswoche mit, damit diese sich auf Anfragen einstellen können.

36. Besonders der erste Tag der Ausbildung ist für die neuen Auszubildenden wichtig. Sie wollen sowohl einen ersten Einblick in das Unternehmen vermitteln als auch Unsicherheiten abbauen.
(Richtige Lösungen: 3)
Sie begrüßen die Auszubildenden in den vorgesehenen Abteilungen und

- a) zeigen ihnen ihre zukünftigen Ausbildungsplätze.
- b) händigen den letzten Geschäftsbericht aus.
- c) stellen die Mitarbeiter und die alten Auszubildenden vor.
- d) begeben sich auf einen Rundgang durch das Unternehmen und stellen die wichtigen Aspekte dar.
- e) halten den neuen Auszubildenden einen längeren Vortrag über Unternehmens- und Ausbildungsziele.

37. Welche Maßnahmen sind geeignet, den Auszubildenden zu helfen, sich schnell in dem Unternehmen zurechtzufinden?
(Richtige Lösungen: 2)

- a) Mit einem multimediagestützten Vortrag ist dieses Ziel zu erreichen.
- b) Sie sorgen dafür, dass die neuen Auszubildenden den letzten Geschäftsbericht auswerten.
- c) Sie sorgen dafür, dass die neuen Auszubildenden die Geschäftsleitung kennen lernen und Fragen stellen können.
- d) Sie führen einen Film vom letzten Betriebsausflug vor.
- e) Sie bereiten eine Leittextgestützte Unternehmenserkundung für die Auszubildenden vor.

38. Wie kann der Erfolg Ihrer Maßnahmen überprüft werden?
(Richtige Lösungen: 3)

- a) Die Auszubildenden bekommen von Ihnen die Aufforderung, sich während der Einführungswoche Notizen zu machen und danach über ihre Erkenntnisse zu berichten.
- b) Sie fragen andere Mitarbeiter des Unternehmens nach deren Meinungen.
- c) Sie fordern einen der Auszubildenden auf, einen Vortrag über seine Erkenntnisse während der Einführungswoche zu halten.

- [ ] d) Sie fordern die Auszubildenden auf, in einem Gruppengespräch über ihre Erfahrungen während der Einführungswoche zu berichten.
- [ ] e) Sie sorgen dafür, dass die Auszubildenden zum Ende der Einführungswoche einen Bericht für den Ausbildungsnachweis schreiben. Diesen werten Sie dann gemeinsam mit den Auszubildenden aus.

## Ausgangslage zu den Aufgaben 39 – 41

Als Leiter eines Handelsunternehmens beabsichtigen Sie, zwei Auszubildende einzustellen. Die Bewerberauswahl treffen Sie aufgrund der Bewerbungsunterlagen, der schulischen Vorbildung und Leistung sowie Ihrem Eindruck aus dem Gespräch mit den Bewerbern.

Die Bewerberin Annegret, für die Sie sich entschieden haben, hat ein gutes Abiturzeugnis (allgemeinbildendes Gymnasium): Sie möchten, dass die reguläre Ausbildungsdauer von 3 Jahren aufgrund ihrer Vorbildung um 12 Monate verkürzt wird. In der engeren Auswahl ist auch die Bewerberin Lisa. Sie sind sich nicht schlüssig, ob sie für den Beruf geeignet ist. Sie haben Zweifel an der Kommunikationsfähigkeit der Bewerberin.

39. Zu den wichtigsten Kriterien für die Bewerberauswahl zählt:
(Richtige Lösungen: 2)

- [ ] a) das Interesse des Bewerbers am Ausbildungsplatz. Dies zeigt sich, wenn er die schriftliche Bewerbung persönlich im Unternehmen abgibt und gleich um ein Gespräch bittet.
- [ ] b) die zeitliche Reihenfolge des Eingangs der Bewerbungen.
- [ ] c) die Übereinstimmung des Anforderungsprofils des Berufes mit dem Profil des Bewerbers.
- [ ] d) ob sich die Eltern des Bewerbers durch Nachfragen intensiv bemühen, dass sie den Ausbildungsplatz bekommt und somit ihr Interesse für die Ausbildung ihrer Tochter zu erkennen geben.
- [ ] e) die Aussagefähigkeit der Bewerbungsunterlagen.

40. Zum Antrag auf Abkürzung der Ausbildungsdauer der Bewerberin Annegret sind folgende Antworten zutreffend.
(Richtige Lösungen: 2)

- [ ] a) Die Ausbildungsdauer kann verkürzt werden, obwohl Annegret keine berufsspezifischen Vorkenntnisse hat.
- [ ] b) Die zuständige Stelle entscheidet über den Antrag der Vertragspartner auf Verkürzung der Ausbildungsdauer.

☐ c) Das Abitur muss mit 6 Monaten auf die Ausbildungsdauer angerechnet werden.

☐ d) Diese schulische Vorbildung rechtfertigt eine vorzeitige Zulassung zur Abschlussprüfung, unabhängig von ihren Leistungen zum Zeitpunkt ihres Antrages.

☐ e) Vor der Entscheidung über den Antrag muss die Berufsschule angehört werden.

41. Die Kommunikationsfähigkeit der Bewerberin Lisa:
(Richtige Lösungen: 2)

☐ a) ist daran zu erkennen, ob das Bewerbungsschreiben fehlerfrei ist.

☐ b) zeigt eindeutig die Note für Gemeinschafts- bzw. Sozialkunde.

☐ c) ist in einem Unternehmenspraktikum relativ gut zu testen.

☐ d) ist im Vorstellungsgespräch besser zu erkennen, wenn offene anstatt geschlossene Fragen gestellt werden.

☐ e) festzustellen, gehört nicht zum Bewerberauswahlverfahren, da es in diesem nur auf Fakten ankommt und nicht um subjektive Bewertungen.

## Ausgangslage zu den Aufgaben 42 – 45

Die Auszubildende Manuela kommt zu Ihnen und möchte in eine andere Abteilung versetzt werden. Auf Ihre Frage nach den Gründen teilt sie Ihnen mit, dass sie überwiegend die Ablage erledigen sowie Fotokopien anfertigen muss. Wenn sie Aufgaben übertragen bekommt, werden sie ihr nicht erklärt. Sobald sie eine Nachfrage hat, kommen von dem Ausbildungsbeauftragen gereizte Reaktionen. Sie muss dauernd Kaffee für alle Mitarbeiter kochen und auch gelegentlich private Besorgungen erledigen. Insgesamt fühlt sie sich überhaupt nicht wohl und in der Abteilung nicht gewollt. Da Sie Manuela als eine aufgeschlossene, freundliche und Interessierte Auszubildende kennen gelernt haben, müssen Sie ihr nach Prüfung ihrer Klagen Recht geben. Manuela ist mittlerweile seit vier Wochen in der Abteilung und hat noch eine restliche Verweildauer von acht Wochen.

42. Was tun Sie, damit Manuela in dieser Abteilung eine geordnete Ausbildung erfährt?
(Richtige Lösungen: 3)

☐ a) Sie verlängern die Verweildauer um einen Monat.

☐ b) Sie führen einen Soll-Ist-Vergleich zum Ausbildungstand durch.

☐ c) Sie führen ab sofort alle Ausbildungseinheiten in der Abteilung selbst durch.

☐ d) Sie erstellen eine Auflistung der fehlenden Inhalte und besprechen mit den Mitarbeitern der Abteilung die korrekte Umsetzung.

☐ e) Sie führen sofort ein Gespräch mit dem Ausbildungsbeauftragten und den anderen Mitarbeitern der Abteilung.

43. Treffen Sie Entscheidungen, wie Sie sich gegenüber den Mitarbeitern der Abteilung im Zusammenhang mit den Hilfsdiensten korrekt verhalten.
(Richtige Lösungen: 2)

☐ a) Sie stellen einen Arbeitsplan auf, um die Hilfsdienste zeitlich einzugrenzen.

☐ b) Sie untersagen sofort die privaten Besorgungen.

☐ c) Sie unternehmen gar nichts, denn diese Aufgaben sind von der Auszubilden zu erledigen.

☐ d) Sie genehmigen das Kaffeekochen durch Manuela nur dann, wenn alle Mitarbeiter der Abteilung dies auch abwechselnd erledigen.

☐ e) Sie überlassen die Klärung der Angelegenheit den Mitarbeitern der Abteilung.

44. Wie reagieren Sie auf das Verhalten der Mitarbeiter gegenüber Manuela richtig?
(Richtige Lösungen: 2)

☐ a) Sie lassen sich die Gründe für das Verhalten erklären.

☐ b) Sie fordern die Mitarbeiter auf, Manuela bei allen privaten Aktivitäten einzubeziehen.

☐ c) Sie drohen den Mitarbeitern, das Verhalten der Geschäftsleitung zu melden.

☐ d) Sie unternehmen nichts, da Sie sich prinzipiell aus privaten Angelegenheiten heraushalten.

☐ e) Sie erinnern die Mitarbeiter an Zielsetzung und Zweck einer Berufsausbildung.

45. Wie kann der Ausbildungsbeauftrage in Zukunft gefordert, aber auch gefördert werden?
   (Richtige Lösungen: 3)

   ☐ a) Sie geben ihm Unterstützung bei der Vermittlung von Lerninhalten.

   ☐ b) Sie ermöglichen ihm die Teilnahme an Ausbilderseminaren.

   ☐ c) Sie unterstützen Ihn zukünftig bei der Planung und Durchführung der Ausbildung.

   ☐ d) Sie drohen ihm wegen seines falschen Verhaltens mit einer Abmahnung.

   ☐ e) Sie lassen ihm in der Zukunft freie Hand bei der Auswahl von Ausbildungsinhalten.

## Ausgangslage zu den Aufgaben 46 – 50

Sie sind seit vielen Jahren als Ausbilder tätig und sehr erfahren. Sie bevorzugen handlungsorientierte Ausbildungsmethoden. Es ist Ihnen wichtig, dass die Auszubildenden auch mal eigen Initiative ergreifen, um sie zum selbstständigen Erwerb von Wissen zu ermutigen. Sie führen regelmäßig Erfolgskontrollen durch. Durch die abwechslungsreiche Gestaltung der Ausbildung und weil Sie ein offenes Ohr für die Auszubildenden haben, sind Sie bei ihnen sehr beliebt.
Laura, Alexandra und Bernhard sind Ihre Auszubildenden. Laura ist beim Erwerb neuen Wissens die Schwächste der drei Auszubildenden und wird daher besonders gefördert. Während eines Workshops über aktuelle Ausbildungsmethoden sollen Sie Ihre Erfahrungen den anderen Teilnehmern vorstellen.

46. Mit welchen Argumenten können sie den Teilnehmern Ihre erfolgreiche Methodik darlegen?
    (Richtige Lösungen: 3)

    ☐ a) Bei der Entscheidung für eine Ausbildungsmethode ist auch die zur Verfügung stehende Zeit ausschlaggebend für Ihre Entscheidung.

    ☐ b) Ausschlaggebend für die Wahl der Methode sind auch die zu erreichenden Lernziele.

    ☐ c) Die Gruppengröße der Auszubildenden ist bei der Methodenauswahl ohne Bedeutung.

    ☐ d) Die leistungsstärksten Auszubildenden der Gruppe bestimmen die richtige Methodenauswahl.

    ☐ e) Durch die Methode soll die Aktivität und das selbstständige Lernen der Auszubildenden gefördert werden.

47. Welche Argumente können den anderen Teilnehmern Ihren Erfolg bei der Förderung von Aktivität und Selbstständigkeit der Auszubildenden darlegen?
(Richtige Lösungen: 3)

- a) Sie übertragen Ihre Führungsverantwortung auf die Auszubildenden.
- b) Laura, Alexandra und Bernhard werden stärker motiviert.
- c) Da Sie sich nicht um die Auszubildenden kümmern müssen, bleibt Ihnen mehr Zeit für Ihre anderen Aufgaben.
- d) Die Auszubildenden haben den Wunsch nach mehr Selbstständigkeit, daher ist eine Förderung von eigenen Aktivitäten eine logische Konsequenz.
- e) Durch Ihr Vorbild wird die berufliche Handlungsfähigkeit von den dreien gefördert.

48. Mit welchen Argumenten können Sie herausstellen, dass bestimmte Aufgabenstellungen von den Auszubildenden erfolgreich in Gruppenarbeit gelöst werden?
(Richtige Lösungen: 3)

- a) Die Auszubildenden lernen, Konflikte sachlich und konstruktiv zu lösen.
- b) Die Auszubildenden ergänzen gegenseitig ihre Kenntnisse und Fertigkeiten und kommen so zu qualitativ besseren Ergebnissen.
- c) In Gruppenarbeit kommen die Auszubildenden schneller zu Lösungen.
- d) Die Auszubildenden geben sich gegenseitig Anregungen und vermeiden so auch Fehler.
- e) Alexandra ist die Gruppenführerin und hat oft die besten Ideen. So kommt die Gruppe schneller zur Lösung von Aufgaben.

49. Wie können Sie den anderen Teilnehmern den Einsatz von Lernerfolgskontrollen argumentativ näher bringen?
(Richtige Lösungen: 2)

- a) Die Steuerung der zukünftigen Lernprozesse wird durch regelmäßige Lernerfolgskontrollen erleichtert.
- b) Durch Lernerfolgskontrollen kann die Wiedergabe von Faktenwissen überprüft werden.

☐ c) Sie beschränken sich bei den Kontrollen darauf zu prüfen, ob Zusammenhänge verstanden wurden.

☐ d) Durch Lernerfolgskontrollen kann die Überprüfung von Transferleistungen ermöglicht werden.

☐ e) Lernerfolgskontrollen können für differenzierte Leistungsmessungen bei den Auszubildenden genutzt werden.

50. Während eines Lehrgesprächs beantwortet Laura im Rahmen einer Lernerfolgskontrolle eine Frage falsch. Wie können den Teilnehmern des Workshops die richtigen Reaktionsmöglichkeiten dargelegt werden?
(Richtige Lösungen: 2)

☐ a) Laura bekommt eine Frage zu einem anderen Thema gestellt.

☐ b) Sie formulieren die Frage neu.

☐ c) Sie nennen ihm die richtige Lösung.

☐ d) Sie stellen Laura die Frage in kleinere Etappen unterteilt.

☐ e) Sie reagieren mit Kopfschütteln und teilen ihm mit, dass er die Prüfung nie bestehen wird.

## Ausgangslage zu den Aufgaben 51 – 55

Sie sind Ausbilder in einem mittelständischen Unternehmen. Ihr Ausbildungsbeauftragter Alois Baumleger spricht Sie auf Ausbildungsmethoden an. Er möchte das Brainstorming, den Lernauftrag und die Projektarbeit anwenden, um die Ausbildung abwechslungsreicher zu gestalten. Da er bisher nur wenige allgemeine Informationen zu diesen Methoden hat, bittet er Sie um nähere Hinweise zu deren Umsetzung.

51. Welche Vorgehensweise muss den Auszubildenden beim Brainstorming u.a. vorgegeben werden?
(Richtige Lösungen: 2)

☐ a) Bevor einzelne Beiträge festgehalten werden, müssen diese von der Gruppe der Auszubildenden bewertet werden.

☐ b) Die Auszubildenden sollen alle Gedanken zu dem Thema spontan und frei nennen, damit diese festgehalten werden können.

☐ c) Beiträge anderer Auszubildender dürfen genutzt werden, um weiterführende Ideen zu bringen.

☐ d) Zu Beginn des Brainstormings muss sich über die Anzahl der Beiträge verständigt werden.

☐ e) Die Beiträge sollen von den anderen Auszubildenden kommentiert werden.

52. Welche Aufgabe muss Alois Baumleger in seiner Rolle als Moderator beim Brainstorming wahrnehmen?
(Richtige Lösungen: 3)

- ☐ a) Er achtet darauf, dass die Regeln des Brainstormings eingehalten werden.
- ☐ b) Er setzt seine eigenen Ideen und Vorschläge durch.
- ☐ c) Er regt die Auszubildenden an, frei und ungehemmt Ideen zu äußern.
- ☐ d) Er muss die Ideen der Auszubildenden festhalten.
- ☐ e) Er bewertet die Ideen negativ, damit die Auszubildenden aus der Kritik lernen.

53. Welche Aufgabe muss Alois Baumleger beim Lernauftrag wahrnehmen?
(Richtige Lösungen: 3)

- ☐ a) Er muss sicher sein, dass die Auszubildenden genügend Kenntnisse und Fertigkeiten haben, um den Auftrag bearbeiten zu können.
- ☐ b) Er muss sicherstellt haben, dass die notwenigen theoretischen Kenntnisse in der Berufsschule vermittelt wurden.
- ☐ c) Er muss prüfen, dass die Auszubildenden die richtige Vorgehensweise für die Bearbeitung des Lernauftrages kennen.
- ☐ d) Er muss feststellen, dass die Auszubildenden die vielschichtigen Zusammenhänge des Lernauftrages erkennen können.
- ☐ e) Er muss sich vergewissern, dass die Auszubildenden in der Lage sind, sich selbstständig Informationen zu der Thematik zu beschaffen.

54. Welche Aufgaben muss Alois Baumleger beim Lernauftrag weiterhin erfüllen?
(Richtige Lösungen: 2)

- ☐ a) Der Lernprozess muss vor Beginn von ihm strukturiert werden.
- ☐ b) Er kann den Lernauftrag ohne weitere Informationen an die Auszubildenden schriftlich übergeben.
- ☐ c) Er muss die Auszubildenden gut in den Lernauftrag einführen.
- ☐ d) Er braucht den Auszubildenden keine Hintergrundinformationen zur Verfügung zu stellen, damit sie den Fall lösen können.
- ☐ e) Er muss während der Bearbeitungszeit des Lernauftrages nicht als Ansprechpartner zur Verfügung stehen.

55. Welche Aufgaben muss Alois Baumleger bei der Projektarbeit unter anderem wahrnehmen?
(Richtige Lösungen: 3)

- ☐ a) Er hat den Verlauf so zu organisieren, dass die Auszubildenden das Projekt selbstständig bearbeiten können.
- ☐ b) Er muss die Auszubildenden während der Planungsphase praktisch unterweisen.
- ☐ c) Er muss bei der Durchführung des Projektes ansprechbar sein.
- ☐ d) Er muss die Auszubildenden über die Ausgangslage und die zu erreichenden Ziele informieren.
- ☐ e) Er muss während der Durchführung konkrete Arbeitsanweisungen erteilen.

**Ausgangslage zu den Aufgaben 56 – 58**

Sie sind in einem mittelständischen Unternehmen als Ausbilder tätig. Dabei sind Sie auch für die Berufsausbildung der Elektroanlagenmonteure verantwortlich. Der fachliche Teil der Berufsausbildung findet in einigen Teilbereichen durch langjährige und fachkundige Mitarbeiter bei den jeweiligen Kunden statt.
Sie führen mit den Ausbildungsbeauftragten ein Gespräch über die Qualität der Ausbildung.

56. Welche Ausbildungsmethoden sollten auch an unterschiedlichen Einsatzorten genutzt werden?
(Richtige Lösungen: 2)

- ☐ a) Während der ersten zwei Ausbildungsjahre sollte nur die Vier-Stufen-Methode angewendet werden, damit die Auszubildenden schnell produktiv werden.
- ☐ b) Kurze Vorträge über die Aufgaben und Arbeitsanweisungen sind absolut ausreichend.
- ☐ c) Von Anfang an sollte das auftragsorientierte Lernen angewendet werden.
- ☐ d) Zur Erreichung der Lernziele bietet sich ein Mix aus mehreren Unterweisungsmethoden an.
- ☐ e) Der Einsatz von Lehrgesprächen ist in technischen Berufen nicht notwendig.

57. Wie sollte bei der Vermittlung von Lernzielen das didaktische Vorgehen vom Prinzip her gestaltet werden?
(Richtige Lösungen: 3)

- a) Die Lernziele müssen vom Einfachen zum Zusammengesetzten gegliedert werden.
- b) Sie fangen bei der Vermittlung der Lernziele mit dem Abstrakten an und gehen zum Konkreten über.
- c) Sie beginnen mit dem Leichten und wenden sich dann schrittweise dem Schweren zu.
- d) Sie fangen mit dem Nahen an und gehen zum Entfernten über.
- e) Sie beginnen mit dem Speziellen und wenden sich dann dem Einfachen zu.

58. Welche Ihrer Fragen können Ihnen die eingesetzten Ausbildungsbeauftragten genau und zuverlässig hinsichtlich der beruflichen Entwicklung des Auszubildenden beantworten?
(Richtige Lösungen: 3)

- a) Erledigt der Auszubildende die ihm übertragenen Aufgaben sorgfältig?
- b) Wie ist das Verhalten des Auszubildenden?
- c) Ist der Auszubildende leistungsfähig, das heißt, erledigt er die Aufgaben genau und schnell?
- d) Sind Sie mit den Leistungen des Auszubildenden zufrieden?
- e) Können dem Auszubildenden bereits Aufgaben zugeteilt werden, bei denen nicht jeder einzelne Schritt kontrolliert werden muss?

## Ausgangslage zu den Aufgaben 59 – 61

Die Berufsausbildung der Auszubildenden Verena Schrader und Melanie Fritzinger neigt sich dem Ende zu. Die Abschlussprüfung findet in wenigen Tagen statt. Sie sind der verantwortliche Ausbilder und wollen nun die Entwürfe für die qualifizierten Ausbildungszeugnisse mit den beiden Auszubildenden besprechen.
Sie bereiten eine Checkliste zum Führen der Gespräche vor und überlegen bereits im Vorfeld, welche Einsprüche die Auszubildenden anbringen könnten.

59. Welche Schwerpunkte sollten in dem Gespräch zu den Zeugnisentwürfen gesetzt werden?
(Richtige Lösungen: 2)

- a) Fachliche Schwächen sollen ausgeglichen werden.

☐ b) Die Abschlussprüfung soll bestanden werden.

☐ c) Die Entwicklung der Persönlichkeit soll positiv gefördert werden.

☐ d) Die Auszubildenden sollen die künftigen Anforderungen des Berufes bei einer Weiterbildung beachten.

☐ e) Die Auszubildenden sollen ihre Stärken und Schwächen erkennen.

60. Verena Schrader kritisiert die Darstellung von Schwachstellen in dem Entwurf des Ausbildungszeugnisses. Wie reagieren Sie?
(Richtige Lösungen: 1)

☐ a) Nach einer Darstellung Ihres Standpunktes verändern Sie das Zeugnis, indem Sie typische Verhaltensweisen von Verena auflisten.

☐ b) Sie erklären Verena, dass in einem Zeugnis die Stärken und Schwächen der Wahrheit entsprechend dargestellt werden müssen, und nehmen keine Veränderungen vor.

☐ c) Sie verdeutlichen Verena, dass Sie im Verlauf der Ausbildung eine Vielzahl weiterer Fakten sammeln konnten, und ergänzen damit das Zeugnis.

☐ d) Sie besprechen mit Verena die Kriterien eines wahrheitsgemäßen und wohlwollenden Zeugnisses und nehmen entsprechende Veränderungen vor.

☐ e) Sie erklären Verena, dass die Richtigkeit der Angaben auch von den eingesetzten Ausbildungsbeauftragten bestätigt wurde und Sie daher keine Korrekturen vornehmen können.

61. Melanie Fritzinger hat durch Fehlverhalten während ihrer Ausbildung zwei Abmahnungen erhalten. Sie ist daher mit ihrem qualifizierten Ausbildungszeugnis nicht zufrieden und will ein einfaches Zeugnis bekommen. Wie reagieren Sie?
(Richtige Lösungen: 1)

☐ a) Sie klären Melanie auf, dass Sie verpflichtet sind, am Ende der Berufsausbildung ein qualifiziertes Zeugnis zu erteilen.

☐ b) Sie zeigen Melanie auf, dass Sie alle Kriterien eines wahrheitsgemäßen Zeugnisses berücksichtigt haben und daher das Zeugnis nicht verändern.

☐ c) Sie stellen ihr dar, dass die eingesetzten Ausbildungsbeauftragten an dem Zeugnistext mitgewirkt haben und mit Veränderungen nicht einverstanden sein werden.

☐ d) Sie lassen zusätzlich ein einfaches Zeugnis verfassen.

☐ e) Sie versuchen ihr zu erklären, dass das Zeugnis doch gar nicht so schlecht sei.

## Ausgangslage zu den Aufgaben 62 – 64

Sie sind der verantwortliche Ausbilder in einer Bank. Bei Ihnen befinden sich auf die drei Ausbildungsjahre verteilt neun Auszubildende in der Ausbildung zum Bankkaufmann. Sie stellen bei Sandra und Ralf fest, dass ihre Kenntnisse der Rechtschreibung den Anforderungen dieses Berufes nicht entsprechen. Sie denken darüber nach, wie die Berufsschule stärker auf eine positive Entwicklung dieser Kenntnisse einwirken kann. Zufällig erhalten Sie während einer Besprechung mit allen Auszubildenden auch darüber Kenntnis, dass es bei Kerstin und Heiko zu Unregelmäßigkeiten bei der Teilnahme am Berufsschulunterricht gekommen ist.
In der kommenden Woche wollen Sie mit den vier Klassenlehrern der Auszubildenden ein Gespräch führen.

62. Bezüglich der Schwächen in der Rechtschreibung der Auszubildenden machen Sie Vorschläge für die einzelnen Fächer. Welche Vorschläge können die Berufsschullehrer umsetzen?
(Richtige Lösungen: 2)

- ☐ a) Die Berufsschullehrer sollen in allen Fächern zur richtigen Rechtschreibung auffordern.

- ☐ b) Bei schlechten Leistungen in der Rechtschreibung sollen die erreichten Punkte in Klausuren um 10% gekürzt werden.

- ☐ c) Bei schlechten Leistungen in der Rechtschreibung sollen die Klausuren um eine Note schlechter bewertet werden.

- ☐ d) Bei schlechten Leistungen in der Rechtschreibung sollen die Klausurnoten nicht besser als ausreichend sein.

- ☐ e) Alle Auszubildenden mit Defiziten in der Rechtschreibung bekommen das Angebot, Förderkurse zu besuchen.

63. In Zukunft wollen Sie sofort informiert werden, wenn Ihre Auszubildenden beim Berufsschulunterricht fehlen. Wie können die Lehrer darüber informieren?
(Richtige Lösungen: 1)

- ☐ a) Aus Gründen des Datenschutzes dürfen die Klassenlehrer Sie nicht darüber informieren.

- ☐ b) Sie erhalten von den Klassenlehrern vierteljährlich gesammelte Informationen über die Unregelmäßigkeiten.

- ☐ c) Die Klassenlehrer informieren Sie in Zukunft auf Ihre Anfrage hin sofort.

- ☐ d) Informationen über die Teilnahme am Unterricht erhalten Sie direkt von den Auszubilden.

- ☐ e) Sie erhalten die Informationen nur an den für alle Ausbilder üblichen Sprechtagen der Berufsschule.

64. Sie vereinbaren mit den Klassenlehrern eine bessere Kooperation. Welche Maßnahmen lassen sich mit der Berufsschule vereinbaren?
(Richtige Lösungen: 2)

- [ ] a) Jeder Auszubildende trägt die vermittelten Lerninhalte der Berufsschule in seinen Ausbildungsnachweis ein. Die Lehrer zeichnen diese Eintragungen ab.
- [ ] b) Der Berufsschullehrer schickt den Auszubildenden in das Unternehmen, wenn dieser im Unterricht nicht vernünftig Mitarbeit.
- [ ] c) Im Unternehmen nicht zu vermittelnde praktische Lerninhalte sollen von der Berufsschule übernommen werden.
- [ ] d) Eine Kooperation zwischen Ihnen und der Berufsschule ist viel zu zeitintensiv und darüber hinaus überflüssig.
- [ ] e) Der Berufsschullehrer kann die Ausbildungsnachweise einsehen, falls er dies für eine Förderung der Auszubildenden für wichtig hält.

## Ausgangslage zu den Aufgaben 65 – 69

Ein weiterer Ausbilder in Ihrem Unternehmen bittet Sie um Rat. Er hat eine Unterweisung mit seinen Auszubildenden abgebrochen, da er es nicht schafft, deren Interesse an dem Thema zu wecken. Nun möchte er von Ihnen wissen, was die Ursache für das Desinteresse sein könnte.
Sie besprechen mit ihm, wie Lehrgespräche erfolgreich gestaltet werden können.

65. Zunächst möchten Sie von Ihrem Kollegen wissen, worauf er bei der Vorbereitung auf das Lehrgespräch geachtet hat. Welche der genannten Punkte sind richtig und wie kann er daraufhin beraten werden?
(Richtige Lösungen: 2)

- [ ] a) Er teilt Ihnen mit, dass ihm wichtig war, dass alle an der Ausbildung beteiligten Personen ihre Zustimmung zu dem Thema gegeben haben.
- [ ] b) Ihm war wichtig, die Lernziele des Themas konkret zu formulieren und dazu geeignete Fragen zu finden.
- [ ] c) Er hielt es für korrekt, einen der Auszubildenden im Vorfeld für die Durchführung des Lehrgespräches zu bestimmen.
- [ ] d) Er war der Meinung es sei nötig, die Jugend- und Auszubildendenvertretung über das Lehrgespräch zu informieren und diese teilnehmen zu lassen.
- [ ] e) Er hat dafür gesorgt, dass das Lehrgespräch in einer ruhigen und ungestörten Atomsphäre durchgeführt werden konnte. Außerdem hat er die Auszubildenden rechtzeitig über das stattfinden des Lehrgespräches informiert.

66. Um Schwächen des Kollegen zu erkennen, wollen Sie von ihm wissen, wie er reagierte, als er den passiven Widerstand der Auszubildendengruppe erkannte. Welche der geschilderten Reaktionen sind richtig?
(Richtige Lösungen: 2)

   a) Er teilte Ihnen mit, dass er die Situation ernst nahm. Er blieb sachlich und bemühte sich, die Gründe für diesen Widerstand herauszufinden.

   b) Er teilte Ihnen mit, dass er Disziplin und Gehorsam von den Auszubildenden verlangte.

   c) Er äußerte, dass er die Auszubildenden zur Einsicht anhielt und Respekt seiner Person gegenüber einforderte.

   d) Er sagte, dass er das Lehrgespräch sofort und unter Androhung von Konsequenzen abbrach. Danach verließ er den Raum.

   e) Er teilte mit, dass er den Widerstand zwar erkannt, aber trotzdem die Lernziele in der geplanten Form verfolgt hatte.

67. Welche Vorteile hat ein gut strukturiertes Lehrgespräch?
(Richtige Lösungen: 3)

   a) Es unterdrückt Spontanität der Auszubildenden.

   b) Es macht schwierige Sachverhalte schneller und besser verständlich.

   c) Es kann jedes Problem lösen.

   d) Es ruft vergessene Inhalte zurück.

   e) Es führt systematisch durch die einzelnen Lerninhalte.

68. Welche Schlüsselqualifikationen lassen sich mit Lehrgesprächen fördern?
(Richtige Lösungen: 2)

   a) Selbstständiges Handeln

   b) Verantwortliches Handeln

   c) Mündliche Ausdrucksfähigkeit

   d) Selbstständiges Denken

   e) Teamarbeit

69. Welche Fragen sind geeignet, ein Lehrgespräch zum Erfolg zu führen?
   (Richtige Lösungen: 2)

   - [ ] a) Entwicklungsfragen
   - [ ] b) Rhetorische Fragen
   - [ ] c) Suggestivfragen
   - [ ] d) Begründungsfragen
   - [ ] e) Kettenfragen

## Ausgangslage zu den Aufgaben 70 – 73

Sie sind Ausbilder von fünf Auszubildenden zum Kfz-Mechaniker in Münsteraner Autoteile GmbH. Gerade zu Beginn der Berufsausbildung halten Sie die Vier-Stufen-Methode für sehr geeignet. Ihr Vorgehen ist in den folgenden Aufgaben zu erkennen.

70. Was ist typisch für die erste Stufe der Vier-Stufen-Methode?
    (Richtige Lösungen: 2)

    - [ ] a) Das Arbeitsverhalten der Auszubildenden wird durch den Ausbilder beurteilt.
    - [ ] b) Zurückhaltende Auszubildende werden für die anstehende Aufgabe ermutigt.
    - [ ] c) Die Auszubildenden machen die gezeigten Arbeitsschritte nach.
    - [ ] d) Der Ausbilder fragt nach den in der Berufsschule vermittelten Inhalten zu dem Thema.
    - [ ] e) Gemeinsam mit den Auszubildenden wird der Ausbildungsinhalt ausgewertet.

71. Was ist typisch für die zweite Stufe?
    (Richtige Lösungen. 2)

    - [ ] a) Der zu vermittelnde Arbeitsgang wird von dem Ausbilder vorgemacht und erklärt.
    - [ ] b) Das Arbeitsverhalten der Auszubildenden wird durch den Ausbilder beurteilt.
    - [ ] c) Mögliche Gefahren in der Ausbildungssituation werden erklärt und es wird zur Vorsicht aufgefordert.
    - [ ] d) Die Auszubildenden machen die gezeigten Arbeitsschritte nach.
    - [ ] e) Die Auszubildenden erhalten die Aufforderung, den Ausbildungsnachweis noch am selben Tag zu führen.

72. Was ist typisch für die dritte Stufe?
    (Richtige Lösungen: 2)

    ☐ a) Die Auszubildenden erhalten die Aufforderung, den Ausbildungsnachweis noch am selben Tag zu führen.

    ☐ b) Der zu vermittelnde Arbeitsgang wird von dem Ausbilder vorgemacht und erklärt.

    ☐ c) Der Arbeitsablauf wird durch den Ausbilder kontrolliert und Fehler werden berichtigt.

    ☐ d) Das Arbeitsverhalten der Auszubildenden wird durch den Ausbilder während des Nachmachens beurteilt.

    ☐ e) Es erfolgt eine Selbstbeurteilung durch die Auszubildenden.

73. Was ist typisch für die vierte Stufe?
    (Richtige Lösungen: 2)

    ☐ a) Das Arbeitsergebnis wird durch den Ausbilder bewertet.

    ☐ b) Das Verhalten der Auszubildenden wird verglichen und Noten werden vergeben.

    ☐ c) Die einzelnen Arbeitsschritte der Auszubildenden werden von dem Ausbilder erklärt.

    ☐ d) Die Arbeitsschritte können von den Auszubildenden geübt werden.

    ☐ e) Die Auszubildenden erhalten Aufträge, um die gelernten Inhalte zu festigen.

## Ausgangslage zu den Aufgaben 74 – 76

Sie sind dabei, sich auf die Unterweisung des Auszubildenden Rüdiger vorzubereiten. Nach der Unterweisung soll er die Maschine bedienen können. Als Hilfsmittel stehen Ihnen die Bedienungsanleitung und optimal gefertigte Produkte zur Verfügung, die an dieser Maschine hergestellt wurden. Außerdem gibt es zu Demonstrationszwecken einige fehlerhafte Produkte, die durch Bedienungsfehler verursacht wurden. Des Weiteren liegt Ihnen ein Hinweisblatt über Sicherheitsvorkehrungen und Unfallgefahren an diesem Maschinentyp vor.

74. Zur Vorbereitung der Unterweisung gehört u.a.
    (Richtige Lösungen: 3)

    ☐ a) sicherzustellen, dass die Maschine für die notwendige Unterweisungszeit zur Verfügung steht.

- ☐ b) den Auszubildenden an der Maschine zunächst alleine ausprobieren zu lassen.
- ☐ c) die gründliche Belehrung über die Sicherheitsvorkehrungen und Unfallgefahren.
- ☐ d) den Nutzen zu verdeutlichen, den der Auszubildende hat, wenn er diese Maschine zur Erledigung seiner Aufgaben bedienen kann.
- ☐ e) die Bedienungsanleitung als Tätigkeitsbericht für den Ausbildungsnachweis abschreiben zu lassen.

75. Zu den wesentlichen Punkten in der Phase „Vormachen" nach der Vier-Stufen-Methode gehört u.a.
(Richtige Lösungen: 2)

- ☐ a) die Bedienung der Maschine Schritt für Schritt zu erklären und diese vom Auszubildenden sofort nachmachen zu lassen.
- ☐ b) zu erklären, seit wann solche Maschinen gebaut werden und welche verschiedenen Typen von den Herstellern angeboten werden.
- ☐ c) die Bedienung der Maschine Schritt für Schritt zu erklären, diese langsam und nachvollziehbar vorzumachen.
- ☐ d) möglichst viele Teile aufzählen, die mit dieser Maschine schon mal gefertigt wurden.
- ☐ e) während dem Vormachen auf mögliche Bedienungsfehler und deren Folgen aufmerksam zu machen.

76. In der Phase „Nachmachen" kommt es hauptsächlich darauf an, dass
(Richtige Lösungen: 2)

- ☐ a) der Auszubildende den gesamten Herstellungsprozess eines Teiles von der Zeichnung bis zur Endkontrolle versteht.
- ☐ b) der Auszubildende die Tätigkeit Schritt für Schritt selbst ausführt und dabei sein tun erläutert.
- ☐ c) den Auszubildenden nicht zu entmutigen und deshalb Bedienungsfehler ignorieren.
- ☐ d) sich der Auszubildende Gedanken über den Schwierigkeitsgrad macht.
- ☐ e) der Auszubildende mögliche Bedienungsfehler erkennt, um diese künftig möglichst zu verhindern.

77. In der Phase „Üben" liegt der Schwerpunkt der Unterweisung nach der Vier-Stufen-Methode für den Auszubildenden vor allem darin…
    (Richtige Lösungen: 2)

    ☐ a) das erworbene Wissen an andere Auszubildende weiterzugeben.

    ☐ b) die erlernte Fertigkeit zu festigen, mehr Sicherheit und mehr Routine zu entwickeln.

    ☐ c) dass er zu seinem Lernverhalten und zu seinen Leistungen ein Feedback in Form von Anerkennung bzw. sachlicher Kritik bekommt.

    ☐ d) dass die Unterweisung abgebrochen wird, wenn der Auszubildende aufgrund mangelnden Selbstvertrauens in seiner Leistungsfähigkeit ängstlich reagiert.

    ☐ e) dass der Auszubildende seine Arbeitsergebnisse allein beurteilt.

## Ausgangslage zu den Aufgaben 78 – 79

Sie sind Ausbilder in der Bürokommunikation GmbH tätig. Zwei Ihrer Auszubildenden befinden sich am Ende ihrer Ausbildung zu Kaufleuten für Bürokommunikation. Der Geschäftsführer möchte von Ihnen wissen, welche Formalitäten bei einer Anmeldung zur Abschlussprüfung einzuhalten sind. Außerdem interessiert ihn, wie das weitere Vorgehen ist, falls die Abschlussprüfung nicht bestanden wird.

78. Sie prüfen zunächst, ob alle Voraussetzungen für eine Zulassung zur Abschlussprüfung erfüllt sind. Welche der nachfolgenden Unterlagen sind für eine Zulassung zur Abschlussprüfung notwendig?
    (Richtige Lösungen: 2)

    ☐ a) Die kompletten Personalakten der beiden Auszubildenden.

    ☐ b) Die Auszubildenden müssen einen gemeinsamen Antrag auf Zulassung zur Abschlussprüfung abgeben.

    ☐ c) Es muss eine Übersicht der gesamten Fehlzeiten der Auszubildenden angefertigt werden.

    ☐ d) Eine Bescheinigung über die Teilnahme an der Zwischenprüfung ist für beide Auszubildenden erforderlich.

    ☐ e) Die Ausbildungsnachweise der Auszubildenden für die abgelaufene Ausbildungszeit.

79. Was ist das richtige Verhalten, wenn ein Auszubildender nach nicht bestandener Abschlussprüfung eine Verlängerung der Ausbildung beantragt?
(Richtige Lösungen: 1)

- ☐ a) Wurde einem Auszubildenden schon vor der Prüfung mitgeteilt, dass er nicht übernommen wird, gibt es keine Pflicht zur Verlängerung.
- ☐ b) Für die Beseitigung theoretischer Mängel ist die Berufsschule verantwortlich. Daher ist eine Verlängerung nicht erforderlich.
- ☐ c) Der Ausbildungsvertrag muss bis zur nächsten Wiederholungsprüfung verlängert werden.
- ☐ d) Der Auszubildende kann die Wiederholungsprüfung als Externer ablegen. Daher ist eine Verlängerung des Ausbildungsvertrages nicht erforderlich.
- ☐ e) Der Ausbildungsvertrag muss bis zum Bestehen der Abschlussprüfung verlängert werden.

**Ausgangslage zu den Aufgaben 80 – 82**

Sie sind Ausbilder von Ingolf Franz. Er teilt Ihnen mit, dass er die Abschlussprüfung nicht bestanden hat. Ihnen ist bekannt, dass er schon in der Zwischenprüfung schlechte Ergebnisse hatte. In dem Gespräch mit Ingolf erfahren Sie auch, dass er der einzige Prüfungsteilnehmer war, der die Prüfung nicht bestanden hat. Ingolf möchte seine Ausbildung nun verlängern, um die Prüfung zum nächstmöglichen Termin zu wiederholen.

80. Sie sind überzeugt, dass sich Ingolf zu wenig auf die Abschlussprüfung vorbereitet hat, da er als einziger nicht bestanden hat. Welche Aspekte sprechen für Ihre Sichtweise?
(Richtige Lösungen: 2)

- ☐ a) Er kam während der gesamten Ausbildungszeit fast immer recht nachlässig gekleidet in das Unternehmen.
- ☐ b) Er hat sich an der Prüfungsvorbereitung im Unternehmen nicht intensiv beteiligt.
- ☐ c) Er hat bei der Zwischenprüfung keine guten Ergebnisse erzielt.
- ☐ d) Übertragene Aufgaben während der Prüfungsvorbereitung wurden häufig fehlerhaft erledigt.
- ☐ e) Er fehlte während der gesamten Ausbildung insgesamt drei Monate wegen Krankheit.

81. Welche Entscheidung müssen sie treffen, nachdem Ingolf eine Verlängerung der Ausbildung beantragt hat?
    (Richtige Lösungen: 2)

    ☐ a) Sie verweigern ihm eine Verlängerung der Ausbildung. Stattdessen kann er sich bei Ihnen um eine Anstellung als Hilfsarbeiter bewerben.

    ☐ b) Sie stimmen der Verlängerung des Berufsausbildungsverhältnisses zu.

    ☐ c) Sie stimmen seinem Antrag nur dann zu, wenn Ingolf gleich um ein ganzes Jahr verlängert.

    ☐ d) Sie verlängern die Ausbildung bis zur nächstmöglichen Wiederholungsprüfung und vereinbaren mit ihm Maßnahmen zur Prüfungsvorbereitung.

    ☐ e) Sie sind mit einer Verlängerung der Ausbildung nicht einverstanden. Stattdessen darf er im Unternehmen Arbeiten ausführen, die er selbst für wichtig hält, um die Prüfung zu bestehen.

82. Um die Vorbereitung auf die Wiederholungsprüfung zu unterstützen, denken Sie über Maßnahmen zu Ingolfs Förderung nach. Welche Maßnahmen sind geeignet?
    (Richtige Lösungen. 3)

    ☐ a) Sie sorgen dafür, dass Ingolf am Berufsschulunterricht für das dritte Ausbildungsjahr teilnehmen kann.

    ☐ b) Sie bieten ihm einen Förderkurs außerhalb Ihres Unternehmens an und fordern ihn zur Teilnahme auf.

    ☐ c) Sie geben ihm praktische Übungsaufgaben der letzten Jahre und fordern ihn auf, sich damit vorzubereiten.

    ☐ d) Zur Beseitigung der Schwächen in der Prüfung planen Sie konkrete Arbeitsaufgaben.

    ☐ e) Sie fordern ihn auf, die Lücken durch regelmäßiges üben selbstständig zu schließen.

## Ausgangslage zu den Aufgaben 83 – 85

Sie sind Ausbilder n der Heimat AG. Bei der Ausbildung der rund 10 Auszubildenden werden Sie von 5 Ausbildungsbeauftragten unterstützt. Bei der Durchsicht der Ausbildungsnachweise und mehreren Gesprächen stellen Sie fest, dass die Auszubildenden wenig davon behalten haben, was Ihnen in den verschiedenen Ausbildungsbereichen vermittelt wurde. In einem Gespräch mit den Ausbildungsbeauftragten, in dem Sie über Ihre Feststellung berichtet haben, werden Ihnen mehrere Fälle vorgetragen.

83. Dem Ausbildungsbeauftragen Herrn Schilder fällt beim Auszubildenden Bernd auf, dass er immer wieder Fragen stellt, obwohl ihm der jeweilige Sachverhalt schon oft erklärt wurde. Welche Reaktion empfehlen Sie dem Ausbildungsbeauftragten?
(Richtige Lösungen: 1)

- [ ] a) Dem Auszubildenden dennoch immer wieder erklären, dass es Ihnen doch lieber sei, dass Sie häufig gefragt werden, als dass Fehler passieren.

- [ ] b) Dem Auszubildenden erklären, er solle mit dem ständigen Fragen aufhören, er müsse endlich selbstständig werden.

- [ ] c) Mit Bernd herauszufinden, wie er sich den Lerninhalt nach Unterweisungen oder Lehrgespräche am besten merken kann und welche anderen Informationsquellen ihm zur Verfügung stehen, die er selbstständig nutzen kann.

- [ ] d) Ihm seine Fragen nicht mehr zu beantworten und zu erklären, er müsse aus seiner Unwissenheit und seinen Fehlern lernen, auch wenn dies Probleme zur Folge habe.

- [ ] e) Ihm zu erklären, dieses ständige Fragen sei ein sicherer Hinweis dafür, dass er das Ausbildungsziel nicht erreicht.

84. Der Ausbildungsbeauftragte Bäumer klagt, die Auszubildende Leonie reagiere oft, wenn er ihr einige Tage nach einer Unterweisung Fragen zur Lernkontrolle stellt, mit dem Satz, „Das wurde mir nicht erklärt" bzw. „…so nicht erklärt". Sie empfehlen folgendermaßen zu reagieren.
(Richtige Lösungen: 1)

- [ ] a) Leonie zu ermahnen, künftig besser „aufzupassen".

- [ ] b) Verständnis zu zeigen und es dabei bewenden lassen.

- [ ] c) Ihr die Erläuterungen dokumentieren bzw. Fertigkeiten üben zu lassen; den Lernerfolg kurz darauf nochmals zu prüfen.

- [ ] d) Die Unterweisung zu wiederholen, aber mit dem Hinweis, das wäre das letzte Mal, sie hätten schließlich noch andere Aufgaben.

- [ ] e) Statt Leonie nochmals zu unterweisen, sie aus ihren Fehlern lernen zu lassen.

85. Der Ausbildungsbeauftragte Herr Obst beklagt die Unaufmerksamkeit bei Lehrgesprächen, die er bei nahezu allen Auszubildenden in der Gruppe feststellt. Sie empfehlen dem Ausbildungsbeauftragen.
   (Richtige Lösungen: 3)

   ☐ a) „Hart durchzugreifen" und mit Abmahnungen zu drohen, wenn sie ihr Verhalten nicht ändern.

   ☐ b) Auszubildende bei Lehrgesprächen aktiv zu beteiligen, offene Fragen zu stellen, praktische Fälle bearbeiten zu lassen und Lernkontrollen durch Tests durchzuführen.

   ☐ c) Zu überprüfen, ob es an den Rahmenbedingungen wie Dauer, Zeit und Ort liegen kann.

   ☐ d) Auszubildenden die Ziele und den Nutzen des Lernstoffes bewusst zu machen und festzustellen, ob ihnen dessen Bedeutung und praktische Anwendung bekannt ist.

   ☐ e) In solchen Fällen Lehrgespräche grundsätzlich vorzeitig abzubrechen und die Auszubildenden anzuweisen, an ihre Ausbildungsplätze zurückzugehen.

## Ausgangslage zu den Aufgaben 86 – 89

Die Auszubildende Lisa möchte ein halbes Jahr vor dem vereinbarten Ende der Ausbildung die Abschlussprüfung ablegen. In dem Zusammenhang hat sie die nachfolgenden fragen an Sie.

86. Welche Voraussetzungen müssen für eine vorzeitige Zulassung zur Prüfung erfüllt sein?
    (Richtige Lösungen: 2)

    ☐ a) Die Leistungen im Unternehmen und Berufsschule müssen dies rechtfertigen.

    ☐ b) Das Ausbildungsziel kann trotz der Verkürzung erreicht werden.

    ☐ c) Die Auszubildende muss begründen, warum sie die Prüfung vorziehen möchte.

    ☐ d) Die Auszubildende muss bereit sein, auf die Vermittlung nicht prüfungsrelevanter Inhalte zu verzichten.

    ☐ e) Die Prüfung kann nicht vorgezogen werden.

87. Von wem muss der Antrag für die vorzeitige Zulassung erfolgen?
    (Richtige Lösungen: 2)

    ☐ a) Der Antrag muss von Lisa gestellt werden.
    ☐ b) Der verantwortliche Ausbilder stellt den Antrag.
    ☐ c) Berufsschule und Ausbildender stellen einen gemeinsamen Antrag.
    ☐ d) Der Antrag muss schriftlich bei der zuständigen Stelle eingereicht werden.
    ☐ e) Es muss kein Antrag ein gereicht werden, es reicht die Anmeldung zur Prüfung.

88. Wer entscheidet über den Antrag?
    (Richtige Lösungen: 2)

    ☐ a) Die zuständige Schulbehörde.
    ☐ b) Die Kammer als zuständige Stelle.
    ☐ c) Der zuständige Prüfungsausschuss, falls die Kammer die Zulassungsvoraussetzungen für nicht gegeben hält.
    ☐ d) Der verantwortliche Ausbilder, wenn die Kammer die Zulassungsvoraussetzungen für nicht gegeben hält.
    ☐ e) Der Auszubildende wenn die Kammer die Zulassungsvoraussetzungen für nicht gegeben hält.

89. Was sind die Konsequenzen einer vorzeitigen Zulassung?
    (Richtige Lösungen: 3)

    ☐ a) Das Ausbildungsverhältnis endet mit Bestehen der Prüfung.
    ☐ b) Lisa muss trotz bestandener Prüfung bis zum ursprünglichen Ende der Ausbildung weiter im Unternehmen arbeiten.
    ☐ c) Bei Nichtbestehen der Abschlussprüfung endet das Ausbildungsverhältnis nach der vereinbarten Ausbildungszeit.
    ☐ d) Der Ausbildungsplan muss an die verkürzte Ausbildungszeit angepasst werden.

## Ausgangslage zu den Aufgaben 90 – 92

Ein Ausbilder betreut mehrere Auszubildende, von denen sich einige im ersten Ausbildungsjahr befinden und einige im letzten Ausbildungsjahr. Manchmal gibt er den Auszubildenden im letzten Ausbildungsjahr den Auftrag, die anderen Auszubilden zu unterstützen und praktisch anzuleiten.

90. Welche Kriterien müssen vorliegen, damit der Auftrag des Ausbilders auch zu einem vernünftigen Ergebnis führt?
    (Richtige Lösungen: 3)

    ☐ a) Die beauftragten Auszubildenden im letzten Ausbildungsjahr sind für die Planung, Durchführung und Kontrolle der ihren jüngeren Kollegen gestellten Aufgaben zuständig.

    ☐ b) Die beauftragten Auszubildenden haben gute bis sehr gute Kenntnisse und Fertigkeiten. Der Ausbilder weiß, dass sie die jüngeren Auszubildenden erteilte Aufgabe ohne Schwierigkeiten lösen können.

    ☐ c) Es ist weiterhin Aufgabe des Ausbilders, die zu vermittelnden Ausbildungsinhalte auszuwählen und die Auszubildenden zu kontrollieren.

    ☐ d) Alle Arbeitsplätze müssen dem jeweiligen Ausbildungsjahr der Auszubildenden angepasst werden, so dass sie weder unter- noch überfordert werden.

    ☐ e) Diese Vorgehensweise des Ausbilders ist nur dann möglich, wenn sich die Auszubildenden gut verstehen und keine Konflikte auftreten.

91. Auf welche Weise profitieren die Auszubildenden von dieser Vorgehensweise des Ausbilders?
    (Richtige Lösungen: 3)

    ☐ a) Die Auszubildenden im letzten Lehrjahr werden wie ausgelernte Mitarbeiter eingesetzt, wenn es z.B. um Urlaubs- oder Krankheitsvertretungen geht.

    ☐ b) Indem sie jüngere Auszubildende anleiten, können die Auszubildenden im letzten Ausbildungsjahr feststellen, inwieweit sie den Lernstoff bereits selbst beherrschen.

    ☐ c) Die Sozialkompetenz der Auszubildenden im letzten Ausbildungsjahr wird durch den Auftrag des Ausbilders einerseits gefordert und andererseits gefördert.

    ☐ d) Die gute Zusammenarbeit der Auszubildenden und die Weitergabe des Wissens derjenigen im letzten Ausbildungsjahr können sich leistungsfördernd auf die anderen Auszubildenden auswirken.

    ☐ e) Die Auszubildenden im letzten Ausbildungsjahr vertreten automatisch den Ausbilder, wenn dieser aus betrieblichen Gründen abwesend oder krank ist.

92. Die Auszubildenden im letzten Ausbildungsjahr beschreiben, wie sie bei Unterweisungen methodisch vorgehen wollen. Welche der gemachten Vorschläge sind sinnvoll?
(Richtige Lösungen: 3)

☐ a) Die Auszubildenden im letzten Ausbildungsjahr bereiten den Arbeitsplatz vor, machen die Tätigkeit den anderen Auszubildenden vor, stehen ihnen beim Nachmachen beobachten zur Seite und helfen ihnen beim üben, wenn es noch nicht so gut klappt.

☐ b) Die Auszubildenden werden in Gruppen eingeteilt und sollen versuchen, die gestellten Aufgaben selbstständig zu lösen.

☐ c) Die Auszubildenden im letzten Ausbildungsjahr wollen Kenntnisse, die bereits vor längerer Zeit erworben wurden, durch gezielte Fragen kontrollieren.

☐ d) Die Auszubildenden sollen immer dann zum Ausbilder gehen und diesen um Rat fragen, wenn ihnen dies von den Auszubildenden des letzten Ausbildungsjahres aufgetragen wird.

☐ e) Die Auszubildenden wollen gemeinsam einen Arbeitsplatz gestalten, wobei sie eigene Ideen einbringen wollen. Die Auszubildenden im letzten Ausbildungsjahr übernehmen die Leitung und die Kontrolle, wollen sich aber immer wieder beim Ausbilder rückversichern können.

## Ausgangslage zu den Aufgaben 93 – 97

In einem Unternehmen werden drei Auszubildende in zwei Wochen in eine andere Abteilung versetzt, wie es der Versetzungsplan vorsieht. In dieser Abteilung geht es nicht nur um die Vermittlung fachlicher Inhalte, sondern der Ausbilder soll sich auch um die fächerübergreifenden Qualifikationen kümmern.

93. Was muss der Ausbilder in der neuen Abteilung tun, wenn er die ersten Unterweisungen durchführt?
(Richtige Lösungen: 3)

☐ a) Der Ausbilder muss mit den Auszubildenden kommunizieren. Er muss kooperativ sein und Kontakt herstellen. Zu diesem Zweck kann er sich vorstellen und auch die Auszubildenden können sich ihm vorstellen.

☐ b) Der Ausbilder hält den Auszubildenden einen Vortrag über die Kenntnisse und Fertigkeiten, die sie in seiner Abteilung lernen müssen, und zeigt ihnen den Zusammenhang mit dem Ausbildungsrahmenplan.

- ☐ c) Der Ausbilder zeigt den Auszubildenden die Kundenkartei, mit der die Abteilung zu tun hat, und gibt kleine Anekdoten zum Besten.
- ☐ d) Der Ausbilder erklärt den Auszubildenden den Arbeitsplatz und die Arbeitsmittel, die für sie neu sind.
- ☐ e) Der Ausbilder versucht festzustellen, ob bei den Auszubildenden bereits Kenntnisse vorhanden sind, die für den neuen Arbeitsplatz von Bedeutung sind.

94. Welche Möglichkeiten stehen dem Ausbilder zur Verfügung, um die Selbstständigkeit seiner Auszubildenden zu fördern?
(Richtige Lösungen: 1)

- ☐ a) Der Ausbilder muss bei den Unterweisungen genau in der Reihenfolge vorgehen: Erklären, Vormachen, Nachmachen und Üben. Dabei darf er keine der zu vermittelnden Kenntnisse vergessen.
- ☐ b) Der Ausbilder hält sehr viele Lehrvorträge, um die Allgemeinbildung der Auszubildenden zu erweitern.
- ☐ c) Der Ausbilder stellt komplexere Aufgaben, wobei die Auszubildenden Lösungen zum Teil auch selbst erarbeiten.
- ☐ d) Um die Auszubildenden zum selbstständigen handeln anzuregen, erklärt ihnen der Ausbilder ganz genau alle Zusammenhänge in der Abteilung, da dies die Voraussetzung dazu ist.
- ☐ e) Auszubildende, die zum selbstständigen Handeln angeleitet werden sollen, müssen genau beaufsichtigt und alle Fehler müssen sofort vom Ausbilder ausgebessert werden.

95. Worauf muss ein Ausbilder sein Augenmerk legen, wenn er bei seinen Auszubildenden die fächerübergreifenden Qualifikationen fördern möchte?
(Richtige Lösungen: 2)

- ☐ a) Es sollte nicht nur Theorie vermittelt werden, sondern auch Praxis in die Aufgaben einfließen.
- ☐ b) Die Lernziele müssen Punkt für Punkt vom Ausbilder abgehakt werden.
- ☐ c) Bei der Förderung der fächerübergreifenden Qualifikationen müssen die Aufgaben sehr schwierig gestellt sein, da der Auszubildende sonst die Notwendigkeit nicht erkennt.
- ☐ d) Die Auszubildenden besuchen dreimal pro Woche eine andere Fachabteilung, um sich fächerübergreifende Kenntnisse anzueignen.
- ☐ e) Fächerübergreifende Qualifikationen können sehr gut mit handlungsorientierten Methoden gefördert werden.

96. Die Auszubildenden erhalten eine Aufgabe, die sie mit der Projektmethode lösen sollen. Was ist bei der Durchführung zu beachten?
(Richtige Lösungen: 1)

    ☐ a) Der Ausbilder wählt den seiner Meinung nach besten Auszubildenden aus, der dann die Lösungsschritte vorgeben soll.

    ☐ b) Alle Auszubildenden arbeiten zusammen an der Aufgabe und diskutieren über die Vorgehensweise zur Problemlösung.

    ☐ c) Der Ausbilder sieht sich die von der Gruppe erarbeiten Lösungen bzw. Lösungsschritte an und bestimmt den einzuschlagenden Weg.

    ☐ d) Die Aufgabe wird im Frage- und Antwort-Spiel zwischen Ausbilder und Auszubildenden gelöst.

    ☐ e) Jeder Auszubildende arbeitet für sich allein und versucht eine Lösung zu finden.

97. Die Ergebnisse der Gruppenarbeit sollen dem Ausbilder präsentiert und in einer gemeinsamen Diskussion geordnet werden. Welche der im Folgenden genannten Medien eignen sich dafür?
(Richtige Lösungen: 3)

    ☐ a) Overhead-Projektor

    ☐ b) Whiteboard

    ☐ c) Fotodokumentation

    ☐ d) Videorekorder

    ☐ e) Pinnwand

## Ausgangslage zu den Aufgaben 98 – 100

Sie sind der Ausbilder der Feststoffe GmbH. Von den insgesamt 7 Auszubildenden sind Markus, Christian und Daniela im 3. Ausbildungsjahr.
Die Ausbildungsverträge von Markus und Daniela enden am 30.7. dieses Jahres, der Ausbildungsvertrag von Christian am 31.1 des kommenden Jahres. Markus war im 3. Ausbildungsjahr bereits mehrere Monate krank und hat dadurch erhebliche Wissensdefizite. Daniela befindet sich zum Zeitpunkt der mündlichen/praktischen Abschlussprüfung im Mai im Mutterschutz (voraussichtliche Entbindung Anfang Mai), Christian möchte aufgrund seiner guten Leistungen seine Abschlussprüfung ein halbes Jahr früher als im Vertrag vorgesehen ablegen.

98. Markus bittet Sie um Auskunft in einigen rechtlichen Fragen. Auf die entsprechenden Fragen informieren Sie Markus, dass
(Richtige Lösungen: 3)

    ☐ a) er die Möglichkeit hat, bei der Kammer die Verlängerung der Ausbildungszeit zu beantragen.

- [ ] b) das Ausbildungsverhältnis am 30.7. endet, wenn er an der Abschlussprüfung nicht teilnimmt.
- [ ] c) falls er die Abschlussprüfung nicht besteht, er diese zweimal wiederholen kann.
- [ ] d) er keinen Anspruch auf Verlängerung der Ausbildungsdauer hat, wenn sie die Abschlussprüfung nicht besteht.
- [ ] e) er zum 2. Teil der Prüfung nicht zugelassen wird, falls sie den 1. Teil nicht besteht.

99. Auch Daniela bittet Sie um Auskunft in einigen rechtlichen Fragen, die ihre Situation betreffen. Auf die entsprechenden Fragen informieren Sie Daniela, dass (Richtige Lösungen: 2)

- [ ] a) Ihr Ausbildungsvertrag vor dem 30.7 endet, falls sie die Abschlussprüfung vorher besteht und zwar mit dem Zugang des Bescheides über das Bestehen.
- [ ] b) Sie Anspruch auf die Schutzfrist hat, die im Mutterschutzgesetz geregelt sind.
- [ ] c) Sie vier Wochen vor dem Prüfungstermin kündigen muss, falls sie nach Ablauf Ihres Vertrages kein Arbeitsverhältnis mit dem Ausbildungsunternehmen eingehen möchte
- [ ] d) Das Ausbildungsunternehmen über die Zulassung zur Abschlussprüfung entscheidet.
- [ ] e) das Ausbildungsunternehmen nach dem Mutterschutzgesetz verpflichtet ist, sie nach der Ausbildung in ein Arbeitsverhältnis zu übernehmen.

100. Zu den rechtlichen Fragen der vorzeitigen Zulassung zur Abschlussprüfung geben Sie Christian folgende Auskünfte.
(Richtige Lösungen: 2)

- [ ] a) Der Antrag auf die vorzeitige Zulassung ist bei der zuständigen Stelle zu stellen.
- [ ] b) Die vorzeitige Zulassung zur Abschlussprüfung ist davon abhängig, ob ein wichtiger Grund vorliegt, die Leistungen des Auszubildenden sind nicht ausschlaggebend.
- [ ] c) Wird der Antrag genehmigt, so wird der Ausbildungsvertrag um 6 Monate verkürzt.
- [ ] d) Der Antrag auf vorzeitige Zulassung zur Abschlussprüfung wird von der zuständigen Stelle dann genehmigt, wenn die Berufsschule dem zustimmt.
- [ ] e) Hält die zuständige Stelle die Voraussetzungen für die vorzeitige Zulassung für nicht gegeben, so entscheidet der Prüfungsausschuss.

# Ausbilder-Eignungsverordnung
AusbEignV 2009
Ausfertigungsdatum: 21.01.2009
Vollzitat: "Ausbilder-Eignungsverordnung vom 21. Januar 2009 (BGBl. I S. 88)"

**Eingangsformel**
Auf Grund des § 30 Absatz 5 des Berufsbildungsgesetzes vom 23. März 2005 (BGBl. I S. 931) verordnet das Bundesministerium für Bildung und Forschung nach Anhörung des Hauptausschusses des Bundesinstituts für Berufsbildung:

**§ 1 Geltungsbereich**
Ausbilder und Ausbilderinnen haben für die Ausbildung in anerkannten Ausbildungsberufen nach dem Berufsbildungsgesetz den Erwerb der berufs- und arbeitspädagogischen Fertigkeiten, Kenntnisse und Fähigkeiten nach dieser Verordnung nachzuweisen. Dies gilt nicht für die Ausbildung im Bereich der Angehörigen der freien Berufe.

**§ 2 Berufs- und arbeitspädagogische Eignung**
Die berufs- und arbeitspädagogische Eignung umfasst die Kompetenz zum selbstständigen Planen, Durchführen und Kontrollieren der Berufsausbildung in den Handlungsfeldern:
1. Ausbildungsvoraussetzungen prüfen und Ausbildung planen,
2. Ausbildung vorbereiten und bei der Einstellung von Auszubildenden mitwirken,
3. Ausbildung durchführen und
4. Ausbildung abschließen.

**§ 3 Handlungsfelder**
(1) Das Handlungsfeld nach § 2 Nummer 1 umfasst die berufs- und arbeitspädagogische Eignung, Ausbildungsvoraussetzungen zu prüfen und Ausbildung zu planen. Die Ausbilder und Ausbilderinnen sind dabei in der Lage,

1. die Vorteile und den Nutzen betrieblicher Ausbildung darstellen und begründen zu können,
2. bei den Planungen und Entscheidungen hinsichtlich des betrieblichen Ausbildungsbedarfs auf der Grundlage der rechtlichen, tarifvertraglichen und betrieblichen Rahmenbedingungen mitzuwirken,
3. die Strukturen des Berufsbildungssystems und seine Schnittstellen darzustellen,
4. Ausbildungsberufe für das Unternehmen auszuwählen und dies zu begründen,
5. die Eignung des Unternehmens für die Ausbildung in dem angestrebten Ausbildungsberuf zu prüfen sowie, ob und inwieweit Ausbildungsinhalte durch Maßnahmen außerhalb der Ausbildungsstätte, insbesondere Ausbildung im Verbund, überbetriebliche und außerbetriebliche Ausbildung, vermittelt werden können,
6. die Möglichkeiten des Einsatzes von auf die Berufsausbildung vorbereitenden Maßnahmen einzuschätzen sowie
7. im Unternehmen die Aufgaben der an der Ausbildung Mitwirkenden unter Berücksichtigung ihrer Funktionen und Qualifikationen abzustimmen.

(2) Das Handlungsfeld nach § 2 Nummer 2 umfasst die berufs- und arbeitspädagogische Eignung, die Ausbildung unter Berücksichtigung organisatorischer sowie rechtlicher Aspekte vorzubereiten. Die Ausbilder und Ausbilderinnen sind dabei in der Lage,
1. auf der Grundlage einer Ausbildungsordnung einen betrieblichen Ausbildungsplan zu erstellen, der sich insbesondere an berufstypischen Arbeits- und Geschäftsprozessen orientiert,
2. die Möglichkeiten der Mitwirkung und Mitbestimmung der betrieblichen Interessenvertretungen in der Berufsbildung zu berücksichtigen,
3. den Kooperationsbedarf zu ermitteln und sich inhaltlich sowie organisatorisch mit den Kooperationspartnern, insbesondere der Berufsschule, abzustimmen,
4. Kriterien und Verfahren zur Auswahl von Auszubildenden auch unter Berücksichtigung ihrer Verschiedenartigkeit anzuwenden,
5. den Berufsausbildungsvertrag vorzubereiten und die Eintragung des Vertrages bei der zuständigen Stelle zu veranlassen sowie
6. die Möglichkeiten zu prüfen, ob Teile der Berufsausbildung im Ausland durchgeführt werden können.

(3) Das Handlungsfeld nach § 2 Nummer 3 umfasst die berufs- und arbeitspädagogische Eignung, selbstständiges Lernen in berufstypischen Arbeits- und Geschäftsprozessen handlungsorientiert zu fördern. Die Ausbilder und Ausbilderinnen sind dabei in der Lage,
1. lernförderliche Bedingungen und eine motivierende Lernkultur zu schaffen, Rückmeldungen zu geben und zu empfangen,
2. die Probezeit zu organisieren, zu gestalten und zu bewerten,
3. aus dem betrieblichen Ausbildungsplan und den berufstypischen Arbeits- und Geschäftsprozessen betriebliche Lern- und Arbeitsaufgaben zu entwickeln und zu gestalten,
4. Ausbildungsmethoden und -medien zielgruppengerecht auszuwählen und situationsspezifisch einzusetzen,
5. Auszubildende bei Lernschwierigkeiten durch individuelle Gestaltung der Ausbildung und Lernberatung zu unterstützen, bei Bedarf ausbildungsunterstützende Hilfen einzusetzen und die Möglichkeit zur Verlängerung der Ausbildungszeit zu prüfen,
6. Auszubildenden zusätzliche Ausbildungsangebote, insbesondere in Form von Zusatzqualifikationen, zu machen und die Möglichkeit der Verkürzung der Ausbildungsdauer und die der vorzeitigen Zulassung zur Abschlussprüfung zu prüfen,
7. die soziale und persönliche Entwicklung von Auszubildenden zu fördern, Probleme und Konflikte rechtzeitig zu erkennen sowie auf eine Lösung hinzuwirken,
8. Leistungen festzustellen und zu bewerten, Leistungsbeurteilungen Dritter und Prüfungsergebnisse auszuwerten, Beurteilungsgespräche zu führen, Rückschlüsse für den weiteren Ausbildungsverlauf zu ziehen sowie
9. interkulturelle Kompetenzen zu fördern.

(4) Das Handlungsfeld nach § 2 Nummer 4 umfasst die berufs- und arbeitspädagogische Eignung, die Ausbildung zu einem erfolgreichen Abschluss zu führen und dem Auszubildenden Perspektiven für seine berufliche Weiterentwicklung aufzuzeigen. Die Ausbilder und Ausbilderinnen sind dabei in der Lage,

1. Auszubildende auf die Abschluss- oder Gesellenprüfung unter Berücksichtigung der Prüfungstermine vorzubereiten und die Ausbildung zu einem erfolgreichen Abschluss zu führen,
2. für die Anmeldung der Auszubildenden zu Prüfungen bei der zuständigen Stelle zu sorgen und diese auf durchführungsrelevante Besonderheiten hinzuweisen,
3. an der Erstellung eines schriftlichen Zeugnisses auf der Grundlage von Leistungsbeurteilungen mitzuwirken sowie
4. Auszubildende über betriebliche Entwicklungswege und berufliche Weiterbildungsmöglichkeiten zu informieren und zu beraten.

### § 4 Nachweis der Eignung
(1) Die Eignung nach § 2 ist in einer Prüfung nachzuweisen. Die Prüfung besteht aus einem schriftlichen und einem praktischen Teil. Die Prüfung ist bestanden, wenn jeder Prüfungsteil mit mindestens „ausreichend" bewertet wurde. Innerhalb eines Prüfungsverfahrens kann eine nicht bestandene Prüfung zweimal wiederholt werden. Ein bestandener Prüfungsteil kann dabei angerechnet werden.
(2) Im schriftlichen Teil der Prüfung sind fallbezogene Aufgaben aus allen Handlungsfeldern zu bearbeiten. Die schriftliche Prüfung soll drei Stunden dauern.
(3) Der praktische Teil der Prüfung besteht aus der Präsentation einer Ausbildungssituation und einem Fachgespräch mit einer Dauer von insgesamt höchstens 30 Minuten. Hierfür wählt der Prüfungsteilnehmer eine berufstypische Ausbildungssituation aus. Die Präsentation soll 15 Minuten nicht überschreiten. Die Auswahl und Gestaltung der Ausbildungssituation sind im Fachgespräch zu erläutern. Anstelle der Präsentation kann eine Ausbildungssituation auch praktisch durchgeführt werden.
(4) Im Bereich der Landwirtschaft und im Bereich der Hauswirtschaft besteht der praktische Teil aus der Durchführung einer vom Prüfungsteilnehmer in Abstimmung mit dem Prüfungsausschuss auszuwählenden Ausbildungssituation und einem Fachgespräch, in dem die Auswahl und Gestaltung der Ausbildungssituation zu begründen sind. Die Prüfung im praktischen Teil soll höchstens 60 Minuten dauern.
(5) Für die Abnahme der Prüfung errichtet die zuständige Stelle einen Prüfungsausschuss. § 37 Absatz 2 und 3, § 39 Absatz 1 Satz 2, die §§ 40 bis 42, 46 und 47 des Berufsbildungsgesetzes gelten entsprechend.

### § 5 Zeugnis
Über die bestandene Prüfung ist jeweils ein Zeugnis nach den Anlagen 1 und 2 auszustellen.

### § 6 Andere Nachweise
(1) Wer die Prüfung nach einer vor Inkrafttreten dieser Verordnung geltenden Ausbilder-Eignungsverordnung bestanden hat, die auf Grund des Berufsbildungsgesetzes erlassen worden ist, gilt für die Berufsausbildung als im Sinne dieser Verordnung berufs- und arbeitspädagogisch geeignet.
(2) Wer durch eine Meisterprüfung oder eine andere Prüfung der beruflichen Fortbildung nach der Handwerksordnung oder dem Berufsbildungsgesetz eine berufs- und arbeitspädagogische Eignung nachgewiesen hat, gilt für die Berufsausbildung als im Sinne dieser Verordnung berufs- und arbeitspädagogisch geeignet.
(3) Wer eine sonstige staatliche, staatlich anerkannte oder von einer öffentlich-rechtlichen Körperschaft abgenommene Prüfung bestanden hat, deren Inhalt den in § 3 genannten Anforderungen ganz oder teilweise entspricht, kann von der zuständigen

Stelle auf Antrag ganz oder teilweise von der Prüfung nach § 4 befreit werden. Die zuständige Stelle erteilt darüber eine Bescheinigung.

(4) Die zuständige Stelle kann von der Vorlage des Nachweises über den Erwerb der berufs- und arbeitspädagogischen Fertigkeiten, Kenntnisse und Fähigkeiten auf Antrag befreien, wenn das Vorliegen berufs- und arbeitspädagogischer Eignung auf andere Weise glaubhaft gemacht wird und die ordnungsgemäße Ausbildung sichergestellt ist. Die zuständige Stelle kann Auflagen erteilen. Auf Antrag erteilt die zuständige Stelle hierüber eine Bescheinigung.

## § 7 Fortführen der Ausbildertätigkeit

Wer vor dem 1. August 2009 als Ausbilder im Sinne des § 28 Absatz 1 Satz 2 des Berufsbildungsgesetzes tätig war, ist vom Nachweis nach den §§ 5 und 6 dieser Verordnung befreit, es sei denn, dass die bisherige Ausbildertätigkeit zu Beanstandungen mit einer Aufforderung zur Mängelbeseitigung durch die zuständige Stelle geführt hat. Sind nach Aufforderung die Mängel beseitigt worden und Gefährdungen für eine ordnungsgemäße Ausbildung nicht zu erwarten, kann die zuständige Stelle vom Nachweis nach den §§ 5 und 6 befreien; sie kann dabei Auflagen erteilen.

## § 8 Übergangsregelung

Begonnene Prüfungsverfahren können bis zum Ablauf des 31. Juli 2010 nach den bisherigen Vorschriften zu Ende geführt werden. Die zuständige Stelle kann auf Antrag des Prüfungsteilnehmers oder der Prüfungsteilnehmerin die Wiederholungsprüfung nach dieser Verordnung durchführen; § 4 Absatz 1 Satz 5 findet in diesem Fall keine Anwendung. Im Übrigen kann bei der Anmeldung zur Prüfung bis zum Ablauf des 30. April 2010 die Anwendung der bisherigen Vorschriften beantragt werden.

## § 9 Inkrafttreten, Außerkrafttreten

Diese Verordnung tritt am 1. August 2009 in Kraft.

# Lösungen

# Handlungsfeld 1

## Geschlossene Fragen

1. b
2. a, c, d
3. d
4. a
5. a
6. a, c, d, e
7. a
8. d
9. d
10. a8, b7, c5, d3, e1, f2, g4, h6
11. c
12. b, d, f
13. e
14. a, c, d
15. d
16. c
17. c
18. b
19. d
20. c
21. b
22. a, b, c, d
23. a
24. a, c, d
25. d
26. b
27. c, e
28. a, b
29. c
30. c
31. c, d
32. b, c, d
33. d
34. a7, b6, c2, d3, e1, f4, g9, h5, i8
35. b
36. b, c, e
37. b
38. a, b, d
39. b
40. a, d
41. a, c
42. a, e
43. e
44. c, d
45. d
46. d
47. a, b, d, e
48. e
49. d
50. a5, b2, c1, d3, e4, f5, g6, h6, i3, j4, k2, i1
51. e
52. c
53. a
54. a3, b2,, c5, d4, e6, f1, g8, h7
55. e
56. b, d, e, g
57. a, d
58. c
59. a
60. c
61. b, d
62. a
63. a, c
64. a
65. a, b, c, e
66. b
67. a, b, c, e
68. b, d
69. c
70. b, d
71. b, e
72. c
73. c
74. e
75. a, c
76. b, c, d

# Offene Fragen

1.
- Der Personalbedarf wird gesichert.
- Qualifizierte Mitarbeiter werden nach den Anforderungen des Unternehmens herangebildet.

2.
- Gute Fachkenntnisse.
- Bereitschaft zur Übernahme von Verantwortung.
- Fähigkeit zum Mitdenken.

3.
- Der Auszubildende erwirbt berufliche Qualifikationen; neben den fachlichen Qualifikationen auch so genannte Schlüsselqualifikationen.
- Der Auszubildende wird eingegliedert und sichert seine Stellung in der Gesellschaft.
- Er kann seine Fähigkeiten entwickeln und sein Selbstwertgefühl stärken.

4.
- Die Vergütungen für die Auszubildenden.
- Die Kosten für den oder die Ausbilder.
- Die Anlage- und Sachkosten, z.B. bei Lehrwerkstatt.
- Materialkosten, wenn Auszubildende praxisgerecht üben.

5.
- Die Ausbildungskosten werden gesenkt und die Motivation der Auszubildenden wird gestärkt.
- Die Auszubildenden erwerben Handlungskompetenz, was bei fast nur theoretischer Ausbildung ohne Praxisbezug nicht möglich ist.

6.
- Ein Ausbildungsverbund ergänzt die Ausbildung, wenn in Unternehmen für die Ausbildung Einrichtungen fehlen und Tätigkeiten nicht ausgeführt werden können.
- Die Ausbildung wird durch die gesammelten Erfahrungen verbessert.

7.
- Die Ausbildung wird durch Unternehmen und Berufsschule gemeinsam durchgeführt.
- Sie ist grundsätzlich für jeden zugänglich.
- Die Finanzierung der betrieblichen Ausbildung geschieht durch die Unternehmen.

- Die schulische Ausbildung wird durch das Land bzw. die Kommune finanziert.
- Der Staat regelt die Ausbildungsinhalte.

8.
- Ziel des Gesetzes ist es, Benachteiligungen aus Gründen der Rasse oder wegen der ethnischen Herkunft, des Geschlechts, der Religion oder Weltanschauung, einer Behinderung, des Alters oder der sexuellen Identität zu verhindern oder zu beseitigen.
- Bei einem Verstoß gegen diese Benachteiligungsverbote muss der Arbeitgeber den dadurch entstandenen Schaden ersetzen.

9.
- Stellen in der Landwirtschaft (primärer Sektor) und im produzierenden Gewerbe (sekundärer Sektor) werden abgebaut und dafür in den neuen Dienstleistungsbereichen aufgebaut.
- An- und Ungelernte finden immer schlechter Anstellungen. Es steigt der Bedarf an qualifizierten Arbeitskräften.

10.
- Sie wünschen sich angemessene Entlastung von ihren bisherigen Aufgaben und ein Mitwirkungsrecht bei der Einstellung der Auszubildenden. In Ausbildungsfragen wollen Sie weisungsbefugt sein und unabhängig von Hierarchien im Unternehmen. Außerdem wünschen Sie sich die volle Unterstützung der Unternehmensleitung.

11.
- Ein Ausbilder braucht Verständnis für die Jugend und Geduld. Er muss sich darüber im Klaren sein, dass er eine Vorbildfunktion hat.

12.
- Das Recht auf Entfaltung der individuellen Persönlichkeit ist im Grundgesetz abgesichert. Dies beinhaltet auch ein Recht auf Bildung. Im Zusammenhang mit dem Grundrecht der freien Berufswahl ist so der berufliche und damit gesellschaftliche Aufstieg jedes Einzelnen prinzipiell gewährleistet.

13.
- Berufsbildung wird durchgeführt in gewerblichen, produzierenden oder dienstleistenden Unternehmen der Wirtschat, außerhalb dieser in vergleichbaren, nicht privatwirtschaftlich ausgerichteten Einrichtungen wie Verwaltung und öffentlicher Dienst, ferner in Haushalten oder freiberuflichen Praxen, der Weitern in berufsbildenden Schulen und in sonstigen Berufsausbildungseinrichtungen, z.B. Berufsförderungswerken.

14.
- Die Berufsbildung vermittelt sowohl eine breite berufliche Grundbildung als auch spezielle Fachbildung sowie Schlüsselqualifikationen. Außerdem leistet sie einen Beitrag zur Persönlichkeitsbildung.

15.
- Im Berufsbildungsgesetz wird geregelt, wer berechtigt ist, Auszubildende einzustellen und auszubilden. Ausbilden darf nur, wer persönlich und fachlich geeignet ist.

16.
- Ausbildender ist derjenige, der mit einem Auszubildenden ein Ausbildungsvertrag abschließt. Er trägt die Verantwortung für die ordnungsgemäße Durchführung der Ausbildung und muss nach § 29 Berufsbildungsgesetz persönlich geeignet sein. Will er selbst ausbilden, muss er die Ausbildereignung besitzen, sonst kann er auch einen geprüften Ausbilder damit beauftragen.
- Der Ausbilder ist unmittelbar mit der Ausbildung beauftragt. Er untersteht dem Ausbildenden. Er plant, führt die Ausbildung durch, beaufsichtigt und kontrolliert die Ausbildung. Er muss nach §§ 29 und 30 Berufsbildungsgesetz persönlich und fachlich geeignet sein und die Ausbildereignung besitzen.
- Ausbildungsbeauftragter ist derjenige, der als Fachmann am Arbeitsplatz zeitlich begrenzt ausbildet. Er muss die Ausbildereignung nicht besitzen, allerdings persönlich geeignet sein. Die fachliche Eignung muss er für die Teile der Ausbildung besitzen, die er durchführt. Er trägt die Verantwortung für die körperliche und sittliche Nichtgefährdung des Jugendlichen während dieser Zeit.

17.
- Die Personalentwicklung kümmert sich um die Förderung und Weiterbildung des Nachwuchses.

18.
- Die Personalentwicklung ergreift Maßnahmen wie Nachwuchsförderung und Weiterbildung. Es werden Absolventen von staatlichen oder privaten Bildungseinrichtungen eingestellt. Führungskräfte werden auf dem Arbeitsmarkt angeworben.

19.
- In einem Anforderungsprofil werden die Qualifikationsmerkmale des zukünftigen Stelleninhabers bezüglich der erwarteten Kenntnisse und Fertigkeiten beschrieben. Besondere Anforderungen müssen auch erwähnt werden. Ein Anforderungsprofil erleichtert die Auswahl des richtigen Ausbildungsberufes, ist die Grundlage von Stellenausschreibungen und objektiviert letztendlich die Entscheidung über geeignete Bewerber.

20.
- Ausbildungsordnungen gelten für alle ausbildende Unternehmen in Deutschland, die in einem anerkannten Ausbildungsberuf ausbilden möchten.
- Rahmenlehrpläne gelten für die Berufsschulen des Bundeslandes, in dem der Kultusminister dieses Landes die Rahmenlehrpläne erlassen hat.

21.
- Die Ausbildungsordnungen werden vom Bundesinstitut für Berufsbildung unter Beteiligung der der Organisationen der Arbeitgeber und der Arbeitnehmer erstellt.

22.
- Inhalt des Rahmenlehrplans sind die Lernfelder (Zielformulierung und Lerninhalte) des Ausbildungsberufes und die Anzahl der vorgesehenen Unterrichtsstunden.

23.
- Ausbilder und Lehrer sollten die Leistungen des Auszubildenden besprechen. Abweichungen zwischen den Schulnoten und der betrieblichen Beurteilung sind zu analysieren. Auf Lernschwierigkeiten ist hinzuweisen. Der Berufschullehrer sollte Schulversäumnisse mitteilen und auffällige Verhaltensweisen sind auch zu erwähnen.

24.
- Unter „Beruf" versteht man in der Regel die Tätigkeit, die der Mensch innerhalb der Sozialordnung ausführt, um seinen Lebensunterhalt zu verdienen.

25.
- Als ideal anzusehen ist eine Übereinstimmung zwischen der Nachfrage nach bestimmten Ausbildungsberufen und dem tatsächlichen Bedarf an Arbeitskräften in dem Berufsfeld. Durch die verstärkte Nachfrage nach so genannten Modeberufen wird diese Balance jedoch verfehlt. Die große Nachfrage führt dann dazu, dass Eingangsvoraussetzungen festgelegt werden, die für die eigentliche Berufsqualifizierung nicht unbedingt benötigt werden. In diesem Fall sind nicht mehr Qualifikation und Berufswunsch ausschlaggebend, sondern nur noch der Notendurchschnitt.

26.
- Der Ausbildungsrahmenplan ist Grundlage der innerbetrieblichen Ausbildungsplanung.

27.
- Sie ermöglichen einen Überblick über Menge und Art der zur Verfügung stehenden Ausbildungskapazitäten sowie über Möglichkeiten der zeitlichen Erfüllung der vorgegebenen Richtzeiten.

28.
- Die Rechtliche Reglung bezüglich Einstellung und Ausbildung Auszubildender findet sich im § 28 Berufsbildungsgesetz. Die nach Landesrecht zuständige Behörde kann die Ausbildung untersagen, wenn die persönliche oder fachliche Eignung bzw. wenn für die Ausbildungsstätte die Voraussetzung nach § 27 Berufsbildungsgesetz nicht oder nicht mehr vorliegen.

29.
- Als innerbetriebliche Quellen lassen sich Kennzahlen wie z.b. die Fluktuationsquote oder die Fehlzeitenquote nennen. Ferner sind Prognosen über die voraussichtliche Entwicklung des Unternehmens in Sachen Technologie, der Absatzmärkte, des Nachfrageverhaltens der Verbraucher usw. aussagefähig. Darüber hinaus geben, Statistiken z.b. über die Anzahl der Auszubildenden, die dem Unternehmen während oder nach der Ausbildung verlassen, Auskunft über den Fachkräftebedarf.

30.
- Der Mindesturlaub von jugendlichen Auszubildenden ist im § 19 Jugendschutzgesetz geregelt. Danach beträgt der Urlaub jährlich:
  o mindestens 30 Werktage, wenn der Jugendliche zu Beginn des Kalenderjahres noch nicht 16 Jahre alt ist.
  o mindestens 27 Werktage, wenn der Jugendliche zu Beginn des Kalenderjahres noch nicht 17 Jahre alt ist.
  o mindestens 25 Werktage, wenn der jugendliche zu Beginn des Kalenderjahres noch nicht 18 Jahre alt ist.

# Handlungsfeld 2

## Geschlossene Fragen

| | | | |
|---|---|---|---|
| 1. d | 2. c | 3. d | 4. b |
| 5. b | 6. b, c, e | 7. d | 8. c |
| 9. a | 10. a, d | 11. e | 12. a, c |
| 13. d | 14. d, e | 15. b | 16. c |
| 17. c | 18. c, e | 19. d | 20. c, e |
| 21. b | 22. e | 23. c | 24. b, e |
| 25. e | 26. b, c, e | 27. c | 28. a, e |
| 29. d | 30. b | 31. c | 32. a |
| 33. c, d | 34. b, d, e | 35. d | 36. a |
| 37. c | 38. c | 39. d | 40. a, b |
| 41. d | 42. b | 43. c | 44. a |
| 45. c, e | 46. b, c | 47. d | 48. a, c, d |
| 49. e | 50. d | 51. d, g | 52. e |
| 53. d | 54. e | 55. d | 56. a, b, e |
| 57. d | 58. e | 59. d | 60. e |
| 61. a, c, e | 62. c, f | 63. e | |

## Offene Fragen

1.
   - Es gibt die Auftragsausbildung. Dabei werden einzelne Ausbildungsabschnitte aus fachlichen Gründen oder wegen fehlender Kapazität an andere Unternehmen oder Bildungsträger vergeben.
   - Als Zweites gibt es das Konsortium. Mehrere Unternehmen stellen jeweils Auszubildende ein und tauschen diese zu vereinbarten Phasen aus.
   - Drittens gibt es den Ausbildungsverein, in dem sich mehrere Unternehmen auf vereinsrechtlicher Grundlage zusammenschließen. Der Verein tritt als Ausbilder auf und übernimmt die Steuerung der Ausbildung. Der Verein wird von den Mitgliedern finanziell getragen.

- Viertens gibt es noch das Leitunternehmen mit Partnerunternehmen. Das Leitunternehmen ist für die Ausbildung insgesamt verantwortlich. Er schließt die Ausbildungsverträge und organisiert die phasenweise Ausbildung bei den Partnerunternehmen.

2.
- Der Arbeitsplatz selbst ist realitätsnah und praxisbezogen, es fehlt aber unter Umständen die Methodenvielfalt.
- Die Lehrwerkstatt erlaubt eine systematische und pädagogische sinnvolle Ausbildung, ist jedoch praxisfern und die Ausbildung findet unter schulähnlichen Bedingungen statt.
- Das Lehrbüro funktioniert ähnlich wie die Lehrwerkstatt.
- Die Lehrecke bietet eine Ausbildung, die der am Arbeitsplatz ähnlich ist. Systematische Mängel können ausgeglichen werden.
- Eine Juniorfirma bietet große Praxisnähe und wirkt sehr motivierend, ist aber nur schwer und nur vereinzelt umsetzbar.

3.
- Die Organisationsaufgaben des Ausbilders betreffen die Zusammenarbeit zwischen Ausbildungsunternehmen, Berufsschule, Elternhaus und Kammer. Die Zusammenarbeit kann in Form von Gesprächen, gemeinsamen Veranstaltungen oder durch Informationsaustausch stattfinden.

4.
- Der betriebliche Ausbildungsplan muss mindestens berücksichtigen:
    - Reihenfolge der zu vermittelnden Fertigkeiten und Kenntnisse.
    - Dauer der einzelnen Ausbildungsabschnitte.
    - Zuordnung von Fertigkeiten und Kenntnissen zu bestimmten Lernorten.
    - Schulzeiten und Urlaub der Auszubildenden.
    - Ausbildung außerhalb des Unternehmens.

5.
- Durch Einsatz- und Versetzungspläne erfährt der Ausbilder, wo und zu welcher Zeit für welche Fertigkeiten und Kenntnisse eine betriebliche Ausbildungsmöglichkeit besteht.

6.
- Nach dem Betriebsverfassungsgesetz ist der Betriebsrat rechtzeitig und umfassend über den Personalbedarf und die daraus ergebenden Maßnahmen der Berufsbildung zu unterrichten.
- Auswahlkriterien für Auszubildende bedürfen der Zustimmung des Betriebsrates.
- Der Einstellung von Auszubildenden muss der Betriebsrat zustimmen.

7.
- Bei Konflikten zwischen Ausbildendem und Betriebsrat kann die Einigungsstelle angerufen werden, deren Spruch dann bindet ist.

8.
- Anforderungsprofile sind wichtig für die Wahl des richtigen Ausbildungsberufes.
- Anforderungsprofile helfen bei der Auswahl geeigneter Bewerber und erleichtern die Abfassung von Stellenausschreibungen.
- Sie sind auch Grundlage für die Bewertung der Ergebnisse aus Testverfahren.

9.
- Möglichkeiten, Ausbildungsplätze bekannt zu machen, sind:
  - Stellenanzeigen in Zeitungen oder im Internet
  - Agentur für Arbeit
  - Kontakte zu Schulen
  - Anbieten von Berufspraktika
  - Tag der offenen Tür
  - Berufsmessen
  - über den guten Ruf eines Unternehmens

10.
- Objektivität, d.h., die Ergebnisse sind vom Tester unabhängig.
- Validität, d.h., es handelt sich um die Genauigkeit, mit der das zu testende Merkmal gemessen wird.
- Reliabilität, d.h., das gleiche Ergebnis wird bei einer Testwiederholung erzielt.
- Ökonomie, d.h., der Test ist einfach und schnell durchzuführen und ist in Handhabung und Auswertung sicher.

11.
- Die Köpersprache kann beobachtet werden. Der Bewerber vermittelt durch Haltung, Mimik und Bewegungen unbewusst Eindrücke über sich, indem er z.B. locker oder verkrampft dasitzt oder sicheres oder unsicheres Auftreten zeigt.
- Aufgrund der Rhetorik kann auf Gewandtheit und Sicherheit im Ausdruck geschlossen werden. Es ist hierbei auf die Art der Sprache zu achten, etwa ob sich der Bewerber flüssig oder holprig ausdrückt.
- Die Auffassungsgabe kann beim Bewerber festgestellt werden, indem beurteilt wird, wie schnell er eine Situation erfasst, wie präzise er Fragen beantwortet und ob er sich auf das Wesentliche beschränkt.

12.
- Der erste Eindruck beeinflusst den Auszubildenden bezüglich seiner Einstellung zum Unternehmen, zum Ausbilder und zur Ausbildung selber. Außerdem erleichtert eine Einführung seinen Einstieg in die Ausbildung. Dies ist eine vertrauensbildende und motivierende Maßnahme, die dem Auszubildenden deutlich macht, dass man sich um ihn kümmert.

13.
- Informationen über das Unternehmen (Produkte, Dienstleistungen, Kunden, Lieferanten, Organisation).
- Fragen der Ausbildung (Verantwortlicher, Ausbildungsbeauftragter, Pate, andere Auszubildende, Rechte und Pflichten, Ausbildungsplan, Ausbildungsorganisation, Erwartungen, Ausbildungsnachweise).
- Erläuterung der Sicherheitsvorschriften im Unternehmen.

14.
- Auswahlverfahren für Auszubildende umfassen folgende Punkte:
  o Prüfung der schriftlichen Unterlagen wie Zeugnisse, Lebenslauf, Anschreiben.
  o Durchführung eines Einstellungstests, der Berufseignung, Fähigkeiten und Leistungsbereitschaft aufzeigen soll.
  o Durchführung eines Assessment-Centers. Es ist ein systematisches Verfahren zur Feststellung von Verhaltensleistungen, um sich nicht ausschließlich auf Bewerbungsunterlagen oder die Darstellung eines Bewerbers im Vorstellungsgespräch zu verlassen. Mehrere Bewerber werden von einer mehrköpfigen Beobachterkommission gleichzeitig in unterschiedlichen Testsituationen beobachtet und anhand vorher definierter Kriterien beurteilt. Ein Assessment-Center kann sich über einen oder mehrerer Tag erstrecken, an dem bzw. an denen verschiedene Übungen durchgeführt werden. Diese können z.B. ein Kurzvortrag sein, eine Gruppendiskussion oder Rollenspiele.
  o Ein Einstellungsgespräch soll die bis dahin gefasste Meinung über den Bewerber bestätigen oder korrigieren. Es vermittelt ein persönliches Bild.
  o Die Probezeit gibt beiden Seiten Gelegenheit, die Angemessenheit der getroffenen Berufs- oder Bewerberentscheidung in der Praxis zu überprüfen und diese eventuell rückgängig zu machen.

15.
- Zeugnisse allgemeinbildender Schulen geben nur bedingt Auskunft über Qualifikation und Eignung des Bewerbers, da die darin enthaltenen Zensuren keine gültige Vergleichbarkeit besitzen. Zeugnisse lassen aber eine Aussage über Neigung und Interessen von Schülern zu, die anhand der Wahlfächer oder der Vorliebe für Sprachen oder Naturwissenschaften deutlich werden.

# Handlungsfeld 3

## Geschlossene Fragen

| | | | | | |
|---|---|---|---|---|---|
| e | | 2. a, b, e | 3. c, d | 4. d | |
| e | | 6. d, e | 7. a | 8. a, b, c, e | |
| d, e | | 10. a5, b3, c6, d1, e4, f3 | 11. c, d | 12. a, c | |
| . e | | 14. c | 15. d | 16. b, d | |
| . e | | 18. d | 19. c | 20. a, c | |
| . b | | 22. c | 23. d | 24. d | |
| b | | 26. c, d | 27. c | 28. d | |
| d | | 30. a | 31. b | 32. b, e | |
| d | | 34. b | 35. c | 36. a, c | |
| d | | 38. a, c, e | 39. b | 40. b, c | |
| e | | 42. a, b | 43. a | 44. e | |
| e | | 46. b, c | 47. a | 48. c | |
| e | | 50. a | 51. a | 52. a, c | |
| a | | 54. a, e | 55. d | 56. c, d | |
| c | | 58. a, b, e | 59. b, c, e | 60. b, d | |
| d | | 62. a, b, d | 63. c | 64. a, b, c, e | |
| a | | 66. a, c, d | 67. b, c, d | 68. a3, b1, c2, d4, e1 | |
| a | | 70. a2, b3, c1 | 71. d | 72. e | |
| d | | 74. c | 75. a4, b1, c3, d2 | 76. a | |
| c | | 78. c | 79. a2, b6, c1, d4, e5, f3 | 80. b | |
| e | | 82. c, d | 83. a | 84. c | |
| b | | 86. a, c, e | 87. d | 88. b, c, f | |
| b | | 90. c, d, e | 91. a, c | 92. c | |
| d | | 94. d | 95. a3, b3, c2, d1, e3, f1 | 96. d | |
| b | | 98. b | 99. a, d | 100. b | |
| b, d, e | | 102. c | 103. | 104. d | |
| a1, b4, c5, d2, e3, f5 | | 106. a | 107. c | 108. c | |
| b | | 110. c | 111. a, c, d | 112. d | |
| a, b, e | | 114. a, b, e | 115. c, d, e | 116. b | |

| | | | |
|---|---|---|---|
| 117.a, c, e | 118.c | 119.a, c, e | 120.b |
| 121.e | 122.e | 123.a2, b1, c1, d2, e1 | 124.b |
| 125.b | 126.d | 127.d | 128.e |
| 129.d | 130.a, b, e | 131.c | 132.a |
| 133.e | 134.d | 135.a, b, e, f | 136.c |
| 137.b, c, f | 138.a, b, d, e | 139.a, b, d | 140.a, c, e |
| 141.e | 142.d | 143.c | 144.e |
| 145.d | 146.d | 147.a | 148.b |
| 149.a, b | 150.a, c, d | 151.a, b | 152.d |
| 153.b, c, d | 154.b | 155.b | 156.b |
| 157.a1, b2, c2, d1, e1, f1, g2, h1, i1 | 158.a | 159.a3, b2, c1, d4, e5 | 160.d |
| 161.d | 162.d | 163.a, c, e | 164.b, c |
| 165.d | 166.c, d, g, h, i | 167.a, d, e | 168.d |
| 169.d | 170.d | 171.a | 172.d, e |
| 173.e | 174.c | 175.b | 176.a |
| 177.b, d | 178.a, e | 179.c | 180.a |
| 181.a | 182.b | 183.c, e | 184.d, c, f |
| 185.a, b, c, e | 186.a, b, e | 187.a, e | 188.b, c |
| 189.c | 190.a, c | 191.b | 192.c |
| 193.c, d | 194.b | 195.a, d, e | 196.a, b, e |
| 197.a, c, d, e | 198.a, b, e | 199.e | 200.c |
| 201.c | 202.a, b, d | 203.d | 204.b, c, d |
| 205.a,. c | 206.a, b | 207.a, b | 208.a |
| 209.e | | | |

# Offene Fragen

1.
   - Verwendung von Mustern.
   - Beteiligung des Ausbilders und des Betriebsrates.
   - Informationen von Auszubildenden und Ausbildungsbeauftragten.

2.
   - Der Beruf sichert den Lebensunterhalt von Einzelnen und Familien. Er ermöglicht eine bestimmte Position und Rolle innerhalb der Gesellschaft. Er fördert die Selbstentfaltungsmöglichkeiten des Einzelnen und

qualifiziert ihn, sich auf Arbeitsverhältnisse und ihre Veränderungen einzustellen. Die vermittelten Schlüsselqualifikationen erweitern die Chancen auf dem Arbeitsmarkt.

3.
- Das Ausbildungsklima wird bestimmt durch:
  - Räume,
  - Möblierung,
  - Farbgestaltung,
  - Lärm,
  - Beleuchtung,
  - Temperatur,
  - Gerüche,
  - Ergonomie,
  - Betriebsklima,
  - usw.

4.
- In einem guten Unternehmensklima herrscht auch ein positives Lernklima, Der Auszubildende wird motiviert. Er hat Freude an seiner Arbeit. Dadurch verbessert sich seine Arbeitsqualität und die Produktivität steigt.

5.
- Da durch zunehmende Arbeitsteilung die Tätigkeit monotoner wird, werden Mitarbeiter demotiviert.

6.
- Folgende Punkte sind hinsichtlich der Erfolgskontrolle zu beachten:
  - Der Unterweisungserfolg sollte regelmäßig kontrolliert werden, z.B. am Ende einzelner Unterweisungen oder größerer Ausbildungsabschnitte.
  - Der Auszubildende sollte zuerst eine Selbstkontrolle vornehmen können.
  - Sollte es mehrere Lösungswege geben, sind sie anzuerkennen.
  - Der Ausbilder sollte beachten, dass es manchmal auch an ihm gelegen haben kann, wenn ein Auszubildender etwas nicht verstanden hat.

7.
- In einem persönlichen Gespräch nach einer Beurteilung sollte dem Beurteilten die Möglichkeit gewährt werden, sich selbst richtig einzuschätzen.

8.
- Im Rahmen einer Arbeitszergliederung wird eine berufliche Tätigkeit in Teilvorgänge zerlegt. Bevor zum Beispiel mit einer Unterweisung begonnen wird, muss ein komplexer Arbeitsvorgang zunächst in seine einzelnen Teilvorgänge zerlegt werden. Dies gehört zur ersten Stufe der Vier-Stufen-Methode.

9.
- Durch die Leittext-Methode wird der Auszubildende zum selbstständigen Lernen angeleitet. Der Auszubildende kann selbst planen, die Arbeit durchführen und anschließend kontrollieren.

10.
- Bei einer neuen Gruppe ist es wichtig, zuerst einen persönlichen Kontakt herzustellen, damit die Unterweisung erfolgreich wird.

11.
- Die Vier-Stufen-Methode ist lediglich eine Hilfe für methodisches Vorgehen. Sie bietet kein Patentrezept, durch das der Lernerfolg sicher ist. Bei der Vier-Stufen-Methode werden allerdings die Unterweisungsgrundsätze angewendet und stufenweise alle Sinne des Auszubildenden zur Erreichung eines Lernzieles angesprochen.

12.
- Der Ausbilder sollte die Ausbildungsziele durch Feinziele konkretisieren und sich überlegen, wie er das Erreichen der Feinlernziele überprüfen kann.

13.
- Es ist für annehme äußere Bedingungen zu sorgen und die Lernzeit sind so zu wählen, dass sie sich möglichst günstig an den Biorhythmus anpassen. Weiterhin soll der Lernstoff aktiv erarbeitet und gezielt wiederholt werden, wobei dies am besten durch Anwendung in der Praxis geschieht.

14.
- Lernen ist jede Änderung des Verhaltens. Man unterscheidet:
  ○ Lernen durch Versuch, Irrtum und zufälligen Erfolg.
  ○ Lernen am Modell, das bedeutet durch Nachahmung,
  ○ Lernen durch Einsicht.

15.
- Richtlernziele sind sehr weit formulierte Ziele.
- Groblernziele sind bereits konkreter, sind aber auch noch allgemein gehalten.

- Feinlernziele sind ganz konkrete Ziele, die genau angeben, wie das gewünschte Endverhalten des Auszubildenden sein soll.

16.
- Der Ausbilder nimmt den Auszubildenden ernst, berücksichtigt auch dessen menschliche und ganz persönlichen Bedürfnisse, ist offen für Anregungen, ist höflich und dem Auszubildenden gegenüber sachlich und hilfsbereit.

17.
- Aus rechtlicher Sicht kann mit Hilfe des Ausbildungsnachweises die Übereinstimmung der tatsächlichen Ausbildung mit dem Ausbildungsplan überprüft werden.
- Es ist jederzeit eine Überwachung der Ausbildung im Unternehmen möglich.
- Der Auszubildende kann mit Hilfe des Ausbildungsnachweises seine Ausbildung nachbereiten.
- Es bietet ihm die Möglichkeit zur Festigung des Stoffes.
- Außerdem findet der Prüfungsausschuss Anhaltspunkte für eine praxisnahe Prüfung.

18.
- Kritik sollte in ruhiger, sachlicher Form vorgetragen werden, ohne dass andere Auszubildende oder Mitarbeiter dabei sind. Das hat den Sinn, das Selbstwertgefühl des Jugendlichen nicht zu verletzen. Außerdem wird dem kritisierten Auszubildenden so die Gelegenheit zu einer individuellen Stellungnahme gegeben.

19.
- Sie sollten mit dem Jugendlichen ein Gespräch unter vier Augen führen, um ihm sein falsches Verhalten und seine Fehleinstellung zu verdeutlichen.

20.
- Durch die Zwischenprüfung sollen Auszubildende motiviert werden und Hinweise bekommen, wo eventuell noch Lücken sind, um diese auszubessern.

21.
- Ein guter Ausbilder zeigt den Auszubildenden eine klare Konzeption und klare Lernziele. Er versucht, die Auszubildenden zu eigenständigem Handeln anzuleiten, damit sie das Beste aus sich selbst herausholen können.

- Lernstoff prägt sich umso fester ein, je mehr er wiederholt wird. Wiederholung ist eine Methode, um das Vergessen zu bekämpfen. Es hat allerdings keinen Sinn, noch weiter zu üben, wenn der Lernstoff beherrscht wird.

22.
- Laut Berufsbildungsgesetz hat der Ausbildende dafür zu sorgen, dass der Auszubildende charakterlich gefördert wird. Dies geschieht durch vorbildliches und verantwortliches Verhalten gegenüber dem Jugendlichen. Zum Beispiel hilft der Ausbilder dem Auszubildenden, seine Rechte zu beachten, sie durchzusetzen und somit Mitbestimmung und Meinungsbildung zu praktizieren.

23.
- Zur regelmäßigen Überwachung des Ausbildungsstandes kann das Berichtsheft eingesetzt werden und regelmäßig Lehr- und Beurteilungsgespräche abgehalten werden.

24.
- Lernschwache Jugendliche sollten vor dem Beginn der regulären Ausbildung Fördermaßnahmen durchlaufen, denn gestiegene Anforderungen lassen den direkten Einstieg in die Ausbildung als kaum erfolgreich erscheinen.

25.
- Erkennt der Ausbilder bei einzelnen Auszubildenden gravierende theoretische Wissensmängel, müssen diese Lücken durch gezielten Unterricht, sei es betrieblicher oder in außerbetrieblichen Bildungsstätten, geschlossen werden.

26.
- Auf der einen Seite bestimmt der Ausbilder mit seiner pädagogischen und fachlichen Kompetenz sowie seiner Lehrbereitschaft den Erfolg der Ausbildung. Von ebenfalls entscheidender Bedeutung sind aber auch soziales Umfeld, Lernfähigkeit und Lernmotivation des Auszubildenden sowie die Gegebenheiten im Ausbildungsunternehmen wie Zusammensetzung des Ausbildungspersonals, räumliche und maschinelle Ausstattung, Vorhandensein von Unterrichtsmaterialien und Lehrmedien etc.

27.
- Man unterscheidet die folgenden Visualisierungstechniken in der Ausbildung:
    o Vorführen bedeutet Vorzeigen der Aktion.
    o Eine Besichtigung ist eine Begegnung mit der Wirklichkeit.
    o Abbilden bedeutet Skizzieren auf Papier, Tafel oder Projektion usw.

- Durch eine Skizze wird das Wesentliche erläutert.

28.
- Das Thema der Unterweisung sollte anschaulich gegliedert sein. Der Ausbilder stellt regelmäßig Fragen. Der Ausbilder bietet Hinweise, damit die Auszubildenden die Lösung selbst finden, und macht kurze Pausen, damit die Aufmerksamkeit der Auszubildenden durch zu lange Konzentration nicht nach lässt.

29.
- Der Ausbilder fordert die Auszubildenden auf, dass sie nach dem Beobachten das Gesehene selbst beschreiben sollen, sowohl mit Worten als auch mithilfe einer Skizze. Auf diese Weise werden sich die Auszubildenden besser auf das wesentliche konzentrieren. Das funktioniert aber nur dann, wenn der Ausbilder auch tatsächlich auf die Auszubildenden eingeht, sonst werden sie es ihm das nächste Mal nicht mehr abnehmen.

30.
- Ein Kurzvortrag vermittelt einen Überblick über das sich anzueignende Wissen, wesentliche Informationen werden in kurzer Zeit übermittelt.

31.
- Der Ausbilder muss sich um einen passenden Raum kümmern, den störungsfreien Ablauf sicherstellen und die Medien bereitstellen, die er für seinen Vortrag benötigt. Sollte er diese noch nicht benutzt haben, ist es empfehlenswert, sich mit ihn vertraut zu machen.

32.
- Der Ausbilder versucht, durch Beurteilungsfragen das Verständnis für die Zusammenhänge zu fördern. In erster Linie kommt es nicht auf die Vermittlung von Faktenwissen an.

# Handlungsfeld 4

## Geschlossene Fragen

| | | | |
|---|---|---|---|
| 1. a | 2. a | 3. b | 4. c |
| 5. b | 6. d | 7. e | 8. b |
| 9. a | 10. a | 11. a, c, d | 12. c |
| 13. e | 14. a, b, c, e | 15. a, b, d | 16. b |
| 17. e | 18. a | 19. b | 20. a |
| 21. a, d | 22. c | 23. b | 24. c |
| 25. b | 26. b | 27. b | 28. c, d, e |
| 29. d | 30. c | 31. b, d | 32. a, d |
| 33. a2, b1, c4, d3, e5 | 34. b, c, d | 35. a, d | 36. a, c, f, g |
| 37. d | 38. b, c, e | 39. a | 40. a, b, d |
| 41. a, b, e | 42. c | 43. d, e | 44. c |
| 45. d | 46. c | 47. b | 48. a, b, d |
| 49. a5, b3, c8, d4, e7, f9, g1, h6, i2 | 50. b, e | | |

## Offene Fragen

1.
   - Zeugnis des Ausbildungsunternehmens
   - Zeugnis der Berufsschule
   - Zeugnis der Kammer über die bestandene Abschlussprüfung

2.
   - Ein Anspruch auf ein betriebliches Zeugnis besteht immer dann, wenn eine Ausbildung beendet wird. Dies kann auch ein Ausbildungsabbruch sein, ein Aufhebungsvertrag, eine Kündigung in der Probezeit, eine Kündigung wegen Aufgabe der Berufsausbildung oder Berufswechsel, eine Kündigung aus wichtigem Grund oder die Abschlussprüfung.

3.
   - Grundsatz der Zeugniswahrheit, der Zeugnisklarheit und des Wohlwollens.

- Es ist aber darauf zu achten, dass der Grundsatz der Zeugniswahrheit nicht unter dem Grundsatz des Wohlwollens leidet.

4.
- Wenn die bisher erzielten Leistungen des Auszubildenden sowohl in der Berufsschule als auch im Unternehmen durchschnittlich mit „Gut" bewertet wurden. Es gilt ein Notendurchschnitt von 2,49, der nicht überschritten werden darf. Der Antrag auf vorzeitige Zulassung zur Abschlussprüfung ist vom Auszubildenden zu stellen.

5.
- Gründe für den Abbruch des Ausbildungsverhältnisses können sein:
  - Unzufriedenheit mit Ausbildern und Vorgesetzten.
  - Unzufriedenheit mit der getroffenen Berufswahl.
  - Zu geringe Ausbildungsvergütung.
  - Unter- oder Überforderung.
  - Gesundheitliche Gründe.
  - Das Anstreben einer höheren Qualifikation, wie z.B. Studium

6.
- Methodenkompetenz beinhaltet die Fähigkeit zum Erwerb neuer Fertigkeiten und Kenntnisse. Mit Hilfe von Methodenkompetenz kann Gelerntes auf neue Gebiete übertragen werden.

7.
- Für die Mitwirkung bei Kammerprüfungen müssen keine formalen Voraussetzungen erfüllt sein. Die Personen müssen sachkundig für die entsprechenden Prüfungsgebiete sein und geeignet für die Mitwirkung im Prüfungswesen.

8.
- Er gewinnt an Ansehen. Es kann sich durch die im Prüfungswesen gesammelten Erfahrungen und durch die Kontakte zu den Lehrern, die sich ebenfalls im Prüfungsausschuss befinden, positiv auf die Ausbildung auswirken.

9.
- Die Prüfungsanforderungen sind Bestandteil der Ausbildungsordnung.

10.
- Das Berufsbildungsgesetz.

# Lösungen Musterprüfung

| | | | | |
|---|---|---|---|---|
| **1.** b, d | **2.** c | **3.** b, e | **4.** c, d | **5.** c, d |
| **6.** a, c | **7.** a | **8.** b, d, e | **9.** a, b, e | **10.** c |
| **11.** a, c | **12.** c, d, e | **13.** d, e | **14.** a, c | **15.** a, b |
| **16.** b, c | **17.** b, e | **18.** a, b, | **19.** b, c, e | **20.** a, b, e |
| **21.** c | **22.** a, c | **23.** a, c, d | **24.** a, e | **25.** a, c, d |
| **26.** c, d | **27.** a, e | **28.** a, c | **29.** a, d | **30.** a, c, e |
| **31.** a, d | **32.** a, b, e | **33.** b, d | **34.** b, c | **35.** a, c, e |
| **36.** a, c, d | **37.** c, e | **38.** a, d, e | **39.** c, e | **40.** a, b |
| **41.** c, d | **42.** b, d, e | **43.** b, d | **44.** a, e | **45.** a, b, c |
| **46.** a, b, e | **47.** b, d, e | **48.** a, b, d | **49.** a, d | **50.** b, d |
| **51.** b, c | **52.** a, c, d | **53.** a, d, e | **54.** a, c | **55.** a, c, d |
| **56.** c, d | **57.** a, c, d | **58.** a, c, e | **59.** c, e | **60.** d |
| **61.** d | **62.** a, e | **63.** c | **64.** a, e | **65.** b, e |
| **66.** a, e | **67.** b, d, e | **68.** c, d | **69.** a, d | **70.** b, d |
| **71.** a, c | **72.** c, d | **73.** d, e | **74.** a, c, d | **75.** c, e |
| **76.** b, e | **77.** b, c | **78.** d, e | **79.** c | **80.** b, d |
| **81.** b, d | **82.** b, c, d | **83.** c | **84.** c | **85.** b, c, d |
| **86.** b, c, d | **87.** a, b | **88.** a, d | **89.** b, c | **90.** a, c, d |
| **91.** b, c, e | **92.** a, c, e | **93.** a, d, e | **94.** c | **95.** a, e |
| **96.** b | **97.** a, b, e | **98.** a, b, c | **99.** a, b | **100.** a, e |

# Bewertungsschlüssel Musterprüfung

| Falsche Antworten | 0 | 1 | 2 | 3 | 4 | 5 | 6 | 7 | 8 | 9 | 10 |
|---|---|---|---|---|---|---|---|---|---|---|---|
| Punkte | 100 | 99 | 98 | 97 | 96 | 95 | 94 | 93 | 92 | 91 | 90 |

| Falsche Antworten | 11 | 12 | 13 | 14 | 15 | 16 | 17 | 18 | 19 | 20 | 21 |
|---|---|---|---|---|---|---|---|---|---|---|---|
| Punkte | 89 | 88 | 87 | 86 | 85 | 84 | 83 | 82 | 81 | 80 | 79 |

| Falsche Antworten | 22 | 23 | 24 | 25 | 26 | 24 | 28 | 29 | 30 | 31 | 32 |
|---|---|---|---|---|---|---|---|---|---|---|---|
| Punkte | 78 | 77 | 76 | 75 | 74 | 73 | 72 | 71 | 70 | 69 | 68 |

| Falsche Antworten | 33 | 34 | 35 | 36 | 37 | 38 | 39 | 40 | 41 | 42 | 43 |
|---|---|---|---|---|---|---|---|---|---|---|---|
| Punkte | 67 | 66 | 65 | 64 | 63 | 62 | 61 | 60 | 59 | 58 | 57 |

| Falsche Antworten | 44 | 45 | 46 | 47 | 48 | 49 | 50 | 51 | 52 | 53 | 54 |
|---|---|---|---|---|---|---|---|---|---|---|---|
| Punkte | 56 | 55 | 54 | 53 | 52 | 51 | 50 | 49 | 48 | 47 | 46 |

| Falsche Antworten | 55 | 56 | 57 | 58 | 59 | 60 | 61 | 62 | 63 | 64 | 65 |
|---|---|---|---|---|---|---|---|---|---|---|---|
| Punkte | 45 | 44 | 43 | 42 | 41 | 40 | 39 | 38 | 37 | 36 | 35 |

| Falsche Antworten | 66 | 67 | 68 | 69 | 70 | 71 | 72 | 73 | 74 | 75 | 76 |
|---|---|---|---|---|---|---|---|---|---|---|---|
| Punkte | 34 | 33 | 32 | 31 | 30 | 29 | 28 | 27 | 26 | 25 | 24 |

| Falsche Antworten | 77 | 78 | 79 | 80 | 81 | 82 | 83 | 84 | 85 | 86 | 87 |
|---|---|---|---|---|---|---|---|---|---|---|---|
| Punkte | 23 | 22 | 21 | 20 | 19 | 18 | 17 | 16 | 15 | 14 | 13 |

| Falsche Antworten | 88 | 89 | 90 | 91 | 92 | 93 | 94 | 95 | 96 | 97 | 98 |
|---|---|---|---|---|---|---|---|---|---|---|---|
| Punkte | 12 | 11 | 10 | 9 | 8 | 7 | 6 | 5 | 4 | 3 | 2 |

| Falsche Antworten | 99 | 100 |
|---|---|---|
| Punkte | 1 | 0 |

| Note | 1 | 2 | 3 | 4 | 5 | 6 |
|---|---|---|---|---|---|---|
| Punkte | 100 - 92 | 91 – 81 | 80 – 67 | 66 – 50 | 49 – 30 | 29 – 0 |

# Quellenverzeichnis

Ruschel, A. (2008); Arbeits- und Berufspädagogik für Ausbilder in Handlungsfelder; Kiehl Verlag

Ruschel, A. (2009); Die Ausbildereignungsprüfung; Kiehl Verlag

Eilling, A., Schlotthauer, H. (2014); Handlungsfeld Ausbildung; Feldhaus Verlag

Bürgerliches Gesetzbuch (BGB) (2014); dtv

Arbeitsgesetze (ArbG) (2014); dtv

Juris BMJ (www.gesetze-im-internet.de)

Verschiede Prüfungsbögen der IHK Münster und der HDK Münster (2009-2014)

## Der Autor

René Pflüger als Unternehmensberater in der Hospitality-Brache tätig. Zu dieser Tätigkeit hält er unteranderem Seminare und Kurse für die Vorbereitung zur Ausbildereignungsprüfung für verschiede Bildungsträger ab.